宗教文化译丛

犹太教系列　主编　傅有德

论犹太教

〔德〕马丁·布伯　著

刘杰　等译

Martin Buber
On Judaism
Copyright © 1967 by New York: Schocken Books Inc.
根据美国纽约绍肯图书公司 1967 年版译出

"宗教文化译丛"总序

遥想远古，文明伊始。散居在世界各地的初民，碍于山高水险，路途遥远，彼此很难了解。然而，天各一方的群落却各自发明了语言文字，发现了火的用途，使用了工具。他们在大自然留下了印记，逐渐建立了相对稳定的家庭、部落和族群。人们的劳作和交往所留下的符号，经过大浪淘沙般的筛选和积淀后，便形成了文化。

在纷纭复杂的文化形态中，有一种形态叫"宗教"。如果说哲学源于人的好奇心和疑问，那么宗教则以相信超自然力量的存在为前提。如果说哲学的功用是教人如何思维，训练的是人的理性认知能力，那么宗教则是教人怎样行为。即把从信仰而来的价值与礼法落实于生活，教人做"君子"，让社会有规范。信而后行，是宗教的一大特点。

宗教现象，极为普遍。亚非拉美，天涯海角，凡有人群的地方，大都离不开宗教生活。自远古及今，宗教虽有兴衰嬗变，但从未止息。宗教本身形式多样，如拜物图腾、万物有灵、通神巫术、多神信仰、主神膜拜、唯一神教，林林总总，构成了纷纭复杂、光怪陆离的宗教光谱。宗教有大有小，信众多者为大，信众寡者为小。宗教有区域性的，也有跨区域性的或世界性的。世界性宗教包括基督教、伊斯兰教、佛教等大教。还有的宗教，因为信众为单一民族，被视为民族性宗教，如犹太教、印度教、袄教、神道教等。宗教犹如一面硕大无朋的神圣之网，笼罩着全世界大大小小的民族和亿万信众，其影响既广泛又久远。

宗教的功能是满足人的宗教生活需要。阶级社会，人有差等，但无人不需精神安顿。而宗教之于酋长与族人、君主与臣民、贵族与平民、总统与公民，皆不分贵贱，一视同仁地慰藉其精神。有时，人不满足于生活的平淡无奇，需要一种仪式感，这时，宗教便当仁不让。个人需要内在的道德，家庭、社会、国家需要伦理和秩序，宗教虽然不能"包打天下"，却可以成为不可多得的选项。人心需要温暖，贫民需要救济，宗教常常能够雪中送炭，带给需要者慈爱、关怀、衣食或资金。人是社会的动物，宗教恰巧有团体生活，方便社交，有利于人们建立互信和友谊。

"太阳照好人，也照歹人。"宗教劝人积德行善，远离邪恶，但并非所有的"善男信女"都是仁人君子，歹徒恶人也不乏其例。宗教也不总是和平的使者。小到个人权斗、"人肉炸弹"，大到"9·11"空难，更大的还有"十字军东征""三十年战争""纳粹大屠杀"。凡此种种大小纷争、冲突、战争和屠戮，都有宗教如影随形。美国学者亨廷顿早在1993年就曾预言：未来的冲突将发生在几大宗教文明之间。姑且不说"文明"之间是否"应该"发生冲突，宗教冲突或与之相关的各种"事件"时有发生，却是一个不争的事实。

既然宗教极其既深且广的影响是事实存在，那么介绍和诠释宗教经典，阐释教义学说，研究宗教历史，宗教与政治经济，以及宗教间的关系等理论和现实问题，就有了"充足的理由"和"必要"。

1873年，马克斯·缪勒出版了《宗教学导论》，其中首次使用了"宗教学"概念。从此，宗教研究成了一门学科，与文学、历史学、哲学、社会学、心理学、民族学等并驾齐驱。在宗教学内部，宗教哲学、宗教人类学、宗教社会学、宗教心理学等分支也随之出现，成就了泰勒、韦伯、蒂利希、詹姆斯、布伯、巴特、莫尔特曼、尼布尔、汉斯·昆等一大批宗教思想家。1964年，根据毛泽东主席批示的精神，中国科学院哲学社会科学学部组建了世界宗教研究所。从此以后，宗教学和更广意义的宗教研究也渐次在社会主义中国生根、开花、结果，在学术界独树一帜，为世人所瞩目。

宗教经典的翻译、诠释与研究，自古有之，时盛时衰，绵延不绝。中国唐代的玄奘、义净，历经千辛万苦西行取经，而后毕生翻译佛典，成为佛教界的佳话；葛洪、寇谦之、陶弘景承续、改革道教，各成一时之盛；早期的犹太贤哲研讨《托拉》、编纂《塔木德》，开启了《圣经》之后的拉比犹太教；奥利金、德尔图良、奥古斯丁等教父，解经释经，对于厘定基督教教义，功莫大焉；斐洛、迈蒙尼德等犹太哲人诠释《圣经》，调和理性与信仰，增益了犹太教；托马斯·阿奎那、邓斯·司各脱、威廉·奥康等神学大师，建立并发展了宏大深邃的经院哲学，把基督教神学推到了顶峰。还须指出，传教士们，包括基督教教士和佛教高僧大德，致力于各自宗教的本土化，著书立说，融通异教，铺设了跨宗教和多元文化对话的桥梁。

学生的学习，学者的研究，都离不开书。而在某个特定的历史时期，外著移译，显得尤为必要和重要。试想，假如没有严复译的《天演论》《法意》，没有陈望道译的《共产党宣言》、傅雷译的法国小说、朱生豪译的莎士比亚诗歌与戏剧，等等，中国的思想文化界乃至政治、经济、社会等各个领域，是一个什么景象？假如没有贺麟、蓝公武、王太庆、苗力田、陈修斋、梁志学、何兆武等前辈学者翻译的西方哲学名著，中国的哲学界将是什么状态？假如没有宗教学以及犹太教、基督教、伊斯兰教、佛教等宗教经典或研究性著作的翻译出版，我们的宗教学研究会是何等模样？虽说"试想"，但实际上根本"无法设想"。无疑，中国自古以来不乏学问和智慧，但是古代中国向来缺少严格意义上的学科和学术方法论。近现代以来中国分门别类的学科和学术研究是"西学东渐"的结果，而"西学东渐"是与外籍汉译分不开的。没有外籍的汉译，就没有现代中国的思想文化和学术。此论一点也不夸张。

众所周知，在出版界商务印书馆以出版学术著作著称，尤其以出版汉译名著闻名于世。远的不说，"文革"后上大学的文科学子，以及众多的人文社科爱好者，无不受益于商务印书馆的"汉译世界学术名著丛书"，我本人就是在这套丛书的滋养熏陶下走上学术之路的。

为了满足众多宗教研究者和爱好者的需要，商务印书馆对以前出版过的"宗教文化译丛"进行了改版，并扩大了选题范围。此次出版的译丛涵盖了宗教研究的诸多领域，所选原作皆为各教经典或学术力作，译者多为行家里手，译作质量堪属上乘。

宗教文化，树大根深，名篇巨制，浩如烟海，非几十本译作可以穷尽。因此，我们在为商务印书馆刊行"宗教文化译丛"而欢欣鼓舞的同时，也期待该丛书秉持开放原则，逐渐将各大宗教和宗教学研究的经典、权威性论著尽收囊中，一者泽被学林，繁荣学术；二者惠及普通读者，引导大众正确认识宗教。能否如愿以偿？是所望焉。谨序。

傅有德
2019年9月22日

在哲学与宗教之间

——马丁·布伯的哲学和宗教思想简论

（译者序）

近代以来，西方哲学中的"革命"（有时也称"转向"）接连不断。这些"革命"或为哲学家的自我标榜，或是后人以称颂的口吻赠予其他哲学家的。到了20世纪，哲学"革命"发生的频率似乎也越来越高，每隔二十多年就会出现一场"革命"。例如，最近就又发生了一场人称"静悄悄的革命"①。

最近这场"革命"的核心在于，经过逻辑经验主义和语言分析哲学在哲学界近半个世纪的"霸权统治"后，专业哲学家现在又开始谈论"上帝存在的可能性"了。或者换句话说，哲学家又开始急切地关心起个人内心的宗教信仰——哲学再次复归宗教。据说，仅美国"基督教哲学家学会"的成员就超过了1000人，这

---

① 为向世人宣扬这场"革命"，美国凯尔文学院（Calvin College）的哲学家科内·詹姆斯·克拉克（K. J. Clark）于1993年编辑出版了一本思想传记式的书，书名为《信仰上帝的哲学家们——11位思想大师的精神之旅》。在该书的"导言"中，他引用美国《时代》周刊1980年4月号上一篇报道里的话，把英语哲学家中发生的"一次显著的宗教信仰的复兴"称为"一场静悄悄的革命"。K. J. Clark (ed.). *Philosophers Who Believe*, Downers Grove, Illinois, InterVarsity Press, 1993, pp.7–21.

个群体是目前美国哲学家中最大的一个"单一兴趣集团",它的人数比语言哲学家和科学哲学家的人数还要多。因此,我们完全有理由认为,继哲学中"语言学的转向"后,西方哲学界正经历一种"宗教的转向"。

此外,这些"信仰上帝的哲学家"所研究问题的深度和广度,以及分析的严谨性、原创性和多样性都是历史上从来没有过的。其中有两个根本的转变意义深远。一个根本的转变是,这些基督教哲学家似乎都响应A.普兰廷加(A. Plantinga)的号召,要"在哲学的所有领域贯彻他们的基督教信仰"①。这意味着基督徒将不依赖世俗哲学的伟大传统,而独立地建立起"基督教哲学"。他们的最终目的是理解、发展和扩展自己的信仰,并且使之系统化。另一个根本的转变则表现为对"理性"重新定义。与安瑟伦的时代不同,今天的基督教哲学家不再坚持"先信仰后理解"的唯信主义原则,而是自觉捍卫一种"基督教的理性"。他们不把信仰与理性当作冲突的两极,而是试图协调它们。为此,他们提出了"改革宗的认识论",亦即"有神论的认识论"。这种认识论反对"启蒙运动"所提出的理性概念,认为信仰本身也是一种理性活动。启蒙主义认为,如果我们要理性地坚持信仰上帝,我们就要有足够的"证据",但我们却找不到信仰上帝的充分证据,因此信仰就是非理性的。这就是所谓"证据主义"的典型立场。对此,基督教哲学家指出:"证

---

① 这是A.普兰廷加在他那宣言式的演讲——《告基督教哲学家书》中所提出的建议,该演讲发表在美国基督教哲学家学会主办的杂志《信仰与哲学》(Faith and Philosophy)1984年第1卷第3期。这里的观点引自克拉克主编的《信仰上帝的哲学家们》一书英文版,第10页。

据主义是有致命缺陷的,因为当它根据对科学假设的信仰来解释对上帝的信仰的时候,它提出了一种错误的类比。相反,根据詹姆斯、刘易斯和普兰廷加的观点,我们可以看到,当我们把信仰上帝解释成犹如信仰他人之心或人性的时候,就更加合适。如果信仰上帝更类似于信仰人性,那么人性的逻辑就更适合于对有神论的合理性的判断。对上帝的信仰马上就是理性上可接受的。它是一个我们的理性由此而来而非靠理性推出的根本信念。它不需要论证或证据就成为理性上可接受或可坚持的——有神论者有充分的权利去信仰,而无须某个论证的证据上的支持。事实上,证据主义者对证据的要求是违背常情的、冷酷无情的或不合理的。"[1] 这段引文最准确地表明了当今基督教哲学家"反证据主义"的基本思想。

在这些新一代基督教哲学家看来,一个哲学和宗教和谐发展的新时代正在或已经到来。古典启蒙思想对理性概念过度的限制,以及对宗教信仰合理性的完全否定,都已经暴露了其根本的缺陷。那种基于古典基础主义的理性理想在今天遇到了严峻的挑战。有神论的理性主义才更精确地把握了涉及合理信仰结构的直觉,现在是返回真正理性和信仰上帝的时候了。其实,这种寻求哲学向宗教复归的努力,在20世纪从来就没有中断过,其中一个突出的人物就是本书的作者马丁·布伯。他关于犹太教的研究就是这种努力的一部分。可以说,布伯一生都在思考哲学与宗教的关系,

---

[1] K. J. Clark. *Return to Reason*, William B. Eerdmans Publishing Company, Michigan, 1990, p. 122.

他本人也被称为20世纪"具有最深厚宗教信仰的哲学家之一"①。尽管他认为宗教和哲学都是人类所必需的,但他断定哲学不可能使我们作为"一个统一的存在"而生存,因为哲学在追求"知"(knowledge)的时候,不再具有"情"(feeling),而宗教则是使二者恰当结合的精神努力②,它既包含了知识,又容纳了激情。

本译序的目的,在于向不熟悉布伯思想的中国读者介绍布伯的生平及基本的哲学和宗教思想,使读者对本书的阅读多少变得容易一些。

一、20世纪人类伟大的思想家

马丁·莫迪凯·布伯(Martin Mordechai Buber,1878—1965)1878年2月8日出生在维也纳一个富裕的犹太人家庭。三岁那年,其生母因婚外恋情不辞而别,与一俄国人私奔去了西伯利亚,布伯从此失去了母亲的呵护。这对他来说无疑是一次严重的、久久难以抚平的心灵创伤。晚年,他在《自传》中仍深情地回忆起他是怎样怀着企盼的心情,等待着母亲的归来,幻想着与母亲在客厅里相拥的情景。然而,这一等就是30年!30年后的一天,布伯应约见到

---

① 这是威尔·赫尔伯格(Will Herberg)对布伯的评价,他选编了《马丁·布伯选集》(*The Writings of Martin Buber*, New York, Meridian Books, 1956)。该评语出自该书的"前言"。

② 有关具体论述详见马丁·布伯著《上帝的失色》(*Eclipse of God: Studies in the Relation between Religion and Philosophy,* New Jersey, Humanities Press, New Jersey, 1979)一书,第25—46页。

了这个"梦中女人"。可令他想不到的是,血缘上的母子关系无法克服他们之间30年隔膜所造成的冷漠。他们彼此彬彬有礼,相视无言,犹如路人。我们甚至可以说,这一幼时心灵的创痛还隐隐地弥漫在他的"对话哲学"中——他哲学中"失之交臂"(mismeeting)这一重要的概念,即用来指人与人之间那种不能真正相遇的生存状态和难以心心相印的隔膜处境。

母亲飘然离去后不久,布伯即被带往时属哈堡斯王朝的莱姆堡(属波兰治下的乌克兰,后成为奥地利统治下的迦里西亚的首府)与其祖父母一起生活。他的祖父索罗门·布伯(Salomen Buber)既是一位大地产拥有者和银行家,又是一位在当地非常有名气的犹太学者,对犹太宗教和犹太文学有相当深厚的研究。他还是一位语文学家,像他周围的许多哈西德主义者一样,"十分迷恋文字"。这些似乎都遗传给了布伯。布伯最初就是通过其祖父接触到哈西德主义的。祖母阿德勒·布伯(Adele Buber)除擅长家产经营管理外,还是一位很有天赋的德国文化研究者,酷爱德国古典文学,尤喜席勒的作品。我们不难想见,在这样一个生活富裕但并不奢华,充满着犹太传统文化和现代知识气息的大家庭中,童年的马丁·布伯在心灵上受到过怎样的浸染和熏陶。他始终在一种多语言和交互文化的环境中接受教育。在他家中,意第绪语和德语是家庭成员之间交流的语言,而当他很小的时候就在家庭老师的帮助下掌握了古希伯来语和法语,波兰语则是他上中学时的标准用语,古希腊语更是他"喜爱的语言"。这种多语言能力的培养和形成,为他日后融通东西方文化和宗教奠定了语言基础。

14岁那年,他不得不离开他所热爱和敬重的祖父母,回到父亲重新组建的同样也在莱姆堡的家中，并进入当地中学就读。这是一段令他难忘的痛苦岁月。当时，该校学生绝大部分为当地的波兰人，犹太学生仅占少数。学校总的气氛犹如他所说的，是"在没有相互理解情况下的相互容忍"。这也就是一种"冷漠的相处"。尽管学生们个人之间保持着平静和有分寸的友谊和往来，但对于具有完全不同宗教信仰的两个群体来讲，它们相互之间是完全陌生的，彼此不能分享对方的宗教体验，精神的异己化冲击着一个个稚嫩的心灵。对向来精神敏感、人生体验深刻的布伯来讲，他内心实际上十分厌恶波兰学生每日清晨八点必须进行的早祷，因为在这一布道仪式中他深深地感到自己是一个被弃置一旁的"物"，而不是一个能够共同参与到其中的"人"。在接下来的几年中，每当学校晨祷开始的时候，他就感到自己是一个被迫立定于那里，眼睛死死盯住地板，耳中充满着怪异声音的异乡人。这种强烈的痛苦极大地刺伤了他的自尊，他对人与人之间在精神上的那种隔膜和冷淡有了第一次深深的体悟。他后来甚至认为，这种情况比任何公开地在政治上和肉体上迫害犹太人的行动都更加令人难以接受。也正是通过这些事情，他内心深处才产生了严重的信仰危机，最终导致他弃绝大多数犹太人所坚持的宗教习俗和礼仪。从那以后，他就反对任何形式的布道活动。多年后，当另一位著名的犹太思想家弗朗茨·罗森茨维格（Franz Rosenzweig，1886—1929）出于政治目的，试图说服布伯向非犹太人特别是阿拉伯人布道时，遭到了布伯的断然拒绝和严厉斥责。他解释他这样行事的理由是，任何宗教信仰都不能够依靠布道活动来强制和维护，布道活动异于甚至有害于真正的信仰。恐怕也正是因为他的这种立场，布伯常常被较正统的犹太学者斥为"非犹太化的犹太学者""异端"等。但这些人所不理解的也正是这样一点：布伯热切地渴望通过宗教信仰实现人与人之间的理解和关爱；坚信任何形式的宗教都不应成为阻遏人类理智和情感沟通的屏障，宗教从本质上讲应该具有一种普遍的人道主义关怀，它不应该成为偏见的滥觞。

对现实生存的体验尽管强烈而持久，但精神生命的养成却着实需要借助哲学、文学和历史的资源方能完成。15岁那年，已经熟读希腊古典作品的布伯开始了对一系列哲学问题的苦苦思索。那时最使其感到困惑且极欲求解的问题之一，就是时间和空间的有限与无限这个古老且每每引发新思想的问题。他当时认为，断定时间和空间是有限的与断定时间和空间是无限的，都同样不可能和同样毫无希望。但我们似乎又不得不在这两种荒谬之间做出一种选择。因此，这简直就是一种"灾难之境"——我们不得不选择一种荒谬。由于"不朽"是宗教关注的核心问题之一，因此他那时更热衷于对时间问题的思考，总想把时间想象成实在的东西，但这样做的结果是徒劳的。然而，另一方面，数学和物理学的时间概念对他又毫无帮助，因为他所探求的时间是与生存紧密相关的东西，而并非抽象的数理公式。使之从这种痛苦的思考中摆脱出来的正是康德的著作。

一个偶然的机会使他阅读到了康德的《作为未来科学的形而上学导论》一书，康德关于时空"非实在性"的思想无疑拯救了处于精神灾难之中的布伯。他晚年在《自传》中曾意味深长地回忆道："这一哲学对我曾产生过平静而重大的影响。我不再需要痛苦地折磨自己去探寻一种最终的时间。时间已不是加于我头上的判决;它是我的,因为它是'我们的'。这一问题被解释成本质上是不可回答的,但同时我从中获得了解放,不必再去追问它。那时我对康德的阅读是一种哲学上的解放。"① 的确,康德对他的影响具有改宗的性质,从此他在哲学上步入了一个新的时期。

布伯曾说:"在我生命的早期,哲学以两部著作的形式两次直接侵占了我的生存。"② 一部就是上面提到的康德的《导论》,而另一部则是尼采的《扎拉图士特拉如是说》。布伯接触到后者是在他 17 岁的那年,一开始他就为书中的思想所吸引,并且立即陷入了一种极度的"陶醉"之中,直到很久以后他才摆脱了这种多少有些虚幻的陶醉,"重新获得了一种真实的确定性"。布伯认为,尼采的这部著作无疑出自一位杰出的哲学家之手,但它却不是一部"哲学的"著作,因为尼采在该书中并没有提出什么有益的哲学学说。书中所包含的只是"强力意志"的行动话语,这些奇特的话语使布伯的心灵深深地震颤了,它完全控制了青年布伯的精神。尼采关于"永恒的相同轮回"的思想,把时间解释成一种神秘的"永恒性",这是当时布伯所不能够接受的,但似乎又是他不能不接受的,因为那时布伯完全被尼采在书中所表达的狂放激越的精神所迷倒。狄俄尼索斯精神就是布伯内心渴求的一种人道主义精神,它是一种人性的极度张扬。另一方面,尼采也影响到后来布伯的哲学研究风格。我们知道,尼采是属于那种"非学院派"的哲学家,

---

① 马丁·布伯:《自传》,载《马丁·布伯的哲学》[Schilpp, Paul Arthur and Friedman, Maurice. (ed.). *The Philosophy of Martin Buber*, Illinois, Open Court, 1967, p.11]。

② 同上书,第 12 页。

对学院派哲学家那种拘谨和卖弄的做派极其鄙视，对校园哲学家的迂腐和学究气深恶痛绝，他呼唤着具有创造精神的哲学产生，认为哲学应该探索真切的人生，应该达至精神的超越。布伯对尼采所宣扬的这一切无疑是由衷地认同的，这同样使布伯自己后来的哲学具有非学院派的特点。

1896年，布伯重返儿时生活之地——维也纳，开始其大学学习生活。他在维也纳大学主修哲学、艺术史、德国研究和语文学。但布伯感觉那里头两个学期的课程实在是枯燥乏味，精神上所获不多，而使他真正投入精力的是大学中存在的各种各样的研讨班。在这种研讨班上，师生们之间那种平等而自由的论辩，对文本所进行的共同的精心诠释，以及彼此谦逊和热情投入的态度，都给布伯留下了深刻的印象。他从此形成了这样一种看法：任何精神活动的本质就在于人们之间心灵的自由交流，如果斫断了人类精神自由沟通的桥梁，精神就必定枯萎下去。在布伯后来较为成熟的思想中，"之间"这个介词就转变成了一个核心的哲学概念。

布伯的大学生活的另一个细节在此同样值得一提，因为它也有利于我们理解他思想的形成过程。那时，布伯几乎每日下午课后都必去一家叫"伯格剧院"的地方看话剧，并且总是飞速地爬向剧院顶层看台抢占一个座位，目的在于可以居高临下地对舞台上的一切一览无余。如此疯狂地吸引着他的是什么呢？其实，能够吸引他的并不是剧中虚构的人物、事件和情节，也不是某个漂亮的女演员，真正吸引他的竟然是演员们那"高贵的"吟诵！他每次都听得如醉如痴，完全陷入了与舞台演员一起的对话中，从而在他心中慢慢地对人类言语的作用产生了新的感受和认识。从小就对人类言语特别敏感且有着独特理解的布伯认为，当言语真正地开始"说"的时候，它就必定变成了一种"对话的言语"，这些活的言语就构成了一个真实的世界，而神秘的外在世界就在对话的世界中被击得粉碎，荡然无存。因此，只有在对话中，我们才能够拥有一个真实的世界，在言语的"说"中，声音才变成"彼此之间的事"。后来他所提倡的"对话原理"在一定程度上是与这种"听"的经历联系在一起的。

在大学第三学期，布伯转往莱比锡大学继续其学业。当时，该地如火如荼的犹太复国主义运动深深地吸引了他，他立即参加了数次犹太复国主义运动大会，并且负责其中的组织和宣传鼓动工作。但对他来讲，参加犹太复国主义运动主要是出于宗教和文化的原因，而不是因为政治的目的。当时欧洲的犹太复国主义运动派别林立，它们除了在"犹太人重返巴勒斯坦之地"这一点上有着共同的企盼之外，很少有什么共同之处。它们在政治、社会和文化观点方面的分歧，源于它们各自的意识形态背景。青年布伯在这时首次接触到了F.拉萨尔的社会主义思想，并且为拉萨尔的个人魅力所倾倒。他一度在犹太大学生中狂热地鼓吹拉萨尔的社会主义思想，尽管他也意识到了拉萨尔的悲剧。可以说，那时布伯的政治主张就是犹太复国主义加拉萨尔的社会主义。即使到后来，在布伯关于未来犹太人社会的设想中，也或多或少地带有社会主义的"精神基因"。也正因为如此，布伯才与当时犹太复国主义运动的领袖赫茨尔（Theodore Herzl）发生了激烈的争论，这种争论的焦点当然就是关于犹太复国主义运动在当前和未来的政治和文化方向问题，并且布伯毫不留情地指出了赫茨尔人格上的缺陷，认为他不具有"领袖的魅力"。赫茨尔的犹太复国主义可以说是一种"政治的犹太复国主义"，而布伯则倡导一种"文化的和精神的犹太复国主义"。在此关键问题上，布伯与金斯伯格（A. Ginsberg，即哈阿德·哈阿姆）的立场是一致的。布伯认为尽管在巴勒斯坦建立一个独立的犹太人国家，摆脱犹太人政治上的依附性和被奴役状况是必要的，但是犹太人如果在精神上失去了自我，在文化上屈从于浅薄，那么犹太民族就仍然会处于被统治和被强制的地位。因此，犹太人必须复兴自己伟大的文化传统，以精神立国，靠文化兴族。这一立场直到布伯的晚年都始终没有丝毫的动摇，他的信念依旧是，犹太文化复兴之日就是犹太民族强盛之时。

1898年春，布伯迎来了他个人生活中一个值得纪念和回味的时刻。这时在瑞士苏黎世大学学习的他，邂逅了德国姑娘保拉·温克勒（Paula Winkler），她是一位天主教教徒，后来皈依了犹太教。他们很快就双双坠入了爱河，旋即结为伉俪。翌年，喜得一子一女。后来保拉成为一名作家，他们相爱终身。

1901年，犹太复国主义运动的国际性论坛——《世界》周刊问世，布伯出任主编。这份刊物当时成为世界犹太复国主义运动的主要喉舌之一，布伯关于犹太复国主义的许多观点就是在这个刊物上首次发表的。但到了1903年，布伯就厌倦了所有这些嘈杂繁难的社会组织工作，他渴望宁静的精神生活。于是，他重返学术圈，并于第二年在柏林大学获得博士学位。

从1904年至1914年，是布伯哲学和宗教思想形成的早期阶段。他在这一时期思想活动的特点是专注于神秘主义。他几乎把所有精力都用在了对东西方神秘主义经典文献的介绍和解释。首先，他花了五年时间对哈西德教派和哈西德主义进行深入的调查和研究。哈西德主义（英文是 Hasidism，德文是 Chassidismus）是对哈西德教派所信奉的一切的总称，而哈西德教派是1750年前后在乌克兰和波兰出现的犹太教内部的一种神秘主义宗教运动，它犹如基督教中的虔信派一样，反对任何教法主义的信仰、诡辩和智性活动。它是一种充满深厚宗教情感的和对上帝渴望的民众性的宗教运动。它强调情感的价值和虔信，主张欢乐和积极的爱，反对禁欲主义。这一运动对布伯的思想产生了极大的影响，早在童年时代他就熟悉哈西德教派的活动和信仰。这期间他的主要研究结果有《拉赫曼教士的故事》（1906）、《美名大师传奇》（1908）等。其实，在布伯的一生中，他写下了无数的有关哈西德的著作和文章。正是哈西德教派的精神特质——注重内心体验、乐观、情感、狂放等——在布伯的思想中得到了升华、发扬和完善，从而也使布伯自己的思想充满了更人性的光辉和生活的智慧，而不是枯燥的概念堆砌和乏味的说教。

到了1909年，布伯关于犹太教精神实质的思想已基本形成。那时他开始被许多人看成是能够为苦闷的欧洲犹太青年知识分子"指明出路的人"。他应布拉格"巴尔·科赫巴"犹太学生组织的邀请在布拉格发表了关于犹太教的三次演讲，这些演讲震撼了当时欧洲无数犹太青年的心。

作为一个在西方世界接受过良好教育的犹太人，布伯在思想的血脉中却始终保留着他的"东方情结"。可以说，布伯的思想正是东西方文化冲突和沟通的结果。他对东方文明的景仰和推崇是真诚的、自觉的。对他来讲，用东方文明去拯救已经处于衰落中的西方文明,并不仅仅是一个停留在口头上的计划,也不是一种民族自大狂心理的流露,而是一种负责任的切实行动,是时代的召唤和人类历史发展的必然。他为此专门研究过埃及、巴比伦、印度和中国的古老文明,特别是作为所有这些文明源头的那些最原始的东西——各民族的古代巫术和神话。因为在他看来,一个民族文化的所有秘密都可以在它的巫术和神话中发现。他说:"所有原始的技艺和原始的组织都是巫术;工具和武装、语言和戏剧、习俗和契约都从巫术的想法中产生,并且在它们最初的时期都具有一种巫术的意义,以后它们各自才逐渐地从这种意义中分离出去,获得了自己的独立性。这一分离和独立过程的完成在东方比在西方要缓慢得多。在西方,巫术性的东西只在仍然保留着生命完整性的民间宗教情感中才活生生地存在着;在所有其他领域这一分离是迅速而彻底的。而在东方,这一分离是缓慢和不彻底的:在分离成各种独立的文化之前,巫术的特征一直保持了很长一段时间。"[①]1911年,他从《聊斋志异》中选编出版了《中国人的鬼神和爱情故事》,1914年《庄子的言说和譬喻》出版[②],他还写过一些论老子、庄子、佛教和印度哲学的高质量的文章。他在谈到西方人应该向中国人学习什么东西的时候,主张西方人应该学习中国道家的"无为而无不为"的精神,而不应该学习那种提倡祖先崇拜的儒家的伦理道德思想。正是道家的无为思想能够为处

---

① 马丁·布伯:《道的教诲》,载《指路》(Martin Buber. Pomting the Way: Collected Essays, London, Routledge and Kegan Paul, 1957, pp.31-32)。

② 据专家考证,布伯并不懂中文,他翻译的《庄子》是在一位中国学者的帮助下,从英文版《庄子》译成德文的。

在工业化时代的西方人提供继续生存下去的精神支援,而儒家思想中最缺乏的就是深刻和高远的精神追求。①

1913年,布伯出版了《但以理》一书。这本书在布伯整个思想发展中之所以重要,是因为他第一次提出了一种明显具有生存论立场的观点。他发现,人与他的经验和环境具有双重的关系:一种是"定位"的关系,另一种是"实现"的关系。"定位"的关系是一种客观的态度,它为了知识和使用而控制环境。而"实现"是一种探索,它在紧张的感知和生存中揭示出生命的内在意义。这些思想已经逐步远离了神秘主义,开始转向对人的存在的关心。

但只是到了1914年,布伯的思想才发生了根本性的转向。他后来在几个地方都提到了促使其思想产生根本变化的一个重要事件,正是这一事件使他的思想完成了从"神秘的"到"日常的"改宗。事情是这样的:1914年夏天的一个上午,有一个叫梅赫(Mehe)的男青年到布伯处征询关于自己在德军中服役的建议。但布伯当时心不在焉,并没有明白他的意思,该青年失望而归,两个月后即战死沙场。当噩耗传来,布伯才恍然大悟,意识到时间太迟,他无法再遇见这个年轻人了,他后悔自己当初未真正倾听这个青年的心声。这件事对布伯思想的影响是深远的,它促使他不得不重新反思人与人之间"对话"的可能性,以及这种对话的宗教及哲学意义。布伯晚年曾这样评价这件事:"我明白,他来看我不是出于偶然,而是命运使然,不是为了闲聊,而是为了做出一个决断。他来到我跟前,他在这一时刻到来。当我们身陷绝望来到一个人跟前的时候,我们

---

① 马丁·布伯:《中国和我们》,载《指路》(英文版),第121—125页。

会企盼什么呢？肯定是企盼到场（presence），据说到场才会带来意义。"①

通过这件事，布伯对神秘主义和宗教进行了深刻的反省。他认为，过去他一直把宗教当成是一种远离日常生活的东西，是一种"使你得到提升"的东西，一种关于日常生活中没有的神秘他性（otherness）的体验。但经过这件事以后，他不再这样认为。现在，他认为，宗教就是在对话的可能性中活生生存在的一切。真正人的生活就是在"相遇"（meeting）、"到场"和"心心相印"（communion）中获得的。他的这些思想后来在《我与你》和其他后期作品中得到系统和全面的阐发。可以说，布伯成熟后的思想都是围绕着"真实的生活就是相遇"这一主题展开的。

1916年，布伯一家从柏林移居赫本海姆。他成为当时颇有影响的《犹太人》月刊的编辑，一直到1924年为止。也就是在1916年，布伯完成了《我与你》一书的初稿，但他对该稿非常不满意，觉得它不够"清晰"，他对它进行了不断的修改，直到1919年满意为止。

1921年，布伯迎来了一生中的又一次大的转折。他开始与弗朗茨·罗森茨维格建立起密切的关系。从1922年开始，他就积极地参加了罗森茨维格的"自由犹太人教育中心"的工作，为推动对青年犹太人的文化教育和犹太文化的研究而奔忙。第二年，布伯的"无价的小书"（G. 马赛尔语）——《我与你》出版，立即引起轰动，这标志着布伯"对话哲学"的正式建立。在这本薄薄

---

① 马丁·布伯：《自传》，载《马丁·布伯的哲学》（英文版），第26页。

的书中，布伯提出了一种人本主义的宗教和哲学思想。可以说，这本书奠定了布伯在世界哲学史上的地位，它对后人产生过很大的影响。有人称它为"哲学－宗教的诗歌"①。

1925年，布伯与罗森茨维格开始合作把希伯来《圣经》翻译成德文。尽管这项工作在罗森茨维格活着的时候并没有完成，但由此布伯开始了他对《圣经》的研究。②他认为，《圣经》宗教的本质就在于无论上帝与人之间隔着多么大的深渊，人与上帝的对话总是可能的。1926—1930年，他一直担任关注宗教教育和宗教社会问题的刊物——《创造》季刊的编辑，1927年他出版了《摩西五经》的德文版。

从1923年到1933年，布伯一直在法兰克福大学教授犹太宗教哲学和宗教史的课程。1930年，他成为法兰克福大学荣誉教授。但在1933年希特勒掌权后，布伯立即就辞去了教职。同年10月4日，当局不再允许布伯发表公开演讲。他被迫创建了"犹太成人教育中心"，专门教授与《圣经》有关的课程，但仍然遭到了当局日益加剧的阻遏。应该说，从1933年到1938年，布伯尽了自己最大的努力，以各种方式对纳粹的反犹主义进行了抵制。但随着国内对犹太人迫害的加剧，布伯不得不于1938年3月离开了他非常热爱的德国，移居英国治下的巴勒斯坦。在那里，他立即就被聘为耶路撒冷大学社会学和社会哲学教授，讲授人类学和社会学，直到1951年退休。

---

① 马丁·布伯：《马丁·布伯的哲学》（英文版），第235页。
② 布伯在罗森茨维格死后继续翻译工作，最后在20世纪50年代全部译完。

在巴勒斯坦，布伯一方面从事学术活动，写下了大量有关《圣经》、哲学和哈西德的著作；另一方面，他也积极参加了有关巴勒斯坦的犹太人问题和阿拉伯问题的讨论。当时，在犹太人内部就以色列立国的问题展开了激烈的争论，特别是在建立一个单一民族的国家还是双民族国家的问题上，犹太人内部分成了截然对立的两派。布伯坚定地主张建立双民族国家，让犹太民族和阿拉伯民族永世友好相处。遗憾的是，布伯的这一立场在当时犹太人内部并不占据上风，因此在政治圈内并没有产生多大的响应。

第二次世界大战结束后，布伯并没有返回德国，而是继续留在巴勒斯坦从事学术和教育活动。这一时期，布伯迎来了他一生中学术创作活动最活跃的时期。1947年，他第一次回到欧洲，进行学术演讲旅行，重新与德国思想家和学术机构建立起对话关系。同年他出版了《阿拉伯－犹太人的团结》《人与人之间》《哈西德的故事：早期大师》等著作。翌年，《哈西德主义》《以色列和世界》《人的问题》《哈西德的故事：晚期大师》等著作出版。1949年，《乌托邦之路》和《先知的信仰》发表。1950年，《人类之路》问世。1951—1952年，应美国多所大学的邀请，布伯去美国进行了学术演讲旅行，并出版了《信仰的两种类型》《在转折点上》和《上帝的失色》。1951年，获汉堡大学颁发的"歌德奖"。1953年，获德国图书贸易协会颁发的"和平奖"，同年出版了《善与恶》。

然而，正如同历史上大多数哲学家的遭遇一样，布伯就以色列的政治和社会问题所发表的一系列观点，并不被以色列政府和大多数以色列人所接受，人们似乎更愿意倾听他关于宗教和哲学的看法，而讨厌他对政治发表的个人意见。他为此非常不满，常常抱怨不已。布伯后来几次去美国和欧洲旅行和演讲。1958年，在他们夫妇从美国途经欧洲返国的途中，妻子保拉在意大利的威尼斯不幸病逝。这对布伯无疑是又一次沉重的精神打击，他为此大病一场。然而，历史是公正的。1963年，布伯因其和平主义的理想和惊世的学术成就在荷兰的阿姆斯特丹获"伊拉斯谟奖"，这是世人对布伯一生为社会正义事业奋斗的肯定。

耄耋之年的布伯仍旧笔耕不辍，他在各地的演讲依然充满着激情、智慧和强烈的感染力。他那逼人心底的犀利目光、高耸的额头和随风飞舞的白发银髯在昭示着一位老者的睿智。然而，1965年6月13日，布伯的生命之火燃烧到了尽头，他没能从一场大病中恢复过来，终于在耶路撒冷离开了人间，终年87岁。此时，无论是赞同还是反对他思想和理想的人，都承认布伯是一位具有世界声誉的哲学家和宗教思想家，他的主要著作这时也都被译成了英文而广为传播。1967年，P.石尔普和M.弗里德曼合作编辑了《马丁·布伯的哲学》一书，作为"活着的哲学家丛书"的第12卷出版，学者们以此来纪念布伯对当代世界哲学和人类精神的独特贡献。世界最著名的布伯研究专家M.弗里德曼教授曾对他做了如下盖棺定论式的评价，他说："马丁·布伯是20世纪真正世界性的人物之一。他是一个伟大的哲学家、无与伦比的作家、世界著名的学者……他是他那个时代最博学的人之一，一个拥有神奇语言能力和丰富知识的世界性学者。他是一个拥有不竭创造力，创作出大量著作、散文、诗歌、故事、一部小说和一个剧本的天才。他的诗性哲学经典《我与你》被普遍看成是20世纪最有影响的著作之一……他著名的对话哲学或'我-你关系'哲学,对犹太及基督教神学和我们这个时代的宗教思想具有革命性的影响,并且它对美学、心理学及心理治疗、教育、语言传播、社会学和社会思想具有越来越大的影响。"[①] 我认为这些评价并无过誉之处。

二、我们如何"到场"

《论犹太教》一书所包括的12篇演讲是在不同时期发表的,其时间跨度长达四十多年。这期间,布伯的哲学思想经历了从神秘主义到"对话哲学"的转变。布伯对犹太教的解释在很大程度上受他的哲学思想的影响,反过来,他的犹太教研究又极大地影响了他的哲学。因此,为了更好地理解布伯在本书中的思想,我们有必要先来谈谈他的一般的哲学思想。

布伯的哲学被称为"对话的哲学",因为他对人的对话的本体结构进行了分析。他认为,"对话哲学"的历史可以一直追溯到18世纪的德国神秘主义哲学家弗里德利希·亨利希·雅各比(1743—1819)那里。因为正是他最早真正地思考过人的生存的对话本质。雅各比曾说过如下一些对后人颇有启示意义的话:"我睁开眼睛,或竖起耳朵,或向前伸出我的手,在同一时刻可以不可分地感觉到:你与我,我与你。""所有确定性的根源就在于:你在并且我在!""没

[①] Maurice Friedman (ed.). *Martin Buber and the Human Sciences*, State University of New York Press, 1996, p. ix.

有'你','我'是不可能的。"①半个世纪后,费尔巴哈在雅各比的启发下,赋予人的"对话存在"以一个较完整的哲学基础。费尔巴哈的名言是:"人对他自己是人(在通常的意义上)——人与人——'我'和'你'的统一就是上帝。"②但布伯认为,费尔巴哈显然是模糊了人和上帝的界限。后来,祁克果把"你"看成是一个具有人性的"你",强调"你"与上帝的对话,而人与人之间的对话则无足轻重。因此,祁克果之后,"我-你"关系的讨论就误入了歧途。直到60年后,新康德主义者赫尔曼·柯亨在他的《源自犹太教的理性宗教》(1919)一书中,才又恢复了雅各比的传统,重新探讨人与人的对话关系。柯亨说:"只有'你',对'你'的发现,才能够使我意识到我的'我'的存在","正是'你'才使'人格'出世。"他还提出了一个过去人们不曾清楚的思想:即人和上帝之间存在一种"相互的关系",而这种相互的关系只有通过人与人之间的相互关系才能够实现。③后来,柯亨的一个杰出的学生F.罗森茨维格在其《救赎之星》(1921)中以其"言谈哲学"(philosophy of speech)超越了柯亨的思想。他认为"你"是一个被说出的东西,当上帝呼喊亚当说"你在哪儿?"的时候,"你"的"被说出性"就昭然若揭了。因此,"这样一个独立的、自由地监视着隐藏的上帝的、上帝对其能够显示自己为'我'的那个'你'在何处?"正如《圣经》中上帝所说:"我直呼你的名字,

---

① 马丁·布伯:《人与人之间》(Martin Buber. *Between Man and Man*, New York, Macmillan paperbacks, 1965, p.209)。
② 同上书,第210页。
③ 同上书,第212页。

你就是我的。"上帝把自己显示为"他与灵魂之间整个对话的始作俑者和开启者"①。没有上帝,哪来的"你"和"我"呢?显然,罗森茨维格的立场更接近祁克果。几乎与此同时,艾布勒(Ferdinand Ebner)在《语词与精神的实在》(1921)一书中表达了"我"与"你"的关系的不可能性。他认为,"我"是绝对孤独的,"我"与"你"是完全隔绝的。但我们不是可以通过言谈进行对话吗?他像祁克果一样,认为我们不可能在人中间发现"你"。"只有唯一的一个'你',那就是上帝。"我们的确应该不仅爱上帝,而且也爱人。但是,当我们面对上帝的时候,其他的"你"都消失了,只剩下我与上帝相对。我想与其他的"你"对话,想爱其他的"你",但除了上帝,我们找不到别的"你"②。布伯显然受这些思想的影响,他认为犹太学说完全基于具有人性的"我"和具有神性的"你"的双向关系。

另外,在布伯"对话哲学"的形成过程中,他对哈西德传统的发现具有至关重要的意义。正如劳伦斯·希尔伯斯坦(Laurence J. Silberstein)指出的:"对哈西德主义的解释是布伯一生主要的学术活动之一,并且哈西德主义的学说为他提供了最基本的洞见,在这些洞见的基础上,他建立了他的哲学和宗教的立场。"③布伯认为,哈西德主义的核心精神就是:上帝是栖居在人类中间的;上帝是栖居在他的创造物中间的;人类通过其自身的各种创造性活动而不断

---

① 马丁·布伯:《人与人之间》(英文版),第212页。
② 同上书,第213页。
③ Laurence J. Silberstein. *Martin Buber's Social and Religious Thought*, New York University Press, 1989, p. 43.

地与上帝进行对话,从而领悟了生命的伟大。因此,如果我们爱上帝的话,那么就必然地要爱我们这个世界中的一切具体美好的东西。同样,我们爱这个世界中具体的东西,也就是爱上帝。他说:"很早我就预见到……无论我怎样抗拒,我都命中注定了要去爱这个世界。"① 在布伯看来,这个"世界"指的是具体的东西,而不是一个抽象的整体的世界,因为在哈西德主义那里,抽象的"世界"是无意义的。可见,哈西德主义意味着取消正统犹太教和基督教所坚持的关于宗教性与世俗性相区别的观点。它意味着我们的世俗生活如同宗教生活一样,充满了信仰,我们只有以这种方式才能够达到生活的统一。并且只有我们不以某种伤感的情调来看待宗教性,而且也拒绝所有理性的宗教的时候,我们才能够达到这种统一性。这样,在我们的宗教性觉醒的时候,人并不注定要与自身强烈的欲望作斗争,过一种禁欲主义的生活,他并不一定要从内心驱除所有的邪恶:他被认为是与上帝一起居住在这个世界中的,他成了世界中既具有神圣性又不失其缺点的人。

而一部西方文明(以科学和法律为核心)的发展史,就是上帝逃离尘世的历史,就是统一的宇宙分裂的历史。在这种文明看来,上帝不是居住在这个世界中,关爱着这个世界,而是居高临下地居于这个尘世之上。这种"二元的对立"是西方文明走向失败的根本原因,西方人就生活在一个两极对立的疯狂的世界中。而哈西德主义是治愈西方病态生活的良方,它认为我们"当下的生活"

---

① 马丁·布伯:《哈西德主义的起源和意义》(Martin Buber. *The Origin and Meaning of Hasidism*, 1966, p. 99)。

就是人与上帝之间的"相会之地"。人们通过自己的创造性活动（如文学、艺术、科学、语言等）就能够达到与上帝的沟通。这样一来，哈西德主义就使整个日常生活变得神圣起来，从而"把另一个世界带入这个世界"。正是当前这个世界才使我们的信仰得以实现，使上帝得以显示自己。上帝并不是远离这个世界却可以给这个世界带来救赎的统治者，他是想"通过人类去占领他创造的这个世界"。上帝只想在人的帮助下来完成他的创造，他并不想在我们建立这个世界之前就显示它，他并不想戴上世界之王的冠冕，而是想从我们手中接过它。因此，哈西德主义既是一种信仰，也是一种"生活哲学"，它开启了人与上帝的对话，揭示了人的生存结构中的对话实质，"对话"就具有一种本体论的地位。

然而，布伯的"对话哲学"经历了一个不断修正和不断完善的过程。1923年他出版了《我与你》，第一次完整地阐述了他的"对话的原理"，在当时的德国哲学界和犹太宗教界产生了强烈的反响。后来，他的另外一些著作对这一原理作了进一步的阐明和丰富，特别是他使用了许多典型的例子来说明问题。尽管"对话原理"的精神实质没有什么根本的改变，但他前后所使用的术语却发生了不小的变化。

在《我与你》中，他区分了人的两种完全不同的基本态度，即人探索"实存"（existence）的两种不同方式。一种是"我-它"关系，另一种是"我-你"关系。这两种关系的不同并不是它们的关系对象的本质不同，并不是人与人之间的每一种关系都是"我-你"关系，也不是与动物或物的每一种关系都是"我-它"关系。这两种关系的差别在关系本身之中。"我-你"关系的特点在于，只有当一切都被放下,所有"前见"、所有预设都被放弃的时候;当我完全沉入与他者的"相遇"中,和他保持一种真正的对话的时候,"我"与"你"才能够真正相遇。他说:"与'你'的关系是直接的。在'我'与'你'之间,不存在任何术语,不存在任何前见,不存在任何想象,并且记忆本身也改变了,因为它从单一性变成了整体性。在'我'与'你'之间,没有任何目的,没有任何贪婪和期望,并且渴望本身也改变了,因为它从梦想变成了现实。所有手段都是障碍。只有在所有手段都不存在的地方,才会有相遇发生。"[①] 可见,"我–你"关系是一种具有"开放性""直接性""相互性"和"在场"的关系。它可以存在于一个人与另一个人之间,也可以是人与一棵树、一只猫、一块岩石或一件艺术作品的关系。由于上帝存在于万事万物之中,所以通过我与这些东西之间的"我–你"关系,我就能够与"永恒的你"(即上帝)建立起一种"我–你"关系。

而"我–它"关系则是一种典型的主–客体关系。在这种关系中,我"认识"并且"使用"其他的人或物,而不允许它们"为自己的唯一性"而存在。例如一棵树,在我遇见它以前,它不是一个"你"。当我与它擦身而过的时候,它那时还根本不具有一个装着看不见我的隐蔽的人格。然而,如果我相遇其存在的唯一性,让它对我产生影响,而又不或者把它与其他的树加以比较,或者去分析它的叶子和树干,或者计算能够从中弄出多少柴火来,那么,

---

[①] 马丁·布伯:《我与你》(Martin Buber. *I and Thou*, 2d ed., New York, Scribner, 1960, p.7)。

我就可能与它建立一种"我-你"关系。然而，我也可以把我的同伙看成是一个"它"，实际上绝大多数普通人在绝大多数的时候和场合也正是这么做的。人总是从一定距离把"他人"看成是一个"物"，看成是环境的一部分，看成是宇宙因果链条上的微不足道的一环。例如，我以殷勤礼貌的语言和态度面对相遇的那个人，在我相遇他之前，他是一个"人"（person）。只有当我和他建立起基本的关系时，他才是一个"你"。但如果我没有与他建立这种基本的关系，即使我以最为礼貌的方式对待他，也不能够使他对我来讲不再是一个"它"。当然，我不能够根据我自己的行动和意愿产生出一个"我-你"关系来，因为这种关系是相互的，他人只有像我相遇他那样相遇我时，这种关系才建立起来了。

"我-你"关系和"我-它"关系彼此是必然和富有成果地发生改变的。人不能总是处在"我-你"关系中，他只能一次又一次地努力把"它"的世界的"非直接性"带入与"你"相遇的"直接性"中去，从而赋予"它"的世界以意义。只要这种改变继续下去，人的存在就是本真的存在。当"它"极度膨胀起来并且不能够返回"你"的时候，人的存在就是不健康的，他的个人的和社会的生活就是非本真的。当"我"不能够真正地"相遇""你"的时候，"我"就与"你""失之交臂"了，"我"就是"缺席者"。

在布伯后来发表的演讲和作品中，他切入问题的角度已有所改变，这时他更多地谈论的是人与人之间的关系。这时，"我-你"关系成了人和人之间的"对话"，而"我-它"关系则成了"独白"。"对话"就是真正的"相遇"和"到场"，而"独白"则是"失之交臂"和"缺席"。布伯认为，人是以其最深处的和整个的实存进入"我－你"关系的。在一次"相遇"中,在一次"真正的对话"中,两个伴侣的关系就是一种"我－你"关系。并且布伯相信,人与人之间的相遇只不过反映了人与上帝的相遇。《圣经》宗教的本质就在于无论上帝与人之间隔着多么大的深渊,人与上帝的对话总是可能的。一方面,人与上帝之间的差别无论如何都没有也不可能被取消,人对于拯救自己的历史能够作出贡献。另一方面,上帝与人贴得如此之近,上帝就栖于这个世界,但上帝并不消失在这个世界中,他具有内在性和超越性。这种双重性就是任何对话关系的基础,即"基本的距离"和"密切的关系"。

在此,布伯是把人与人之间和人与上帝之间的关系的概念扩展到了整个存在的领域。我的整个存在是由"我"与所有要素的关系所决定的。当我想象我的生命是强加给我的一种命运或一种无目标的偶然事件的时候,我与我的生命就有了一种"我－它"关系。但我与我的生命也可以有一种对话的关系,我可以设想我的生命是一种上帝向我发布的宣告,是一种等待答案的请求。这意味着我不得不对现实环境做出回答。我并不是要为我的生命制定计划并实现这些计划,即这是一种自我责任,而不是自我实现。总之,是一种"回答"。由于人就是要作出回答的,所以人必须能够负责。我们不应该认为人只有在"你"的帮助下才能够发现他的"我",因为没有"我",就不会有"你";因为没有"我",就不会有"面对",就不会有相遇。不错,当一个孩子学会说"我"之前,他首先会说"你"。但是,在人存在的最高阶段,他必须能够真正地说"我",这样他才能够体验到"你"的全部秘密。

人与人之间的关系是对话得以发生的地方,但是这绝不意味着人不得不与他人"共谋",而是说,就对话是一种精神生命来讲,它是人不得不与别人共同相遇的事。因此,对话要求我一次又一次地感谢我的同胞,即使他并没有为我做任何事情。那么,这是为什么呢?这是为了在他相遇我时他能够真正地相遇我,是为了使他睁开眼睛,能够非常信任地听我不得不对他讲的一切,是为了他能够敞开心扉。

那么,这种"对话"的本质是什么呢?他认为"对话"就是"体验'我-你,关系中的另一方"。"对话"从根本上讲,就是一种"包容"。在对话中,我们相遇和认识的不是别人的经验内容,而是别人生存的唯一的本性。因此,"包容"与"同情"完全不同,因为"同情"仍然是把一个人、一棵树或一只狗当作一个"对象"或一个"它"来看待,把我们的情感移植到它们中去,这是对"实在"采取的一种"审美主义"的态度。而"包容"则与此相反。它是一个人自己"具体性"的扩展,是生活的现实环境的完善,是我们参与其中的实在的完全在场。"包容"的基本要素首先是两个人之间存在着无论什么样的一种关系;其次是他们共同经历的并且至少他们中的一个人积极参与的一个事件;第三是这个积极参与者并没有因积极参与而失去什么,并且从另外一个人的立场来看他们经历着共同的事件。人与人之间的关系如果存在程度不同的"包容"要素,那么它就可以被称为是一种"对话的关系"。①

从"对话关系"的这三个要素来看,显然我们通常所说的"交谈"就不能等同于"对话"。虽然在真正的交谈(而不是心不在

---

① 马丁·布伯:《人与人之间》(英文版),第97页。

焉的应付）中也显示出一种对话的关系，但是对话关系并不是由交谈构成的。两个人相处，往往相对无语，但这时也会存在着一种"对话"；当两个人相隔千里，但彼此之间似乎仍然在场，"对话"照旧会进行下去。因此，"交谈"并不是"对话"所必需的。另一方面，所有的交谈只有从"包容要素的意识"中才能够获得其真实性，即应该在交谈中"体验到另一面"。例如，在所谓"技术的对话"中，就无这种体验发生，因为在那里，注意的焦点不是集中在对话参与者本身，而是集中在他们所传达的内容上。同样，在所谓"伪装成对话的独白"中，情况也是如此。在那里，同样也缺少包容关系，独白使独白者"绝对化"，使他人"相对化"，从而把人们之间的这种交谈变成了"滔滔不绝的演说"。因此，布伯不无讽刺地说，当代人的一个标志就是他们并不真正地"倾听"。在这一点上，布伯与海德格尔的观点是一样的。海德格尔在后期也大声地疾呼：我们应该"倾听"而不是"说道"，现代人已经与"倾听"久违了。但布伯坚信，只有当我们真正地倾听的时候，即当我们个人真正地意识到我们与他人相遇的时候，我们才能够达到一个"真正实在"的领域，即"之间"的领域。

　　对布伯来讲，"之间"具有最终的本体论意义。早在《我与你》一书中，他就提出"所有真实的生活都是相遇"的主张。这句话的意思不是说一个人可以离开其安身立命的根基，以便与他人相遇；或者说一个人让自己完全湮没在人群之中，用自己的个体性来换取某一社会角色。对相遇来讲，真可谓"其来也，恭；其去也，悲"。相遇之所以"恭"，是因为人不可能身处对话两边；相遇之所以"悲"，是因为每一种"我－你"关系都不可避免地变成一个"它",尽管"它"不一定变成为一个"你"。因此,"我-你"关系一方面教导我们要相遇他人,另一方面它又教导我们当我们相遇他人的时候,要把住我们自己的根基。这也就是说,"体验对话的另一方"与"把住我们自己一方"是同等重要的。可见,"相遇"不是那种完全放弃自身独立性的"同情"。在我们人类的许多相遇中,甚至在那种充满了温情的帮助关系(如"师生关系""父子关系""医患关系"等)中,我们也不能期望在"对另一方的体验"成为相互的时候,又不会摧毁这种关系或把这种关系变成友谊(友谊并不是一种"我-你"关系)。因此,"相遇"总有一种"之间"的本体论结构。我们人的存在既不是个体性的,因为我们要相遇别人;我们又不是群集性的,因为我们还要把住自己。"人存在的基本事实是人与人打交道。人类世界的独特之处就在于,在这个人和另外一个人之间发生了某件事,而我们在自然界中找不到类似的事情。语言只是一个符号和人类世界的一种工具,精神的所有成就都是在语言的激励下取得的。人是被语言造成的;但在它成为人的路上,它并不只是不断地发展,它也衰败和凋谢。它植根于一种不断转向作为另一个特殊的存在者的存在之中,以便与它在一个它们共有的范围内交流,而这个共有的领域超出了它们各自特有的范围。我把这个共有的领域称之为'之间'的领域,它是随着人作为人的存在而形成的,但从概念上讲它是不可理解的。尽管'之间'实现的程度非常不同,但它却是人类社会的一个基本范畴……'之间'不是一个附属的构造,而是人之间所发生的一切东西的真实场所和承载者;它之所以没有引起特别的注意,是因为与单个的心灵及其背景不一样,它并没有显示出一种平滑的连续性,而是根据人与其他人彼此的相遇而一再地重构;因此经验自然地被附加上了连续的要素——心灵和它的世界。"①因此,我们也可以说,如果康德的"纯粹理性批判"是关于理性如何可能的哲学的话,那么布伯的"对话哲学"就是关于"之间"如何可能的哲学。

布伯说,如果我相遇某个东西,那么这一相遇的事实就可以精确地在世界和心灵之间、在外部事件和内部印象之间来分析。但如果我和另外一个人彼此相遇,彼此突然地陷入一种关系中,那么这个相遇的总和就不能精确地来划分,就不能分成我的或他的。在我和他之外总还有一个多出来的"剩余物"。对这个剩余物而言,心灵终结了,世界还没有开始,这个剩余物就是本质的东西。这就是本体论上的"之间"。即使是在一些并不引人注目的微小而短暂的事件中,这种"之间"也是存在的。例如,当两个陌生人在某一防空掩体里挤在一起的时候,他们的眼光不经意地突然相遇,尽管只持续了一秒钟,但彼此之间还是存在着一种相互性。空袭警报解除后,这件事也就被他们忘记了。然而,它毕竟发生过,这件事在某个领域存在过那么片刻。又如,在黑暗的歌剧院里,两个观众彼此并不认识,但他们都同样地以一种纯洁和紧张的心情在倾听莫扎特的音乐,这时在他们之间也存在一种关系,尽管它不为人所察觉,但它确实是一种基本的对话。随着灯光再次亮起,它早已消失得无影无踪了。布伯说:"在对这种短暂然而却是连贯的事件的理解中,我们绝对不能引入情感的动机:这里所

---

① 马丁·布伯:《人与人之间》(英文版),第203页。

发生的事情是不能通过心理学的概念来分析的，它是本体的东西。从最微不足道的事件，如那些刚一出现就消失的事件，直到纯粹不可分解的悲剧的悲怆（在悲剧里，两个本性上彼此对立的人纠缠在同一个生存环境中），都以非语言表达的明晰性彼此显露出一种难以调和的存在的对立，我们只能以一种本体论的方式才能够恰当地把握这一对话的环境。但它并不是在个人实存或两个人实存的本体的基础上被把握的，而是在二者之间并且超越二者存在的基础上被把握的。在最强有力的对话的时刻（此时确实是'深渊连着深渊'），变得最为明显的是，对话不是个体或社会的魔杖，而是一个第三者的魔杖，它围绕着所发生的事情画了一个圈。不是从主观的立场，而是从客观的立场来看，在我与你相遇的狭窄的山脊上，存在一个'之间'的领域。"①

在此，布伯把这个本体论的"之间"的领域形象地比作两个深渊之间高耸的"狭窄山脊"，其目的在于说明人与人之间真正的对话是何其困难，稍不留神就有可能坠入黑暗的深渊，从而断送了对话。因此，深渊象征着人与人之间的隔膜和失之交臂，意味着生活的无意义。而山脊则是人与人之间真正把彼此当成人来看待的一个坚实之地，是有意义生活的场所，尽管是一个需要我们时刻惊警的场所。另外，"狭窄山脊"意味着不存在任何形而上的确定性和体系哲学的"客观真理"，只有"相遇"的确定性，只有"到场"的发生。也就是说，我们经常不得不在对立的力量和观点之间选择狭窄的道路。布伯曾引用一则哈西德的格言来概

---

① 马丁·布伯：《人与人之间》（英文版），第204页。

括这一观点："在这个世界上的路就像在刀刃的边缘。在这一边是地狱，在那一边也是地狱，而生活之路就在它们中间。"① 这话听起来是多么悲怆！布伯就是哲学界的贝多芬。

三、犹太教的复兴

《论犹太教》一书的中心思想就是"复兴犹太教"。恰如该书编者 N. 格莱策尔所说：布伯"提倡一种'犹太教的复兴……对他来讲，这样一种复兴似乎就是其他种族中类似复兴过程的一部分。它将是全体个人或种族人格的一种复兴，而不是生活的某一部分的变化。就犹太人来讲，它意味着重新认识犹太人思想（《圣经》的和后《圣经》的思想）最深刻的部分；意味着对犹太人几千年的历史，对它的成功和悲剧作一种新的理解；意味着认识把犹太教与东方（在布伯的作品中用的是"东方"和"亚洲"）各种伟大的精神运动联系起来的力量，以及这种东方精神能为衰落的西方的再生贡献什么样的东西；意味着认清成为一个犹太人就是要过一种无条件地承担义务、拒绝妥协的生活——这被认为是建设性的行动，而非抽象的概念或理论"②。

布伯指出，存在两种犹太教复兴的概念。一种是把犹太教看成是一个宗教共同体，另一种则把犹太教看成是一个民族的共同

---

① Martin Buber. *Ten Rungs: Hasidic Sayings*, Schocken Books, 1962, p. 69.
② N. 格莱策尔："编者后记"，载《论犹太教》（Martin Buber. *On Judaism*, New York, Schocken, 1968, pp. 238–239）。

体。前者提倡信仰的理性化、教义的简化和仪式规则的修改。它代表的不是改革，只是自新；不是变革，只是促进；不是犹太教的复兴，只是使它以一种更容易、更优雅、西化的且更为社会所接受的形式永远存在下去。这就是所谓的"先知的犹太教"的思想。它缺少精神的原创性激情和欣喜若狂的力量，它一味地沉浸在犹太教法典的疑难和迈蒙尼德的抽象之中。另一种犹太教复兴的概念是阿哈德·哈姆预见到的复兴，即建立一个独立的犹太人国家。

但布伯对这两种犹太教复兴的看法均表不满。他认为，当我们把犹太教看成是一种宗教的时候，我们仅仅触及了其组织形式最明显的事实。而当我们把它称之为一种民族性的时候，我们就接触到了一种比前者更深的真理。但是，我们应该比它看得更深，从而发现犹太教的本质。犹太教是什么？犹太教最根本的是一种精神过程。如果我们把它与犹太人的统一方案或先知犹太教相等同的话，那么我们对这一精神过程的理解就很受局限。我们应该把犹太人的统一方案看成是这一伟大精神过程的一个要素，而把先知犹太教当成是这一精神过程的一个阶段。

布伯认为，复兴犹太教包括两方面的内容：一是对正统或官方犹太教的批判，二是确立犹太教的真正任务。布伯在阐述犹太教任务的过程中，对正统犹太教进行了批判。

布伯相信，犹太教的真正任务有三个：显示人与上帝之间的对话关系（问与答的关系）；确立精神生活和世俗生活的统一；使我们与万物的关系变得神圣和圣洁。

关于第一个任务，布伯认为，宗教信仰的基础是人与上帝、与永恒的"你"之间的对话关系。关于上帝的任何陈述同时都是关于人的陈述。在他看来，以色列民族对《圣经》信仰的历史是一种活生生的传统，是上帝与人之间的一种对话的历史。从亚伯拉罕被召到上帝面前，到摩西在西奈山上与上帝的对话，再到众先知，都是上帝与人之间对话的历史展现。而在基督教神学中，我们可以相信上帝存在，但上帝并不与我们面对面地相处。他指出："作为全能的上帝，在他创造其造物的过程中，他赋予其造物以行动的自由，秉持这一行动的自由，造物就可以归顺于他或离开他，可以捍卫他或反对他。"① 这样，上帝与人的关系就不只是创造者和被创造者的关系，而且他们的关系还体现出一种"对话的行动"。上帝是什么？上帝就是"在此的上帝"（the God being there），他并不沉默，他向我们宣告，他引领我们，与我们同行，与我们共鸣。而我们则对上帝的所有宣告作出回应。所以，犹太教的基本教诲就是：我们的生活是"上天"与"尘世"的对话。"真正的上帝就是倾听的上帝，因为他是说话的上帝。"②

但布伯认为，在现代存在一个"对话的危机"。现代人大多拒绝聆听传统，现代性的最大特点就是"对话"的缺失。他们把宗教作为教条来信奉，即作为完成了的、固定不变的真理来崇奉。忘记了宗教真理是开放的，是动态的，是活生生的、永不结束的"神-人对话"。他说："上帝拥有真理，但他不拥有一个体系。他通过他的意志表达他的真理，但他的意志不是一个纲领。"上帝会

---

① 马丁·布伯：《以色列和世界》（Martin Buber. *Israel and the World*, New York, Schocken Paperbacks, 1963, p. 79）。
② 马丁·布伯：《哈西德主义的起源和意义》（英文版），第 92 页。

向我们每一个人说话，但他不说"我是上帝"，而是说"我是你的上帝"①。可以说，犹太人的历史就是他们与其上帝对话的历史。这种对话基于双重的基础：作为人格的"我"和作为永恒伴侣（上帝）的"我"。这个我不是自私和骄傲的"我"，而是在我－你之间的爱和真实关系的"我"。

犹太教的第二个任务涉及"精神的和世俗的统一"问题。布伯认为，对古代犹太人来讲，不存在宗教精神生活与世俗生活的分离问题。古代犹太人的生活就是其信仰的具体体现。但在现代世界，无论是基督教徒，还是现代犹太人，他们的信仰和生活却是分离的。因此，犹太人的复国主义运动，就不只是回到巴勒斯坦这块土地，而且要复兴犹太人的古老传统：在生活中实现犹太人的信仰，应该"回到精神中去"，回到希伯来《圣经》的教诲中去，克服我们精神生活和世俗生活分裂的二元状态。

使我们与万物的关系变得神圣和圣洁是犹太教的第三个任务。布伯认为，古老的犹太教教诲的一个突出之处，就是号召我们使世间万物变得神圣起来。《圣经》并不揭示上帝的本质，而是揭示上帝向我们的显现，它处理的是人间的事务。因此，启示就意味着责任。具体来说，就是我们有责任使世间的一切成为神圣的，因为这是上帝的旨意。人和世界的意义是通过这种神圣化活动实现的。

也正因为如此，犹太教才强调"行动"。"做"比"体验"更重要。犹太教的核心不是信仰，而是行动。真正的犹太教既不满足于作

---

① 马丁·布伯：《以色列和世界》（英文版），第209页。

为"理念的真理",也不满足于作为"形式的真理";它既不满足于作为"哲学原理的真理",也不满足于作为"艺术作品的真理"。它的目标是作为"行动的真理"。因此,布伯说:"真正的虔诚就是做。"① 它强烈地希望在尘世间创建一个真正的共同体。它对上帝的渴望就是渴望在这个真正的共同体中为上帝准备一席之地。它对弥赛亚的等待就是等待这个真正的共同体的到来。因此,犹太教并不关涉彼岸的上帝,因为它的上帝心满意足地居住在凡人之间的王国中,好像这些凡人是神圣方舟上的天使。犹太教也不关涉寄居在物中的上帝,因为他并不驻留在物的存在之中,而只驻留在物的完美无缺之中。因此,犹太人不必把他们自己与其他民族相比拟,因为他们知道,作为"头生子",他们身上负有神的现实化的义务。不过,他们也不必认为自己优越于其他民族,因为犹太民族已经如此缺乏立于其面前的理想典型,以至于好几次几乎不能辨别出它来了。因此,只要上帝的王国还没有到来,犹太人就不会把任何人看成是真正的弥赛亚,然而它永远不会不再期待来自世人的救赎,因为在尘世间确立上帝的力量就是凡人的任务。这样,犹太教的特性既不表现在宗教领域,也不表现在道德领域,而表现在这两个领域的统一之中。善行就是让世界充满上帝,而真正侍奉上帝就是把上帝拉入生活。在真正的犹太教中,伦理与信仰是不可分割的。它的理想、神圣性就是"与上帝同在的真正的共同体"和"与人类同在的真正共同体"二者的统一。那种认为通过劳作而变得神圣和通过皈依而变得神圣的观点是与

---

① 马丁·布伯:《以色列和世界》(英文版),第93页。

犹太教格格不入的。

那么,犹太教的本质是什么呢?布伯认为,我们首先必须把犹太教作为"宗教实在"的一种现象来对待。这一宗教实在在犹太教中并通过犹太教彰显出来;事实上犹太教就是为了这一实在的缘故而存在的。因此,这里的问题并不是我们是否把犹太教理解成一种文化或一种学说,理解成一种历史的或心理的现象。它可能包含着这些成分,但同时也可能包含着其他成分。但是,只有通过犹太教得以彰显的那个宗教实在,犹太教才能被充分地加以界定,并且任何不包括这一实在的界定都看不到这里面所包含的意义。

"宗教实在"是指人与上帝之间所发生的事情,在他们关系的范围内,那是人和上帝共同的实在。而"上帝"这一术语不是指一种形而上学的理念,也不是指一种道德的理想,不是指一种心理的投射或社会的形象,也并非指任何由人类创造或在人类中间发展起来的东西。布伯的上帝只是指人类在各种观念和形象化的描述中所拥有的东西。但这些观念和形象化的描述并不是自由创造的产物,它们是神-人相遇的结果,是人试图去把握令他费解的东西的结果。它们是神秘事物的痕迹。然而,上帝的显现不在彼岸,只有像上帝那么多地分享这一显现的人才能与它偶然相遇。形象和观念都来源于它,然而,在它当中所揭示出来的既非形象又非观念,而是上帝。之所以被称为"宗教实在",正是因为它构成了与上帝自身的一种不衰的关系。人不拥有上帝本身,但却与上帝相遇。

对犹太人来讲,要紧的不是其信条,不是他公开宣称对某种理念或运动的信奉，而是他吸收他自己的真理，他依靠这一真理而活着，他从外来规则的浮渣中纯化自己，并且找到其从分裂到统一之路。因此，我们必须从其最深处去把握犹太教的问题，探究到其底部，一直到从矛盾中生出永恒的地方。因为这是犹太教的本质和命运；犹太教最崇高的要素是与其最低贱的要素连在一起的，其最辉煌的要素是与其最羞辱的要素连在一起的。犹太教不是简单的和明确的，而是充满悬殊差别的。它是一种两极对比的现象。

犹太教的基本问题就是它的双重性：最勇敢的诚实与弥天大谎并存；奋不顾身的牺牲紧随着最贪婪的自私自利。没有哪个民族产生了如此卑鄙的冒险家和背叛者，同样也没有哪个民族产生了如此崇高的先知和拯救者。而崇高绝不等于最初的犹太教，低劣也不等于其退化。相反，它们一直并肩而立。

但布伯认为这种两重性是人类共同面临的问题。他说："人心灵的多样性周期性地向他显示为一种双重性，这是一个基本的心理事实；事实上，就现象和存在在意识的世界中意味着相同的东西来讲，可以说这种多样性反复地假定了双重的形式。人把其现实性和潜在性的整体体验为一种倾向两极的活生生的实体；他把他内心的进步体验为一种从一些十字路口到另一些十字路口的旅程。无论人内心斗争的两极可能有什么变化的意义内容，无论在十字路口的选择是被看成一种个人的决断、一种外部的必然性或一种偶然的事情，基本形式本身是不变的。然而，在任何人群中都没有像在犹太人中那样，让这一基本形式过去是并且现在仍是那样强、那样占支配地位、那样居于中心。它在任何地方都没有实现得如此纯粹和如此充分;它在任何地方都不会对性格和命运有如此决定性的影响;它在任何地方都不会创造出任何像犹太人对统一性的追求那样重大的、自相矛盾的、英雄式的、惊人的事情。正是这种对统一性的追求才使犹太教成了一种人类的现象,才把犹太人的问题变成了一个人类的问题。"① 例如,关于原罪的神话就是双重性的经典例子。它代表了一种分裂的和双重性的感觉和认识,同时也是一种对统一性的追求。上帝就是从对统一性的追求中浮现出来的。正像内在双重性的观念是犹太人的观念一样,从双重性中获得拯救的观念也是犹太人的。犹太人的救赎意味着一种转变,意味着把握真理,意味着肯定,意味着人类之路。在犹太人的神秘主义中,当上帝观念的最初特征改变时,当二元论的观点转变成上帝这个概念时,犹太人的救赎观念就到达了印度人的高级程度:它成长为上帝救赎的观念,上帝的存在(它与物相分离)与上帝的内在(即漫游、漂泊、弥散在物的周围,与物紧密地相连结)再次统一的观念。它变成了上帝通过创造而救赎的观念:通过心灵从双重性向统一性的每一进步,通过心灵在自身中每一次变为一体,上帝在自身中变为一。

他进一步指出,犹太教的精神包含着对三个观念的追求,即"统一的观念""行动的观念"和"未来的观念"。关于第一个观念,他说:"存在于这个民族本性中的统一性观念和朝向它的趋势产生于这样一个事实:犹太人一直更敏锐地觉察到了现象所显现的那个背景,而不是个别的现象本身,他确实看到的是森林而不是树木,

---

① 马丁·布伯:《论犹太教》(英文版),第25页。

是大海而不是波浪,是社会而不是单独的个人,所以他更喜爱沉思,而不是想象。由于同样的原因,他甚至也被迫在他能从总体上体验到物的整体性之前就去概括它。但他并不因有一个概念就停下来;他被迫继续努力达到更高的层次——一个能支撑所有概念也能使所有概念完满,并能把它们结合成一体的最高层次。"① 但对犹太人来讲,统一倾向还源自他试图将自己从内在的双重性中拯救出来并上升到绝对统一体的那种强烈的渴望。这两种根源在先知们的上帝观念中得到整合。于是出现了一种超越的统一观念:那个创造世界、统治世界、关爱世界的上帝。这是这一精神过程的顶峰。但慢慢地,外部根源变得比内部根源要强,爱好概念化比忠于一个人的渴望要强。这一观念最终变成了毫无意味的一种风尚,直至活生生的上帝被改变成具有晚期教士统治和犹太法学博士初期教义特征的毫无生命的"图式"。然而,统一趋势并没有停下来。图式和渴望之间的战斗仍不停地升级,直至目前。

犹太教的第二个观念是"行动的观念"。布伯相信,这一精神倾向是犹太民族精神气质中固有的。他甚至认为犹太人的运动神经天生就比感觉神经要强,其运动系统比感觉系统要发达得多。当犹太人行动时,往往能够比他们感知时显示出更多的真义和更伟大的人格,犹太人认为他们平生所成就的事业比他巧遇的事情更重要。因此,对犹太人的虔诚来说,成为其核心的不是信仰而是行动。事实上这一点也可以被看成是东西方之间的基本区别:"对东方人来讲,人和上帝之间决定性的契约是行动;而对西方人来

---

① 马丁·布伯:《论犹太教》(英文版),第42页。

讲则是信仰。犹太人特别表示和强调这一区别。《圣经》的所有篇章都很少谈信仰,但却大谈行动。然而不应该认为,这意味着是对工作或缺少内在意义的仪式的没有灵魂的赞美;相反,每一个行动,哪怕是最小的和似乎是最微不足道的行动,都以某种方式适应上帝……只有在西方的折中主义基督教中(正如西方人所知道的那样),信仰才显得最为重要。对最早的基督教来说,行动是主要的。至于这一努力去行动的意义内容,它在最早的一种《福音书》中得到了清楚的证明,它无可置疑地暗示了一种创造性的人格。"① 犹太人这种对行动着迷的精神气质在哈西德主义那里表现得最为明显。对它来讲,生活的真正意义就显示在行动中。重要的不是正在做什么,而是这样一个事实:每一个行动都按照神圣的意图进行,即具有指向上帝的意图。没有任何东西本身是恶的,每一种激情都可以成为善的,每一种爱好都可成为"上帝的承载工具"。单就行动而言,它并不重要,重要的是行动的神圣性。对哈西德主义来说,人的最终目的就是:成为他自己、成为一条法律、成为一个《托拉》(Torah)。

犹太教中的第三种倾向是"未来的观念"。布伯在谈到犹太人的这一精神品质时说,犹太民族之所以信奉"未来的观念",是因为这个民族的时间感比它的空间感发展得要强许多。他甚至通过对希伯来《圣经》语言的分析来证明他自己的这一观点。他指出,希伯来《圣经》中的描述性形容词都不谈"形式"或"颜色",只谈"声音"和"运动"(这与史诗中荷马的描述性形容词正好相反)。

---

① 马丁·布伯:《论犹太教》(英文版),第44—46页。

另外，在所有艺术形式中，最令犹太人感到满意的艺术表现形式是能够反映出时间的艺术——音乐。在日常生活中，对犹太人来讲，各代人之间的相互联系是比对当前的享受更强的生活原则。犹太人对"族性"和"上帝"的意识基本上受到其历史回忆和历史希望的滋养，这一希望本质上是积极的和建设性的要素。可见，犹太文化就是一种具有深厚历史意蕴和时间感的文化。

一方面，未来倾向驱使犹太人陷入具有各种不同目标的繁忙活动中，刺激他对可获之物的强烈欲望；然而这种强烈欲望不是用在他自己的舒适上，而是用在下一代人的幸福上。下一代人甚至在意识到自己之前，就被赋予了照顾再下一代人的任务，这样所有生存的实在都溶解在了对未来的关怀中。另一方面，这一倾向在犹太人中唤醒了弥赛亚主义，即一种超越过去和现在所有实在、作为真的和完美生活的绝对未来的理念。布伯认为，"弥赛亚主义是犹太教最深刻的原创理念"①。根据这一理念，未来一定会到来，每时每刻都在保证它的到来，我们的血脉在保证它——上帝在保证它的到来。但不是马上到来或在某个遥远的时刻到来。它在时间结束的时候，在预定的时候，在所有日子结束的时候到来——在绝对的未来。同时，弥赛亚主义好像为犹太教的另外两种倾向，即统一观念和行动观念的最终和完全的实现准备好了基础。布伯认为，正是犹太教的这些特质，使它成为现代社会主义的思想源泉之一。

因此，犹太教的复兴就是放弃其目前的虚伪的存在，恢复其

---

① 马丁·布伯：《论犹太教》（英文版），第50页。

真正的生活。这样，它的精神一定会再生。犹太教的真正生活，就像任何一个有创造性的民族的真正生活一样，是我们称之为"绝对生活"的那种东西。只有这样的生活才是一种非侵略性的或非防卫性的生活，它才体现出一个民族的积极意识。犹太教的复兴也就是三大观念的同时复兴，因为犹太教不能一点一滴地复兴，复兴必须是整体性的，所以这一过程将是"犹太教三大观念的创造性综合"。但这一未来综合的本质是什么，它将怎样产生，我们对此无话可说。我们知道它将来到，但它将怎样来到，我们只能做好准备。"然而，做好准备并不意味着静待。它意味着向自己和他人灌输犹太教的意识，在这种意识中，犹太教的精神过程在其所有的方面，在其本质的充分实现中，在其历史显露的多种嬗变中，在其潜在力量的无名的神秘中显现出来。做好准备甚至意味着更多的东西。它意味着在我们个人的生活中去实现犹太教的伟大倾向：走向统一性的倾向，就是通过把我们的灵魂铸造成单一的实体，以便使它能设想出统一性；走向行动的倾向，就是通过在我们的灵魂中填满无条件性，以便使它能实践其行为；走向未来的倾向，则是通过把我们的灵魂从功利的繁忙中解脱出来，直指伟大的目标，以便使它能为未来服务。"[①] 换句话说，这就意味着一种"犹太教的虔诚"。所谓"犹太教的复兴"，就意味着一种犹太人虔诚的复兴。

但布伯认为犹太教的虔诚和宗教是不同的。虔诚是一个人对奇迹敬慕的感觉。它是一种永远不断的重生，是对他感情的重新

[①] 马丁·布伯：《论犹太教》（英文版），第55页。

阐述和表达，而这种感情超越了其有条件的存在，然而仍是从这种有条件的存在的核心喷发出来的，因此还是存在某些无条件的东西。虔诚显示了他渴望与"无条件者"建立一种活生生的交流关系，显示了他有意通过其行动去实现"无条件者"，在人间实现"无条件者"。而宗教则是某个民族生活的某一时期中的虔诚所阐述和表达的各种习俗和学说的总和。宗教的规定和教义是严格确定的，并且作为"具有绝对约束力的东西"传给后代，完全不管后代新确立的虔诚是什么。只要宗教是有创造性的，它就是真的。所谓有创造性，就是能够给宗教律法和学说注入新的意义，以符合人们自己的需要。但是，一旦宗教仪式和教义变得僵硬起来，以致人们不能通过自己的虔诚去改变它们，或不再想遵循它们的时候，宗教就失去了其创造性，它因而也就成为虚假的东西。可见，虔诚是创造性的原则，而宗教是组织性的原则。对每一个年轻人来讲虔诚都要重新开始，他从骨子里受到这一神秘现象的震撼，而宗教则想强迫他进入一个一直较稳定的体系。虔诚意味着主动性，而宗教则意味着被动性。宗教意味着保持，而虔诚意味着复兴。对犹太民族来讲，其"拯救之路"不在其宗教中而在其虔诚中。

布伯还指出，虔诚同时就意味着一种决断的行动，即决心在凡间实现神的自由和绝对性的行动。我们每一个人都必须从内心深处努力去追求神圣的自由和绝对性，没有任何中介能够帮助我们，没有任何由别人完成的东西有助于我们自己的行动，因为一切都取决于我们自己行动的破坏性力量，这种力量只能被来自外部的任何一种帮助所减弱。自我解放就是与上帝处在一种直接关系之中。不过，我们如果仅仅把犹太教中的决断行动看成是一种道德行为，那么它的意义就被歪曲了。犹太教的行动是一种宗教行为，或者说它就是宗教行为。因为它是上帝通过人在世间的"实现"。在犹太人虔诚中的这个"实现"概念蕴含着三个不同的层次。它们的顺序显示了地下犹太教的发展。在第一个层次，决断行为被认为是通过"模仿"而达到上帝的实现。上帝是人的目标，是首要的存在，人应该努力"变成"上帝的模样，"因为上帝把人造成了他的模样"，也就是说人可以变成上帝的模样。上帝是无条件的，所以人应该从其有条件性的束缚中解放出来，成为无条件的。在第二个层次，决策行动被看成是通过强化上帝的实在而达到他的实现。人在世界中实现上帝越多，上帝的实在就越大。上帝是人的目标，所以人的所有决策力量都汇入了神力之海。无条件行动的人是上帝永恒的创造工作中的伙伴和帮手。最后，在第三个层次，上帝通过人来实现的思想被以下这个思想加以扩展：人的行动影响上帝在地上的命运。

刘 杰

2001年10月于山东大学

目　录

出版说明 ………………………………………………… 1

早期演讲（1909—1918）

1923 年版序言 ………………………………………… 5

第一篇　犹太教和犹太人 ………………………… 13

第二篇　犹太教和人类 …………………………… 24

第三篇　犹太教的复兴 …………………………… 37

第四篇　东方精神和犹太教 ……………………… 61

第五篇　犹太人的虔敬 …………………………… 86

第六篇　犹太教中的神话 ………………………… 103

第七篇　神圣之路：告犹太人及其他各民族 …… 116

第八篇　自由：论青年人与宗教 ………………… 159

晚期演讲（1939—1951）

1951 年版序言 ………………………………………… 187

第一篇　以色列的精神和今日世界 ……………… 188

第二篇　犹太教和文明 …………………………… 200

第三篇　沉默的问题 ……………………………… 211

第四篇　天国与尘世的对话 ……………………… 222

编后记 ……………………………………… N.格莱策尔 234
译后记 ………………………………………………240

出版说明

"早期演讲"的前三篇发表于1909年至1911年,1911年在法兰克福以《论犹太教的三篇演讲》为题出版。第四至第六篇演讲是在1912年至1914年发表的,1916年在莱比锡以《犹太教的精神》为书名出版。第七篇演讲"神圣之路"在1918年5月发表,1919年在法兰克福出版。第八篇演讲"自由:论青年和宗教"1919年在维也纳以《自由》为题出版。所有这八篇演讲和一篇新的序言于1923年在法兰克福以《论犹太教的演讲》为题结集出版;该书的第二版于1932年在柏林由索肯出版公司出版。现在的这个英文版就基于第二版。布伯对它进行了修改,目的在于使《犹太人及其犹太教》(科隆,1963)一书成为有关犹太人作品的权威性版本。

关于"晚期演讲",第一篇发表在布伯1942年在特拉维夫出版的 *Haruah veha-Metziut* 一书中。I. M. 腊斯克的英文译本〔在布伯的《以色列和世界》(纽约,1948)一书中〕在按照布伯对其德文版本所做的修改进行调整后用在了本书中。最后三篇演讲1952年在伦敦和纽约以《转折》为题出版。后一书的英文译本经出版公司的允许被用在本书中。

早期演讲
（1909—1918）

1923年版序言

收集在此的这些演讲稿具有一些十分重要的共同性,尽管我本人只是后来才逐步意识到这一事实。所有这些演讲基本上都是把犹太教作为一种宗教实在(religious reality)的现象来处理的。

正是为了强调这一点,我才在此把它们收集起来;同样,在早期演讲中许多不精确或确实不准确的表达,随着我自己思路的不断厘清而在后期的演讲中得到了澄清。然而,由于只是在发表了最后一篇演讲之后(但稍后不久)才取得了决定性的澄清,所以我考虑在该序言中做一说明,这一说明将尽可能地消除由于我前面的不精确而引起的种种误解。该序言的目的在于作为一种说明而非一种纠正,因为我只是把我思想的变化当成一个澄清的过程,而非一种信仰的改变。我说了,这是一种说明,而非一种解释;因为在这一澄清的过程中,我越发明白了自己曾经所说过的那些话,我现在明白了为什么当时我感觉是在被迫说话,并且我当时所说的那些不恰当的话现在看来实际上是恰当的。

这些演讲都把犹太教作为宗教实在的一种现象来对待。我这样说,意思是存在一种宗教的实在,而且这一实在在犹太教中并通过犹太教而彰显出来;事实上,犹太教就是为了这一实在的缘故而存在的。因此,这里的问题并不是我们是否可以把犹太教理解成一种文化或一种学说,是否可以把它理解成一种历史的或心理的现象;它可能包含着所有这些成分,同时也可能包含着其他一些成分。但是,只有通过犹太教得以彰显的那个宗教实在,犹太教才能够被充分地加以界定,并且任何不包括这一实在在内的界定都看不到这里面所包含的意义。不过,由此我们可以得出这样一个结论:我们不必把犹太教理解为一种抽象的观念。

我们说犹太教是"宗教实在"的一种现象——难道说它是一种"宗教现象"还不够吗?这种说法可能又是不精确的。因为今天我们把发生在人的内心生活中的某种东西以及反映这种东西的各种表达,描述为本质上是"宗教的"。不过,我在此所指的是人与上帝之间所发生的事情,在他们关系的范围内,那是人和上帝共同的实在。

由于这样一种考虑,我已经声明过,我用"上帝"这一术语时并不是指一种形而上学的理念,也不是指一种道德的理想,不是指一种心理的投射或社会的形象,也并非指任何由人类创造或在人类中间发展起来的东西。我所说的上帝只是指人类在各种观念和形象化的描述中所拥有的东西;但这些观念和形象化的描述并不是自由创造的产物,它们是神-人遭遇的结果,是人试图去把握令他费解的东西的结果。它们是神秘事物的痕迹。在最后一篇演讲中,我讲述了这样一个道理:"所改变的不是上帝,而是上帝的显现。"然而,上帝的显现不在彼岸;只有像上帝那么多地分享这一显现的人才能与它偶然相遇。形象和观念都来源于它;然而,在它当中所揭示出来的东西既不是形象又不是观念,而是上帝。它之所以被称为宗教实在,正是因为它构成了与上帝自身的一种不衰的关系。人不拥有上帝本身,但他却遭遇了上帝本身。

我们这一代人喜欢在宗教中去寻觅出人类创造性的一种特有形式,这一形式只属于宗教组织的文化事业,没有它,人的精神生活不知怎地就会是不完美的,此外从形态学上讲它却是由自己的时代所决定的。因此,作为宗教"对象"的上帝被看成是对世界所作的半艺术化解释的产物,被看成是人们或许会因为其审美价值,也因为其多方面的有益效果(它增强人们生活的勇气,它守护道德规范,以及它对精神要素存在的验证等)而赞同保存的一种虚构。但是,所有形式的宗教从中获得其生命的那个宗教实在是在先的,并且对于每一个时代的宗教类型具有决定性的影响。宗教实在持久地存在于某一宗教的核心,而这一宗教从形态学上讲是由某一文化及其诸方面所决定的。因此,宗教深受两方面的影响:一个是外部方面的影响,它划定了文化赋予的界限;另一个是内部方面的影响,它从产生时起就在去除那些界限。尽管宗教实在不再直接影响生活的所有领域,但宗教实在从它具体体现在某一特定宗教中的那一时刻起,就通过那一宗教影响着那些领域;上帝的显现形成了人类的历史。

但是,如果没有宗教实在,如果上帝只是一种虚构,那么戳穿这个虚构就应当是人类的义务;因为我很难想象还有什么比说上帝的存在是一种杜撰更枯燥乏味和更下流的了,并且无论谁(与诚实的无神论者截然不同)要是有预谋地杜撰上帝的存在,那么上帝就会说他这个杜撰者似乎并不存在。

因此,在第五篇演讲中有个陈述是不准确的,在那里我说无论上帝是"内在的"还是"超越的"这都不取决于上帝而取决于人。

从历史事实来看,它取决于神的显现,上帝和人都分享这一显现。从个人生活的现实来看,它取决于上帝与人之间的关系,这种关系如果是真实的,它就是相互的。对历史的和个人的现实都有效的一个例子是:受难者不想要上帝的安慰,他想在遭难的过程中去品味上帝。我说他"想要",但他会知道只有在最后完成时他才想要它,那时上帝不是从彼岸对他说话,而是从此岸把自己透露给他,如同"壳"中之"火花"①,混沌上面之精神,瞬息中之永恒的生命。

为了被解救的以色列人能够拥有自己的土地,神的显现武装了他们,这一显现看起来好像是由天而降的力量,凡间事务(雷电和山火②)在由"上"至"下"的运动中得到明证。但还有一个关于流放的显现,一个永不会被放弃的恶意的羞辱和贬低。在那一显现中,启示不会从云中而是从平凡的事情中闪出;它在平常的每一天里都向我们低语,它生龙活现,离我们如此地贴近,与我们如此地密切;舍金纳③(Shekhinah)栖居在我们附近,和我们一起流放、一起等待,通过《圣经》的内在性,我们的创伤得以治愈并且令人崇敬。这就是以色列的历史,也是人的历史;它可能恰好就是世界的历史,它或许就是迄今为止给予我们并让我们去阅读和书写的那一篇章。

---

① 神秘主义者认为,在先于我们世界的创造之前的那个远古的创造中,神圣的发光物质爆裂开来,"火花"落入深处,注满我们世界的物体和生物的"外壳"。
② 《出埃及记》19:16 及其后诸段。
③ 舍金纳,犹太人对上帝的称呼之一("存在于内心中的"):存在于世界中并与以色列人一起流放的神灵,在人们中间的神的显现。

然而，在第二篇演讲中也有个不精确的陈述，在那里我说"这个上帝"已经从对统一性的追求中浮现出来。上帝是不能够浮现出来的——只有上帝的形象、上帝的观念才能够浮现出来，而这也永远不会只从人间浮现出来，只能从神－人接触、神－人遭遇中浮现出来。的确，如果没有一个人或一个民族的整个人格的极度共创的参与，没有他们愿意采取极其热烈的行动，就永远不会有一个真正的"概念"，即关于上帝的一种设想、一种神的显现。但是，在这里起作用的不是某个仅仅围绕自身发展的东西，不是一种能够喷涌神话的想象力，也不是心灵车间置身于时空无限性中时的成品的制造。相反，它是在上帝指引下的一次诚实的运动，是毫无保留地向上帝的转向；这就是人趋近上帝、遭遇上帝。

如果神话果真是神话的话，那么它就不同于虚构的故事，并且它比后者更重要。神话不是人想象出来的一种叙述，而是强加给人的，即强加给那些对颜色和形状特别敏感之人的。神的形象不是产生在大脑中，而是产生在眼睛里，在受上帝之光照射的人的专一视觉功能里。这就是说，神的形象不是产生在一个孤独心灵的深处，而是产生在不只是向人而且也向神敞开之人的存在的平面上，尽管它只能用人的语言来表现。由于根本不涉及我们的整个存在，因此只有当我们擅自用"现象的不可还原的剩余"、用"思维主体的最内在的主观性"或其他类似的方式来看待它时，神秘的现象才不会令我们发生改变。但如果我们趋近它、面对它，并向它讲话，它就会向我们走来；而这一"向我们走来"的神秘现象就预示着我们得到拯救。

因此，我的意思完全不是说上帝比单个人或一个民族的宗教体验"滞后"［……］。只有当它是一个事件的时候，换句话说，只有当它附属于真正的上帝的时候，一种"体验"才受到我的关注。我发现，对上帝所做的心理学分析，和那种把自己与整个现实世界割裂开来的自大狂者的心理发泄，都只值得作为种种景观，作为在两个峭壁之间紧绷的绳索上跳舞来看待。在外围，在其吸引力和魅力就在于控制那些令人眼花缭乱的毫无价值的东西的领域所发生的所有事情，尽管它们总是值得注意的，但它们永远不会是重要的。最后，在这一特定的、平淡的体验中我感觉到了一种反常，它远比心理反常要强烈，那是一种宇宙的反常。

从本质上讲，真正有关的倒不是对生命（超然的主体性）的"体验"，而是生命本身；不是宗教的体验（它是心理范围的一部分），而是宗教生活本身，即一个人或一个民族在他们与上帝和世界的实际关系中的整个生活。使人的要素绝对化，就意味着将它与生活的总体、与实在撕裂开来；如果我曾经对这一"绝对化"干了什么（就我所知这完全是无意的），那么现在我感到有责任更强调地指出实在的所有方面。

第三，为了这样做，我必须澄清一个概念，尽管它最终不是不精确的，也不是不准确的，但在这些演讲的某些段落中却成了这样或那样的表述，这个概念就是"上帝的实现"。我可以证明，在最根本的意义上这个术语仍有待说明，正如在我们的第一篇演讲中那样，当我们说上帝必须从一个抽象的真理转变成一种实在的时候，它就变得不精确起来；因为这一术语诱惑我们得出这样一个华而不实的看法：即上帝是一个只有通过人才能成为现实的理念。并且这一术语还诱导出这样一个毫无希望的、错误的思想：

上帝并不存在,但他或者在一个人中或者在人类中生成出来。我之所以把这样一个理论(在今日它以各种各样的伪装出现)称之为毫无希望的、错误的,并非因为我不能确定神从内在中生成,而是因为只有神的存在的首要确定性才使我们感觉到神生成的令人敬畏的意义,即上帝把自己分给他的创造物并分享其自由的命运,而没有这一首要的确定性,就只能哗众取宠地误用上帝的名字 [……]。

我们应该明白,"让上帝变为现实"就意味着为上帝准备一个世界,作为他实现的场所,即帮助这个世界成为"现实的上帝";用神的话说就是使实在成为一体。这就是我们在上帝之城生成过程中所作出的贡献。

我们能够作出颇多贡献吗?为上帝之故我们生活在凡间,在建设上帝之城时我们能够做些我们分内的事情,没有我们,上帝将不会成就此项事业。

无论它有多么模糊,所有人都将会以某种方式意识到我们人类的这项任务。但是,一旦一群人知道了这件事,这群人就会成为一个民族;通过这一召唤,他们变成了一个民族,神圣不可侵犯地保护自己的知识,尽管她还有自身的缺点、弱点和不足。

无论它是怎样的短暂,所有的人都将在某个时候意识到他与上帝不期而遇。不过,有那么一类特殊的人将会持久地意识到这一点;他们由于具有生活良知最深处的确定性,因此就不单单是在被上帝赐福时会如此,甚至是在他们的每一次城池失守和消亡的时刻,仍然会意识到这一点。

所有的人,当他们深陷痛苦或沉思的孤独的时候,都将会在某个地方走近上帝；没有不受伤害的异教徒。但是，被禁闭在这个世界中并且与这个世界有着密切关系的犹太人，却敢于在"我"与"你"的直接性中把自己与上帝联系在一起——从而成为一个犹太人。

这就是犹太教的首要的现实。

这个民族曾经是第一个对上帝做出回应的民族，此前只有单独的个人做出回应。在这个民族屡次失败之后和失败期间，她都没有停止过时刻准备再次聆听上帝将要说出的话语。

第一篇　犹太教和犹太人

我放在你,同时也放在我自己面前的这个问题,乃是犹太教对犹太人之意义的问题。

为什么我们称自己为犹太人?因为我们是犹太人吗?说我们是犹太人是什么意思?我想告诉你的不是一种抽象的东西,而是你自己的生活,我们自己的生活;并且不是我们生活的外部喧闹和纷扰,而是生活的本真性和本质。

为什么我们称自己为犹太人?只是出于传统习惯——因我们的父辈是犹太人吗?还是出于我们自己的本质?

出于传统习惯?对能发扬光大它的一代人来讲,传统构成了最崇高的自由,但对只是固执地和自满地接受它之习惯的继承者来讲,它则是最可悲的屈从。这一传统对我们有什么意义——犹太教仅仅是一个名字、口号、行军口令?当我们自称为犹太人时,我们能够亲身证明这是一种什么样的社团吗?我们穿过地狱的这一旅程的意义是什么——我们会穿过千年的星云空间渐被忘却,或将会有什么力量带领我们去实现目的吗?对我们来讲,不只是作为人(人的精神和人的后代),而是作为犹太人,既无视永恒的时间又无视这一特定的时间而去追求那永生,这有什么意义呢?

在现存的伟大的理论宝库中,早已为那些面对这些太深太长的问题而不想使自己的生计变得更困难的聪明人,准备好了各种各样的令人印象深刻和随和的答案。有两种这样的答案,它们是:宗教和民族性。但正如我们将看到的那样,这些答案其实只不过是一些伪装起来的问题。

存在一种犹太人的宗教吗?

正如我已经说过的那样,我的问题不涉及生活的外部形式,而只涉及其内在本质。犹太教对犹太人的意义只如同它的内在本质一样重要。

犹太人生而就笃信宗教吗?真的存在一种不是教条或规范、不是祭礼或规则,但却存在于今日人们中间,并在犹太人社会中显示出来的与"无条件者"之唯一的关系,它可以被称为本质上是犹太人的吗?

我们知道犹太人对宗教的笃信的确曾经存在过。在雅各为了上帝的赐福而与上帝搏斗的时代①,在上帝亲吻摩西而让他去死的时代,同样在原始基督教的时代(那是一个勇敢到足以将一个完美的人提升到上帝之子地位的时代),而且也在晚期哈西德主义敢于用人分担存在并努力去铸造上帝在尘世的命运的时代,犹太人对宗教的笃信的确存在过。

但在我们这个时代呢?在犹太人中间哪里还存在一种神圣的热情,可以驱使他们从我们这个社会有目标的繁忙而进入一种本真的生活(一种可以向上帝证明的生活,并且由于这一生活是以上帝的名义进行的,它就把上帝由一种抽象的真理变成了一种实在)

---

① 《创世记》32:23—33。

呢？确实，今天还存在某种公开宣称的信奉……不，是所有各种各样的信奉：出于忠诚而信奉，出于骄傲而信奉，出于惯性而信奉，就如从天而降的石头保持其方向一样。但在什么地方履行了诺言？哪里还存在这么一个社会，不是被犹太人的惯性（称之为"传统"），也不是由犹太人的适应性（那"被纯化了的"……即没有灵魂的、具有一神教色彩的"博爱主义"的"犹太教"）所支配，而是被犹太人的直接的宗教感，被一种基本的上帝意识所支配呢？

对内在本质来说，犹太人的宗教感只是一种记忆，也许还是一种希望，但它不是一种现实。

另一种答案坚持认为，犹太人是一个民族。确实，他们是一个民族；正如形式上有一种犹太人的宗教一样，事实上也有一种犹太人的民族性：它在犹太人的生活里体现出来。然而，我们所探讨的不是犹太教对犹太人的自我而是对犹太人的内在实在的影响。民族的存在在这里是如何显示出来的？犹太人对非犹太世界所采取的态度（遭难和反抗），这个世界对犹太人的影响，以及反过来他为自己做出这一切的方式等，这一切经过七十代人的岁月都可能对犹太人性格的形成发生作用，但却并没有构成其内在的犹太教的基本成分。相反，只是由于蔑视，他才是一个犹太人，一个不是由于其本质而是由于其他民族的宣告而成的犹太人；由于得到这些民族的首肯，他的犹太教就不再是一种活生生的实体，而只是被记住的苦难和被记住的形象，如同岁月和命运留在我们脸上的痕迹一样。但它必须是另外的某个东西：自主的实在。但什么东西能使得一个人的民族在其心灵和生活中变成一个自主的实在呢？什么能使他不只是在他周围而且在内心中感觉到他的民族呢？

单个的成年人在较高的层次上重复着孩子已经走过的过程。孩子首先经验到他周围的世界，只是后来才逐渐发现他的"我"，才逐渐学会区分物质对象和作为独立存在的自己的身体。可以说，这一认知定位的过程重复着其后来智力定位过程中的节律。在那里，单个的人首先体验到充满各种印象和影响的变化着的世界，即他周围的世界，而所有发现中最后的发现才是他自己的自我，即在所有变化中保持不变的那个实体。

首先，个人在一个由他的印象所构成的宇宙中发现了自己，"我"只提供感觉的声调。这个宇宙的两个重要领域由于其清晰的轮廓和明晰性为他承担着特殊的现实性：他出生的环境（那亲拥着他的天和地）和一群人（他们将他拽入其中并让他参与进来，同时又向他传授社会交往的基本方式、他们的语言以及他们做事的基本方式、他们的习俗等）。个人归属于一个社会的意识就基于其经验中的这三种经久不变的要素：出生环境、语言和习俗。由于选择的原因，这个社会远远超出了最基本的家庭圈和朋友圈。个人感觉到他归属于其不变经验要素与他一样的那些人，在这个层次上，他把他们从整体上看成是他的民族。

许多人仍停留在这个层次上。但我们有兴趣看一看由此前行的人。引导他前进的是一种追求永恒、不变实体和永生的天生之欲望，在有些人中这种欲望非常之迟钝，但在另外一些人中它却生生不息、不断成长。他发现不只是在经验的各种各样的形式中存在着恒常性，而且还存在着一种稳固地支撑所有经验之存在的恒常性。正如小孩发现他的躯体的"我"是持久的一样，成年人则发现他的精神存在的"我"也是持久的,是一种不变的实体。

发现其"我"的那个小孩会明白,他被局限在空间中;而成人则发现他并未被限制在时间中。随着人发现他的"我",他追求永恒的欲望就指引着他的视界超越他自己生活的狭小范围。这就是具有无比深远的、缄默的感情的时刻,以后这些感情再也不会以相同的强度出现了,甚至当它们变得明晰起来并且发展成一种理念——灵魂不死、才能不死、行动和行为不死的理念——的时候,也不会再次出现了。受永恒所具有的可敬畏性的激励,这个年轻人在自身中体验到了某种不变东西的存在。尽管有包围着事实的全部质朴性和全部奇迹,但当他在那一刻发现了一代又一代人的连续性,看到了从父母延伸到他这里的那条线,从而识别出了这个不变的东西时,他就在其显露和神秘中更强烈地体验到了它。因此,他认识到单个人的混合、血脉的汇合制造了他,出生和成长使他振作起来。他在这代代不朽中感觉到了一种血脉的共同体,他感觉她先于他的"我",在无限的过去始终存在。除此之外,这一明确的意识还引起了另外一个发现:血脉是深植于个人中养育的力量;我们存在的最深层次是由血脉决定的;我们最内在的思想和意志由它着色。现在他发现他周围的世界是具有各种印记和影响的世界,而血脉是可以被打上印记和被影响的实体领域,它是把一切都吸入并同化进自己形式的实体。因此,他感到他不再属于与他共同分享不变经验要素的那些人的共同体,而是属于与他共同分享实体的那些人的更深远的共同体。他曾经从外部经验获得过归属感,现在他从内部经验获得了归属感。在第一个层次上,他的民族向他描述这个世界,现在他们代表他的心灵。现在这个民族对于他就是一个由过去、现在和未来的人组成的共同体——一个由死去的、活着的和未出生的人构成的共同体——他们一起构成一个统一体。对他来讲,正是这个统一体才是他的"我"的根基,这个"我"适合作为伟大链条的一环[……]。在这个伟大的链条中,所有的人无论已经创造了和将要创造什么,他都会认为他是自己唯一存在的成果;他们无论已经和将要经历到什么,他都会认为他是他自己的命运。他的民族的过去是他个人的记忆,他的民族的未来是他个人的任务。他的民族的道路教导他理解自己,并塑造自己。从主观来看,在伟大链条上的这一插入,是个人与他的民族关系中的自然立场。但天然的主观环境并不总是与天然的客观环境相一致。当个人在第一个层次上感到他所归属的民族与他在第二个层次上感到他所归属的那些人是同一些人的时候,当由和他具有相同不变要素的人所组成的社会与由和他具有相同实体的人所组成的社会是同一个社会的时候,当他成长的祖国也是他血脉的祖国的时候,当他成长的语言和方式同时也是他血脉的语言和方式的时候,当给他经验形式的民族也是给他经验内容的民族的时候,这样一个天然的客观环境就形成了。

  这种天然的客观环境在犹太人特别是西方犹太人与其民族的关系中是不存在的。在那里,对他可能构成一个民族、可能使这个民族成为一个实在的所有要素都丧失了。所有这些要素是土地、语言、生活方式。他居于其中的土地(土地的本性环绕着他并形成他的感觉),他说的语言(语言为他的思维着色),他采取的生活方式(生活方式反过来形成他的行动)都不属于他血脉的共同体,相反它们属于另外一个共同体。不变要素的世界和实体的世界对他来讲是分裂的。在他的环境中他看不见在他面前展开的他的实体。那实体已被排除到深深的孤独中去,只在一个方面对他实现着:即他的起源。

他的实体之所以对犹太人成不了一个实在,是由于这样一个事实:他的起源不只意味着与过去事物的一种纯粹的联系;它在我们中间种下了在我们一生中任何时候都不会离开我们,并决定我们生活的每一种声调和色彩的东西。我们所做的一切和降临我们之上的一切只有血脉,它是我们存在的最深的、最强有力的层面。

能够刻画人生的那些力量是他的精神性和环境:他同化印象的气质和产生这些印象的物质。但人的气质中最深层的部分是我称之为血脉的东西,它形成他的类型和他的人格的基本结构:它是通过父母之链,通过他们的本性和命运,通过他们的行为和苦难注入到我们身上的某种东西;它是随我们而带入世界的时代的伟大遗产。我们犹太人需要知道,我们的存在和我们的特性不只是通过我们父辈的本性而且也通过他们的命运和他们的痛苦、苦难与羞辱而形成的。我们必须感觉到这一点,也必须认识到这一点,正如我们必须感觉并认识到在我们中寓居着先知、诗篇作者和约旦王的要素一样。

我们中间的每一个人都能够回顾他的生活,并且在生活中识别出这个力量的痕迹。无论谁实现了他内心偶然的斗争因素时都将发现,在他心中仍存活着一个要素,这个要素所包含的重要的民族原型,就是先知针对犹太民族的偏离倾向的斗争。在我们对纯粹的和统一的生活的渴望中,我们听到了那个曾经唤醒伟大的本质和早期基督教运动的召唤的声音。但在现代犹太人的反讽中,我们也感到我们父辈的命运贬低了我们,这一反讽来自这样一个事实:许多个世纪以来,当别人打我们的脸时我们不予还击。相反,由于在人数和力量上处于劣势,我们避开了,我们紧张地感到作为"知识分子"是优越的。正是这一知识性——由于它不触及生活,缺乏平衡,似乎没有活力——才导致了以下的事实:千百年来,我们并不知道一个健康的、有根基的生活是由自然的节律所决定的。

我们要想实现这一切怎样做才好呢?

在我们感觉到那不可言说之东西的最平静的时刻,我们越发意识到在我们的生存中存在着一种深深的分裂。只要我们的血脉是我们生命的创造性力量的这一洞见,还没有成为我们的活生生的、不可分的一部分的时候,这一分裂对我们来讲似乎就是不可克服的。要想使分裂达到统一,我们就必须认识到我们中间所存在的这一血脉的重要意义,因为在我们日常的忙碌中,我们仅仅意识到我们周围的世界及其影响。让最平静时刻的远见渗透得更深吧:让我们注视自己,让我们理解自己,让我们把握自己。让我们把我们的生命掌握在我们的手中,就像从井中汲出一桶水那样;让我们把它收集在我们的手里,就像我们收集四散的谷粒那样。我们必须做出决定,必须在我们中间建立起各种力量的一种平衡。

无论什么地方,一旦单个的人在他与民族的关系中发现自己处在一个自然的客观环境中,他的生命就开始走向和谐和可靠的成长。没有这种环境存在的地方,单个的人就会变得分裂;他越是意识到这一点,他也就越诚实;他要求自己越明确和越清楚,冲突也就越深。他发现自己不可避免地要在自己周围的世界和自己内心的世界之间,在印象的世界和实体的世界之间,在环境和血脉之间,在对他生命的记忆和对千百年的记忆之间,在社会的目标和释放个人潜能的任务之间做出抉择。但这一抉择并不意味着排除、放弃或克服这一个或另一个。例如,试图摆脱我们周围世界的文化是毫无意义的,因为在最后的分析中,这一文化已经被我们血脉中最内在的力量所同化了,已经成了我们自己的不可分割的一部分。我们需要意识到这样一个事实:在更深的意义上,我们比其他任何民族都更是一种文化的混合体。然而,我们不想成为这一混合体的奴隶,而只想成为它的主人。抉择意味着决定什么应具有最高权力,在我们中间什么应是支配性的,什么应是被支配的。

那就是我喜欢称之为个人的犹太问题的东西,它是所有犹太问题的根,是我们必须在我们中间去发现、澄清和决定的问题。

莫利茨·海曼[①]曾经说:"一个被困于最荒凉、最难靠近的海岛上的犹太人,无论他把什么看成是'犹太问题',犹太人并且只有犹太人才是这个问题。"确实,犹太人并且只有犹太人才是这个问题。

面对在环境和实体之间的选择,无论谁选择了实体,他今后都一定真正从内心是一个犹太人,一定像一个犹太人那样带着所有的矛盾、所有的悲剧和其血脉对未来的所有承诺而活着。

当我们出于最深的自我认识而肯定我们自己的时候,当我们对自己、对我们整个犹太人的存在说"是"的时候,那时我们的

---

① 莫里茨·海曼(1868—1925),德国犹太作家,《阿基巴的妻子》(1922)一书的作者。

感觉将不再是单个人的感觉；我们中的每个人将感觉到他就是这个民族，因为他将在他心中感觉到这个民族。因此，我们将不把犹太教的过去看成是我们所属的那个共同体的过去，而是将在它当中识别出我们生活的早期历史，并且通过这样做，我们将以不同于过去的方式辨别出我们的生长和我们的方向。由于同样的原因，我们将意识到当前的状况。那些麻木不仁的人——那些悲惨的、弯腰驼背的人，他们拖着双腿从一个村庄到另一个村庄叫卖商品，全然不知明日的生计来自何处，也不知他们为何要活下去；还有那些迟钝的、近乎麻木的群众被装上去国外的船只，全然不知到哪儿去或为什么要去①——我们不仅将把他们都看作是我们的兄弟和姐妹，而且我们还要使他们内心充满安全感。我们每个人都将感到，这些人是我们自己的一部分。我并不是和他们在一起时才遭受苦难，我就在遭受这些苦难。我的灵魂并不是在我的民族附近，我的民族就是我的灵魂。由于相同的过程，因而我们每一个人都将意识到犹太教的未来，并且感到：我想继续活下去，我想有我的未来——一种新的、整体的生活，一种为我自己、为我心中的民族、为我民族中的我自己的生活。因为犹太教不只有一个过去；尽管它已经创造了一切，但它首先不是有一个过去而是有一个未来。事实上，犹太教还没有开展它的工作，而活跃在这一最具悲剧性和最不可思议的民族中的那些伟大力量，还没有把它们自己的语言写进世界的历史。

犹太人的自我肯定既有其悲剧性的一面，也有其伟大之处。因

---

① 这是指写作时东欧犹太人的社会和经济状况。

为正如我已经说过的那样，伴随着我们的自我肯定，我们越来越明白了所有那些我们必须从中救出我们后代的堕落。但我们也认识到在我们中间仍隐含着还没有显示出来的东西，在我们中间仍存在着有待去实现的现实力量。像一个犹太人那样生活，就意味着既吸收自我肯定的悲剧性方面，又吸收其伟大的方面。对犹太人来讲，要紧的不是其信条，不是他公开宣称对某种理念或运动的信奉，而是他吸收他自己的真理，他依靠这一真理而活着，他在外来规则的浮渣中纯化自己，并且找到从分裂通往统一的道路。

当我还是一个小孩的时候，我就读过一篇我当时还不理解的关于犹太人的古老故事。这个故事讲的无非是这样一件事："在罗马城门外坐着一个患麻风病的乞丐，他一直在等待。他就是弥赛亚。"然后我去问一位老人："他在等什么？"这位老人给了我一个当时我还不理解、只是很久以后我才学会理解的答案。他说："他在等你。"

第二篇 犹太教和人类

当他是一个在自己的土地上过着安全、自由和充实生活的民族的成员时，单个的人从来不需要反思他与那个民族的关系。因为无论他是否意识到这个民族，他都通过对其活动和思维、对其语言和习惯的自然卷入，而理所当然地和毫无疑问地属于他的这个民族了。但在一个民族缺乏如此自由和充实生活的地方，情况就不同了：个人从一开始就不处在一个共同体中；相反，他必须找到他自己的位置。他的归属感只是逐渐地引导他到达一种真正的归属，到达对共同体生活和劳动的参与。随着他更深地渗透进他个人的独立存在、渗透进他唯一性的隐秘处，这一过程将变得紧张起来；与此同时，他将发现正是他而不是别人被召唤来对他的民族作出贡献。

类似的情况也存在于一个民族与人类的关系之中。一个民族在人类结构中的位置是清楚的、固定的和安全的，可以通过其国家、语言和生活方式清楚明白地界定一个民族，从来无须反思它对人类的意义。在追求自己事业的过程中，一个民族以自己的方式贡献于人类，而无须进一步证明其生存的权利。

犹太人的状况却不是这样。由于在几千年前它就失去了其天然的家园，并且由于它不再拥有共同的语言或一个天然的共同体，因此它生存的权利和继续存活下去的需要就一而再再而三地成了问题——这一疑问甚至来自犹太民族的内部。在此我们必须回忆什么东西对犹太人来讲才是唯一的和永恒的,回忆那些比在任何其他民族那里都更纯洁和更有力地、也更有效地体现在犹太教中人的心灵之基本要素、人的生活之基本形式。我们必须记住这一基本要素和基本形式对人类意味着和继续意味着什么,记住人类过去需要、现在需要、将来永远需要犹太教,把它作为一个最重要的基本精神动力、最独特的体现和最典型的代表。这比一个民族的命运或其民族性的价值更加生死攸关;它关系到整个的人类和全体人类的事务。

为了记住这一切,我们必须从其最深处去把握犹太教的问题,探究到其底部,一直到从矛盾中生出永恒的地方为止。因为这就是犹太教的本质和命运所在;犹太教那最崇高的要素是与其最低贱的要素连在一起的,其最辉煌的要素是与其最羞辱的要素连在一起的。犹太教并不是简单而明确的东西,而是充满着悬殊差别的。它是一种两极鲜明对比的现象。

"这一点是确实无疑的:或者是戏剧演员,或者是真正的人;既能拥有美,又能拥有丑;既淫荡又寡欲;既是骗子或赌棍,又是狂热者或胆怯的奴隶——犹太人就等于这一切。"雅各·瓦泽曼[①]曾用这些话概括了我所认为的犹太教的基本问题,其生存的不可思议的、令人敬畏的和创造性的矛盾就在于:她的两重性。无

---

① 雅各·瓦泽曼(1873—1934),德国犹太小说家,他在《我作为德国人和犹太人的一生》(1933)中表达了对犹太教的看法。

论我们是观察这个民族本身,特别是在她居住在一个封闭的社会中的时候,还是如她在历史中找到其表达一样去重构她的经验,或者在其文学(文学是其"本质生成的作品")中去发现她,我们都一再完全和直接地面临比在其他任何一个社会中所并行存在的所有对比都更强烈的对比——最勇敢的诚实与弥天大谎并存,奋不顾身的牺牲紧随着最贪婪的自私自利。没有哪个民族产生出了如此卑鄙的冒险家和背叛者,没有哪个民族产生出了如此崇高的先知和拯救者。这只有在不同历史时期才会发生。崇高决不等于最初的犹太教,低劣也不等于其退化(尽管我们不必忽略历史要素);相反,它们一直并行存在。确实,同一个人内心中经常充满着赞成和反对的争斗,他尽管会面临着非同寻常的剧变、危机和决定,但他还是可以在对立的两极中取其一极。

我说过:这些采取不同立场的人往往是同一些人。我还说过:赞成和反对二者都会存在于犹太人中。没有人能够像犹太人那样具有如此充足的能力或如此多的约束。一个民族的生活故事毕竟基本上就是这个民族的任何一个成员的生活故事;犹太教的历史所教会我们的任何东西,都可以通过每个犹太人的自我观察而得到补充和证实,只要他毫不畏惧、目光锐利、为人诚实就行。而且,确实我们必须是这样子的:毫不畏惧、目光锐利、为人诚实。因为对我们生存现实的任何躲避都不适合于我们;只有当我们面对拯救和抵抗拯救的时候,对我们来讲也才将有任何拯救的存在。

但是,该问题既存在于个人生活领域又存在于民族生活领域的这一事实,使下面这一点更清楚了:它基本上是一个比种族问题更大的问题,它是人类的问题。

一个基本的心理事实是：人类心灵的多样性周期性地向他显示为一种两重性。事实上，就现象和存在在意识的世界中意味着相同的东西而言，可以说这种多样性也就反复地假定了一种双重的形式。人把他的整个现实性和潜在性体验为一种倾向于对立两极的活生生的实体；他把他内心的进步体验为一种从一些十字路口到另外一些十字路口的旅程。无论人的内心争斗的两极可能存在什么样的变化的意义内容或名称，无论在十字路口的选择是被看成为一种个人的决断、一种外部的必然性，还是被看成为一种偶然的事情，基本形式本身是不会变的。作为人类生活主要的、决定性的事实之一（也许甚至是最主要的），它传达出了人的基本两重性的那令人畏惧的方面，并且同时也传达出了所有精神事物的来源和意义。然而，在任何人中都没有像在犹太人中那样，让这一基本形式过去是并且现在仍然是如此地强烈、如此地占有支配性地位、如此地居于中心位置。它在任何地方都没有体现得如此地纯粹和如此地充分；它在任何地方都没有对性格和命运产生如此具有决定性的影响；它在任何地方都没有创造出像犹太人对统一性的追求那样重大的、自相矛盾的、英雄般的、惊人的事情来。正是这种对统一性的追求才使得犹太教成为了一种人类的现象，才把犹太人的问题变成为了一个人类的问题。

　　我们在这里来叙述犹太教里面包含的两重性所具有的那种令人极其畏惧的方面的原因和发展，恐怕既不是地方也不是时候；但知道怎样去阅读历史的人，无论他是谁，都将一再地遇到从最初文献产生的时代起到目前为止的这一发展过程的问题。在最早的时候，它最震撼人心的表达就是《创世记》中所描述的那个人类堕落的神话。这一神话（甚至连亚述学学者都没有对其原创性提出过质疑）假设了善和恶的许多要素，这是内在两重性所有要素中最独特和最有效的部分，并且它是以不可比拟的力量和明晰性这样去假设的。它把人的任务描述为一种选择、一种决断，人的未来就取决于这一决断。它表达了植根于两重性中的人的洞见。然而，我们无须假定这也同样适用于古波斯人的两重性。后者只关心客观的而不是主观的存在，它是对世界的一种解释，而不是一种自我的发现。波斯人的两重性是实在的一部分，而不是有罪。在他们看来，人就像世界一样是分裂的。而对古代犹太人来讲，世界则不是分裂的，人也不是分裂的；而不如说人是被区分开的，他已经堕落，他已变得不适应并且也不像上帝了[①]。客观的存在为了古代犹太人而被统一了起来，并且撒旦是上帝的仆人。主观存在是分裂的，但外部世界则只有当它是主观存在的符号的时候才是分裂的。有人试图在巴比伦忏悔诗篇中把原罪意识描述成对内在两重性的承认，但这里所关注的仅仅是未完成的仪式和其他外部的反抗，里面根本就没有任何地方在暗示有关善恶的知识。

我选择了原罪神话这个经典的例子，而且在此也没能给出更多的例子来说明问题。但无论在何地，只要我们打开古犹太人的伟大文献——无论我们是阅读史书中的背教故事，还是先知书中关于克服不义的召唤，还是诗篇中不断出现的通过上帝得到纯化的呼唤，或者是在《约伯记》中那些洞察到不可避免的、不能由纯粹意志力加以克服的、与自己搏斗的人所逃避不了的、只有赎

[①] 《创世记》3。

罪才能将人从中解放出来的内在两重性的话语,我们都将在那里发现对分裂和两重性的感觉和认识——并且还有一种对统一性的追求。

这种对统一性的追求包括:单个人内部的统一,国家不同部分之间的统一,国家和国家之间的统一,人类和每一种生物之间的统一,以及上帝和世界的统一。

而这个上帝本身就是从对统一性的追求中,从对统一性的黑暗的、充满激情的追求中浮现出来的。他不是在自然中而是在主体中被揭示出来的。信仰上帝的犹太人"只要拥有上帝,就不会要求天或地"(这是路德随意的然而却是充满崇高信念的翻译)[1],因为他不是从实在中,而是从他自己的渴望中获得了上帝,因为他在天和地中并没有窥见上帝,而是把上帝确立为他自己两重性之上的一种统一性、他自己苦难之上的一种拯救。信仰上帝的犹太人(而信仰上帝的犹太人就是完整的犹太人)在他的上帝中确立了他的统一性;在上帝中,他安全地使自己回到了那个神话的时代,回到了那个具有原始的,然而却是未分裂的存在的、孩童般的时代,正如约伯所说:"上帝在我的帐篷旁交谈。"[2] 在上帝中,他安全地使自己跨越了那个即将到来的时代、那个再次统一的弥赛亚的时代;在上帝中,他从所有两重性中拯救了自己。

正像内在两重性的观念是犹太人的观念一样,从两重性中获得拯救的观念也是犹太人的。不错,能够与它并列的是印度人那种

---

[1] 《诗篇》73:25。

[2] 《诗篇》29:4。

更纯粹的、更无条件的救赎观念；但印度人的这一观念并不具有一种从心灵的两重性中获得解放的意义，而是意味着一种从俗世的纠缠中获得的解放。印度人的救赎意味着一种觉醒，而犹太人的救赎则意味着一种转变。印度人的救赎意味着剥去所有的现象，而犹太人的救赎则意味着把握住真理。印度人的救赎意味着否定，而犹太人的救赎则意味着肯定。印度人的救赎发展为无时间性，而犹太人的救赎则意味着人类之路。像所有的历史性观点一样，犹太人的救赎观念中不变的东西也不多，反而是充满了变动性。它只能像约伯那样说："我知我的拯救者活着。"[①] 而对诗篇的作者来说则是："在我心里复活了一种坚定的精神。"[②] 犹太耶稣的救赎观念就植根于它之中。犹太教的弥赛亚理想从它那里获得了其人性的内容。在犹太人的神秘主义当中，当上帝观念的最初特征改变了的时候，当二元论的观点转变成为上帝这个概念的时候，犹太人的救赎观念就到达了印度人的高级程度：它发展成上帝救赎的观念，发展成上帝的存在（它与物相分离）与上帝的内在（即漫游、漂泊、弥散在物的周围，与物紧密地相连结）再次统一的观念。它变成了上帝通过创造而救赎的观念：即通过心灵从两重性向统一性的每一进步，通过心灵在自身中每一次变为一体，上帝就在自身中变成为"一"。

正是这种对统一性的追求才使得犹太人富有创造性。在从他的"我"的分离里发展出统一性的努力中，他设想出了统一的上

[①] 《诗篇》19：25。
[②] 《诗篇》51：12。

帝的观念。在从人类社会的分离里面发展出统一性的努力中，他设想出了普遍正义的观念。在从所有生物的分离里发展出统一性的努力中，他设想出了普遍的爱的观念。在从世界的分离里发展出统一性的努力中，他创造出弥赛亚的理想，这一理想后来又在犹太人的指导和参与下范围有所缩小，变成了一个有限的东西，我们把它称之为社会主义。

犹太人绝无直接的统一性，即一种对在"我"和自然中的统一性的直接的、无雕琢的、原始的体验。犹太人不是从统一性开始的，但他能够到达统一性。当斯宾诺莎创造了最统一的、人的心智到那时所能够设想出的世界结构的时候，他也体验到了统一性，不过不是自然中的统一性，而是在要求中，在创造性意志中，在被统一起来的"我"中的统一性。他的"我"已经变为一，因而他就能够为世界设定统一性。

此外，这也是犹太人内部存在的首要过程，这一过程由那些伟大的、觉悟到最深奥的犹太教的犹太人，以其亚洲精神的全部强大力量体现在他们个人的生活中：即心灵的统一。在那些犹太人中，伟大的亚洲观念成了西方文明的样板——无边界的和神圣统一的亚洲，老子和佛的亚洲，它也是摩西和以赛亚的亚洲，耶稣和保罗的亚洲。

犹太人的创造力在对统一性的追求中爆发了出来，他的创造性行为根植于他的心灵的统一。"你只有不被分裂才将分享我主上帝，"《米德拉什》[①]中这样说。具有创造性的犹太人是两重性

[①] 例如，释《创世记》XCVII, 2。

的征服者，是对两重性的积极克服：他们主张赞成而不是反对，主张创造性而不是绝望，他们渴望胜利。他们是犹太教的"让它有光吧！"。在他们的生活中，在他们的工作中，这个民族拯救了自己。

一旦我们充分地把握了这一点，我们就可以认识到我们所说的"流放"所具有的重大意义。而紧跟着我们可以真正称之为"流放时代"的那个漫长岁月而来的，则是伟大的创造性时代，因为"流放时代"把我们从我们生存的核心土地上给驱逐了出去。"流放时代"是思想贫乏的时代，这个思想远离了生活以及对统一性的孜孜追求，只留下书本上的词句、对解释的解释。它贫乏、歪曲，并且病态地存在于一种无思想的抽象的气氛之中。从前，土地和扎根其上的社会的天然统一，国土的持续统一，曾使内在的两重性没有退化为矛盾的心理和不稳定性。它一次又一次地创造了追求统一性的力量，创造了统一性。然而现在，这些力量都丧失掉了。这个社会中富有成果的斗争——这场令人激动的、使人振奋的斗争，是由那些不愿听任自己随着放荡倾向之大潮而漂流的、确立了统一性的人所发起的，这是先知和拯救者反对不信神者和自满者的创造性斗争——已经灰飞烟灭。现在开始反对世界影响的这场斗争本质上是必然的，但事实上却是毫无结果的，这是一场保护一种生活方式的斗争。它是没有创造性的。的确，它越来越针对创造性本身，针对所有自由、清新、鼓励变化的东西。因为，似乎任何自由的、清新的、鼓励变化的东西，都在集中彻底摧毁那已被连根拔除了的犹太教之最后的残余。

这一冲突源自一种基本的、为追求健康的自我维护的动力，但这一动力却退化成了一种盲目的自我毁灭的力量。在这场官方犹太教反对地下犹太教（人们谴责地下犹太教为邪教和缺乏洞见）的严厉的、毫无意义的战斗中，伟大的统一性观念被降低到了一种越来越缺乏精神的传统，而在对统一性的追求能产生新观念、新形式的地方，它往往又受到强力的压制。此外，还有日常生活中难以言喻的折磨，这是地球上任何人都不可能遭受过的最长和最痛苦的折磨。在这一持续的折磨中，在这一内部和外部的斗争中，对统一性的追求就变得麻木起来了。这个民族仍旧得不到拯救。那充满着静寂和力量的伟大时刻已经越来越罕见，犹太人曾经在这样的时刻经历过永恒的分裂，并从这种分裂中逃逸出来。除了一个伟大思想家之观念的世界之外，这一静寂和力量仅仅在犹太异教徒和神秘主义者的耀眼的内心世界里继续存活着。在那里，他们创造出了一件具有崇高神秘性的作品，并且在那里，他们对隐蔽的连续性作出了贡献。异教徒和神秘主义者在把火炬从一个人传给另一个人的过程中，使犹太教的灵魂随时准备着解放时刻的到来。

那么，这一时刻已经到来了吗？真的存在着这样的一个时刻吗？

犹太教不只是生活在它的历史中，不只是生活在犹太民族目前的生活中，它首先也是生活在我们这些人之中。只要我们在我们自己当中仍然可以发现具有古代风俗习惯的犹太教，只要我们在我们自己当中仍然可以发现最基本的两重性和对统一性的追求，那么，我们就不能够认为那原创性的过程已经结束，就不能认为犹太教已经实现了它的初衷。只要那些基本的要素仍然存在，这一重要的任务也就未完成。而且它已经变成了我们当中每一个人的个人任务,变成了每一个人的、有待在寂静和纯洁中去实现的精神气质。每一个其灵魂已达到了统一的人,都会在其自我中决定是选择纯洁还是不纯洁,是选择自由还是不自由,是选择创造性还是非创造性。每一个把放贷者从其圣堂中驱逐出去的人,都参与了犹太教的伟大进程。正如我们必须在我们当中作出选择一样,我们也必须在我们的民族中作出选择,拒绝与那些持反对态度的人、戏剧演员、色鬼、赌徒、可怜的奴隶达成共同的契约。对个人来讲,同样也对我们民族来讲,把消极分子驱逐出去就是通向统一的大道。但这并不意味着是民族主义者和非民族主义者之间的一种对抗,或诸如此类的什么别的东西。这些关注是表面的、非本质性的。它意味着那些能够作出抉择的人与那些自以为是的、自由放任的人之间所存在的一种对抗;意味着那些具有远大目标的人与那些具有眼前目的的人之间所存在的一种对抗;意味着那些具有创造性的人与那些腐朽不堪的人之间所存在的一种对抗——意味着最初的犹太人与流放的犹太人之间所存在的一种对抗。我用"最初的犹太人"一词指的是那些在内心意识到最初犹太教之伟大力量的犹太人,他们为自己作出选择,为他们的活力作出选择。

因此,如果我们把我们自己与最初的犹太教精神联系起来,如果我们在我们的灵魂中努力去追求统一性,并纯化我们的民族,那么,我们就将有助于影响犹太民族的解放,并且再一次使犹太教获得解放,因为它的功绩就在人类中间。

正如我们所见,这一直是并将继续是犹太教对人类的重大意义所在:它使人类面对争取统一性的要求,这一统一性出自我们自己的两重性和从中获得的拯救。犹太教不能像其他民族做的那样为人类奉献出新的物质、新的意义内容,因为犹太人与物质性存在、与物的关系不够牢固。它只能重新提供人类多样性内容的统一,提供新的综合的可能性。在先知和早期基督教的时代,它提供了一种宗教上的综合;在斯宾诺莎的时代,它提供了一种智力上的综合;在社会主义的时代,它则提供了一种社会的综合。

而今犹太教的精神又准备了什么样的综合呢?也许它准备了所有这些综合的综合。但无论它采取什么样的形式,我们对它就只知道这么多:面对人类千万重相冲突的、忙乱的关注,它将再一次要求统一。它将再一次对人类说:"你所寻找的一切和你所做的一切,你所追求的和为此奔忙的一切,你所有的成就和你所有的工作,你所有的牺牲和你所有的快乐——所有这些如果没有统一性就没有意义和本质。"

有个犹太人曾经这样说:"首先需要一个东西。"① 他用这句话表达出了犹太教的灵魂,这个灵魂知道,所有的意义内容除非能够发展成为一个统一的东西,否则它们就是无效的,并且在全部生活中唯独这一点是最为紧要的:拥有这样的统一性。尽管犹太教的灵魂并不总是从这样一种观点的高度来讲话,但当它以纯洁和强有力的方式公开地声称这一点的时候,却都是犹太人历史上的伟大的、永恒的时刻。在这些时刻,犹太教是人类的东方使徒,因为它从其内在两重性的经验中和由两重性而来的拯救中获得了力量和热情,去教导世人首先需要一个东西。犹太教确立了内在

---

① 《路加福音》10:42。

两重性的伟大象征,确立了善和恶的分离:原罪。但它也一再地教导人们去克服这一分离——正如《诗篇》中所说,在上帝中"存在慈爱和完全的救赎"①。在圣人的生活中,他不再知道原罪和善与恶的分离,而是"不掺杂原罪"。而在弥赛亚的世界中,正如《以诺书》里所说的那样,原罪将永远被消除②。于是,这是并继续是犹太教对人类的根本意义所在:由于没有任何其他社会像它一样意识到最根本的两重性,没有任何其他社会比它更了解和代表这种分离,所以它公开赞扬一个将彻底消除两重性的世界。这是一个需要在个人的生活和社会的生活中都加以实现的、上帝的世界:一个具有统一性的世界。

---

① 《诗篇》130:7。
② 《以诺书》93:17。

第三篇　犹太教的复兴

　　当我说"复兴"的时候，我非常明白这是一个大胆的、几乎确实可以说是鲁莽的术语，由于它与目前强加于生活和世界的世界观格格不入，因此对这个世界观来讲，这一术语就是不可接受的。当今任何一个典型的人的所有活动都受到了"进化"概念的支配，这一概念认为，从许许多多小的原因的集体作用中会产生出逐渐的变化（或称为进步）。正如我们一开始就认识到的那样，这一概念即使是放到自然界中去也只要求它具有相对的有效性。不错，这一概念已经大大地激励和促进了自然科学的发展，但它对人类精神和意志领域的影响却十分有害。人类精神已被一种不可逃避的进化观念所大大地降低了，正如它曾经被一种由加尔文主义所引起的不可逃避的宿命论的观念所降低了一样。在我们这个时代，英雄般的、无条件的生活的消失，在很大程度上就必须被归于这一观念的影响。从前，伟大的实干家总是期待着用他的行动去改变世界的面貌，用他自己的意志去告知世人所有的变化。他认为他并不是世界各种条件的附属品，因为他扎根在上帝的无条件性中，他在他已经作出的各种决断中清楚地感觉到了上帝的教诲，就像他在他的血管中清楚地感觉到了他的血液一样。现在，对超人力量的这一信任已经遭到破坏，人对上帝和行动的明确认识早已被扼杀在摇篮中,人们所希望的一切无非是成为某个小小"进步"的代表。而凡是不再去追求不可能的东西的人,就只能获得所有可能的一切。因此,精神的力量被忙碌所替代,牺牲的威力被讨价还价的技巧所替代。甚至对新的、英雄般生活的渴望也受到了时代的这一趋势的腐蚀。这一腐蚀的最具悲剧性的例子也许就是弗里德里希·尼采了,尽管他比其他任何人都更强烈地渴望这样一种生活,但他并不能使自己摆脱进化的学说。

我意识到,当我说"复兴"的时候,我正在脱离我们的时代而进入一个新的时代,即一个即将到来的时代。因为我用"复兴"一词绝不意指某种渐进的东西、许多小的变化的累积。我意指某种突发的和巨大的东西——绝不是一种连续性或一种改进,而是一种恢复和一种变革。的确,正如我相信,在个人的生活中可能会出现基本倒退的时候,出现危机和震动,出现一种从根部开始并扩大到生存的所有领域的新的生成那样,我相信这样一种剧变也可能发生在犹太教的生活中。

在《以赛亚》的最后一部分,上帝说:"我创造许多新的天和一个新的地。"[①] 而《启示录》的作者则声称:"我看见了一个新的天和一个新的地。"[②] 这不是隐喻,而是直接的经验。它是其本质已被更新了的人的经验,并且由于这一经验,世界的本质也得到了更新。他的肉体恰如过去一样是同一个被赋予了精神的肉体,并且没有任何已不再存在的能力能够进入其中。但在他散碎的经

[①] 《以赛亚书》65:17。
[②] 《启示录》21:1。

验中，他所有的能力已被结合成一体，没有任何其他力量可与这一具有统一性的基本力量相比。这正是我认为将在犹太教中所发生的东西：不只是一种复原或复活，而是一种真正的和总体的复兴。

尽管这一绝对意义上的复兴概念在我们的这个时代仍难以为那些关注犹太教生存的人所理解，但他们仍然认识到，我们的时代才是最紧张和需要作出最后决断的时刻，这一时刻具有两副面孔，一副面向死，而另一副则面向生。他们还认识到，犹太教不再能靠单纯的连续性被保留下来，而是需要介入和变革，需要治愈和解放。但他们认为，所需要的和可能的是一种相对的——换句话说，是一种渐进的和部分的——复兴，这非常符合我们时代的精神。我可以通过讨论这些人如何理解"复兴"这个术语和他们所代表的那个思想运动，来最恰当地描述这个术语对我来讲所具有的意义。

目前，主要存在两种基本的复兴概念。它们对复兴的本质有不同的看法，因为它们对犹太教的本质有不同的看法。它们中的一个把犹太教看成是一个宗教的共同体，而另一个则把犹太教看成是一个民族的共同体。我对这两个概念的讨论将不会根据这两个概念的一般追随者的看法，而是根据它们最著名的代表的看法来展开。对第一个概念来讲，要做到这一点并不容易，因为我在其追随者中还没有发现一个真正独立的和卓越的精神代表。我将选择其中最好的一个人，即莫利茨·拉扎勒斯[1]。相反，第二个概念

---

[1] 莫里茨·拉扎勒斯（1824—1903），哲学家和心理学家，德国犹太自由主义的一位领导人，《犹太教的伦理学》（1898）一书的作者。

则提供了一个有代表性的人：现代希伯来思想家阿哈德·哈姆①。

拉扎勒斯是一位聪明且和蔼可亲的、颇受欢迎的哲学家，由于最近在他死后发表了他的小书《犹太教的复兴》②，所以我们对他特别感兴趣。我以不同寻常的期待心情，在该书的扉页上读到了多年来萦绕在我那像黑暗的和仍未打开的圣殿般的心灵中的词句。首先，期待似乎并不令人失望。在第一页上的一句话直捣我的心扉：它说我们的目标应该是"先知犹太教的复活和真正的重建"。

这一目标的巨大使我感到震撼。"先知犹太教的真正重建"！如果先知犹太教不是一种让我们无条件地去生活的命令的话，它又是什么呢？这一命令告诉我们，不要通过宣称一种信仰而在口头上对上帝说得好听，而同时却通过行动去达到一种卑下生活的功利目的；不要在思想上保持一致，而在行动上却半途而废。但为了在任何时候和任何事情上都保持完整，为了在任何时候都能够实现上帝的意识，那么正如《阿摩司书》中所说，我们让"正义犹如浩大的河川高涨起来"③。

在人类的历史上，"或者是一切，或者是无"这条格言还从来没有被用如此强有力的声音表明过，并且这也正是目前有待我们去实现的任务。最终会出现被先知（即无条件的人）所责成的那类犹太人。我们将把我们自己从现代社会的诡诈的喧闹和纷扰

---

① 阿哈德·哈姆（即阿舍尔·金茨博格，1856—1927），犹太思想家，精神犹太复国主义的鼓吹者。其论文集名为《在十字路口》（1895—1913）。见《民族主义和犹太伦理：阿哈德·哈姆基本作品集》（1962）。

② 《犹太教的革新》于1909年他死后发表。

③ 《阿摩司书》5：24。

中解放出来,开始把我们的生存变成真正的生活。尽管那些半心半意的、懒惰的和贪婪的人可能会继续称自己为犹太人,但只有那些为先知犹太教的重建认真劳作过的人才真正是犹太人。是的,毋庸置疑,这一定会导致犹太教的复兴——并且导致人类的复兴。

但当我继续阅读下去的时候,我的所有梦想就消失得无影无踪了。哎呀!因为书中所进一步论述的东西是一种完全不同的事情。这种"先知犹太教的复活",基本上是路德谈论福音派基督教复活时所指的那种东西的犹太式的变种。信仰的理性化、教义的简化和仪式规则的修改——这就是一切。否定,除了否定什么也没有!不,以比较的方式把路德拽进来是错误的,路德关于福音派教徒的生活的思想更具有无限的创造性。这里所鼓吹的不是改革,只是自新;不是变革,只是促进;不是犹太教的复兴,而是使它以一种更容易、更优雅、更西化、更为社会所接受的形式永远存在下去。事实上,我更一千倍地喜欢那些不善交际的蠢人,他们以其简单的头脑日复一日且不走捷径地观察他们相信是他们的上帝、他们祖先的上帝的命令的每一个细节。这一虚弱的纲领怎敢称自己为先知犹太教的复活?的确,先知们曾谈到过宗教仪式的无用,然而不是为了促进宗教生活,而是为了公开赞扬行动的神圣性。只有当我们要求某种不是所谓的"被纯化的宗教"的时候,只有当我们要求完全无条件的行动的时候,只有到那时,我们才可以乞求以色列人的先知。

在阿哈德·哈姆的思想中,我们认识了一个完全不同的、无比深刻的和更本真的世界。先知犹太教精神的某种东西的确就属于这个世界。它缺少这种精神的原创性激情和欣喜若狂的力量,相反它沉浸在犹太教法典的疑难和迈蒙尼德的抽象中。但它以其准确的内在眼光和不懈的追问，叙述了我们的先知的遗产。在这里我们也找不到任何抽象的复兴理念。

　　随着巴勒斯坦犹太教精神中心的建立，阿哈德·哈姆预见到了一种复兴。这样一个中心除非基于一种社会-经济的定居点，否则它是否真的能有生命力，就会一直使人们争论不休。的确，一个殖民地只能建立在天然的社会和经济生存的条件之上，否则它就仍然是一个人工的产物，而从长远来看它就不能够抵御住周围功利世界的不断的屠杀。然而这不是这里的主要问题所在。无论它以什么形式出现，在巴勒斯坦的一个中心犹太人定居点无疑都具有伟大的意义，具有一种历史上不可比拟的意义：一个健康的、犹太民族的核心在几代人繁衍的过程中的可能发展，无疑也会产生文化上的价值。这样一个定居点很可能对世界各国犹太人聚集区中犹太人的生活产生令人鼓舞的和具有凝聚力的影响。但它不能保证犹太教的复兴（在这个词的绝对意义上）。此外，犹太民族的中心也将成为犹太教的中心，只要它不是因复兴之故，而是出于复兴并且通过复兴而被建立起来的话。一个思想中心能够促进学术研究，它甚至能够传播和宣传思想，尽管它不能创造思想。的确，它甚至也许能够成为一种社会模式。但它却不能产生出我期望绝对的东西能从中浮现出来的唯一的事物——再现和变革，不能够产生出生活的所有要素的变化。事实上，在我看来，似乎可能的是，许多今天的犹太人的严重的矛盾心理、无边的绝望、无限的渴望和感情上内在的混乱，已为必定先于这样一种总体复兴的彻底震撼提供了比一个在自己土地上的定居者的正常而自信的存在所能够提供的更有力的基础。

  但是，为了理解能够带来我所说的那种变化的东西，我们必须回忆究竟是这种犹太教的什么东西才是我们所想去复兴的。当我们把它看成是一种宗教的时候，我们仅仅触及了其组织形式的最明显的事实。当我们把它称之为一种民族性的时候，我们就接触到了一种更深的真理。但是，我们必须比这些都要看得更深，从而去发现它的本质。犹太教是一种精神过程，这一点在犹太人的内部历史中同时也在伟大的犹太人的著作中得到了证明。如果我们把它与犹太人的统一方案或先知犹太教相等同（如拉扎勒斯和阿哈德·哈姆用各自的语言所表达的那样）的话，我们关于这一过程就会有一个很局限的概念了。犹太人统一方案只是被称之为伟大的精神过程的一个要素而已，而先知犹太教只是这一过程的一个阶段。只有在其总体上，在其丰富的要素和其历史显现的多重嬗变中，我们才能够理解我在这里所说的那种复兴的意义。

  犹太教的精神过程显示在了作为对相互连接的三个观念更完美实现的追求的历史当中，这三个观念是：统一的观念、行动的观念和未来的观念。当我说观念的时候，我当然不是指抽象的概念。我所指的是一个民族的精神气质的那些先天倾向，它们以如此巨大的力量和如此的持久性来显示自己，以至于它们产生了可以被称之为那个民族的绝对生活的复杂的精神行为和价值。每一个伟大的和有非凡才能的民族都拥有这种独特的倾向和由这些倾向所形成的一个具有独特行为和价值的世界。所以，可以说这个民族过着两种生活：一种是暂时的和相对的生活，它在日复一日、一代又一代人的接续中度过；而另一种（同时被度过的）是永久的和绝对的生活,是一种在漫游和探索人类精神的世界中度过的生活。在第一种相对的生活中,一切似乎都是偶然的,并且常常是极其无意义的。而在另一种绝对的生活中,具有意义和很高要求的伟大光明的轮廓则一步一步地被揭示了出来。相对的生活仍旧是这个民族的无意识的拥有物,而绝对的生活则直接或间接地成为全人类的意识的一部分。

但是,没有任何其他民族像犹太民族那样清楚地显示出绝对生活的这种不断的创造性、这种民族的精神过程。在犹太民族的相对生活中,在通常被称之为其历史的东西当中,同样也在其目前的日常生活中,都存在过多的自相矛盾的目的、仓促、迷乱和痛苦。但从所有这些东西中却浮现出了光辉灿烂的、比生活本身更高的目的,在永恒的天空上写下了它们那不可毁灭的符号。而对能够看透相对生活并且能够看出那个绝对生活的眼光来说,它会发现,丰富的第一种生活只不过是为从中能够产生出第二种生活才存在的,并且更为根本的一点是,第二种生活是实在,而第一种生活则不过是斑驳的、多样的现象。这一点在犹太教中比在任何其他地方都显示得更清楚和更明确,这也正是为什么我有充分的理由把犹太教称之为一种精神过程的原因。

正如我已经说过的,这一过程表现在努力实现三种观念或者三种趋势之中。这些观念是相互连接的,事实上它们是一个民族精神气质的统一实体,这一实体只是为了论证的目的才被分割开来,以便表明在历史中有时候是这个观念占支配地位,有时候是另一个观念占支配地位。为了实现这些观念而付出的努力无论如何也不会像一条平稳流淌的河流那样不费周折地一往无前。它一再地受洪水的冲刷，又屡遭干旱的打击。它一会儿在广袤的平川上变成一条浅溪，一会儿又在重岩叠嶂的峡谷之中咆哮而过，力冲千重艰险万重屏障。犹太教的这一精神过程，采取了一种意识形态斗争的形式，这是一种为争取这些民族趋势的纯粹实现而采取的、永远更新的内部斗争。这一斗争来自这样一个事实：个人生活中的那些具有决定性的美德，只不过是他经过改造后的并且重新被引导的激情而已，这些激情被提升到了观念性的层面上。由于同样的原因，一个民族生活中的那些具有决定性的观念也只不过是它内在的趋势而已，而这些趋势被提升到了精神的和创造性的层面上。正如在个人生活中，一个人的激情可以闯进美德的领域并且干扰美德的纯粹实现，抵制对激情的改造和重新引导一样，一个民族的趋势也同样会抵制精神化的过程，玷污美德实现的纯洁性——即它们被提升到这个民族的绝对生活的高度。因此，实际上，这些观念是为它们自己而斗争的，是为将它们从这个民族趋势的狭隘中解放出来而斗争的，是为它们的独立和实现而斗争的。我将通过概括（尽管只是粗略地）犹太教的三个观念——统一性、行动和未来，努力去证明以上这一点。但是，我只能够从这一意识形态的战斗中挑选出那么几个特别值得回忆的阶段来予以证明。

那深藏于犹太民族本性中的统一性观念以及实现它的那种趋势，产生于这样一个事实：犹太人一直更敏锐地觉察到了现象所显现的那个背景，而不是个别的现象本身，他确实地看到的是森林而不是树木，是大海而不是波浪，是社会而不是单独的个人，所以他更喜爱沉思，而不是想象。由于同样的原因，他甚至也被迫在他能够从总体上去体验物的整体性之前就去概括它了。但他并不因为有了那么一个概念就停止下来，他被迫继续去努力达到一个更高的层次——一个能够支撑所有概念同时也能使所有概念变得完美，从而能够把它们结合成一体（正如现象被结合成一个概念一样）的最高的层次。

但对犹太人的统一倾向来说，存在着第二个更深的根源，即我已经提到过的那个根源：将他自己从他内在的两重性中拯救出来并将自己提升到绝对的统一性的渴望。这两种根源在先知们的上帝观念中得到了整合。于是出现了一种超越的统一观念：那个创造世界、统治世界、关爱世界的上帝。先知们的全部怜悯（这是人类历史上最强有力的怜悯）对这一观念是有用的。但这是这一精神过程的顶峰。慢慢地，外部根源变得比内部根源更为强烈，爱好概念化变得比忠于一个人的渴望更为强烈。这一观念逐步变成了乏味的、一时的风尚，直至那个活生生的上帝被改变成了一个具有晚期拉比统治和犹太法学博士初期教义特征的、毫无生命的图式。

然而，统一的趋势并没有就此而停下来。图式和渴望之间的战斗不停地升级。它曾在斐洛①的观点中短暂地出现过和解，但接下来在犹太教法典大师们中间又爆发了新的战斗。这场斗争弥漫在早期基督教运动中，充斥在《米德拉什》（*Midrashim*）的论说中，并且是喀巴拉（Kabbalah）的灵魂。但在那场斗争中，统一观念的本质经历了各种变化。关爱世界的上帝遇到了从他自己大

---

① 亚历山大的斐洛（约公元前30年至公元40年）调和希伯来传统和希腊批判哲学，启示和理性。

量溢出的东西,即把他和世界统一起来的"十种创造性大能"(塞菲洛①, the Sephirot)。他的"内在的精神存在"下降到世界,以便与世界同在。上帝的火花落入人的灵魂。超越的统一成了内在的统一——渗入世界、激活世界、存在于世界的上帝的统一:"神或自然"②。

这就是巴鲁赫·斯宾诺莎的上帝。在这精神的过程中,犹太人再次达到了一个顶峰,在概念化的能力和渴望的能力之间形成了一次综合。但接下来仍然是另一次衰退,战火又再一次燃烧起来。一时间,在哈西德主义中再一次兴起了活跃的统一趋势。然后,这一运动又减弱了下去,战斗渐趋平静。缺乏独创性的时期(我们的时期)开始了。支撑战斗的力量究竟出了什么问题?沙漠的沙子就在我们脚边,而作为沙漠的一代,我们则四处游逛,不知走向何处。但我们的渴望并没有死去。它抬起它的头,它号召它的欲望进入沙漠。它在沙漠中像施洗者约翰曾经所做的那样,在我们这个时代高声喊出:为了复兴!

犹太教的第二个观念是行动的观念。这一倾向是犹太民族精神气质中固有的,它来自如下的事实:即犹太人的运动神经天生就比感觉神经要强,他的运动系统比他的感觉系统工作起来更强劲。他在行动中比在知觉中能够显示出更多的真义和更伟大的人格,他认为他平生所成就的事业比他巧遇的事情要更加重要。比如,

---

① 塞菲洛:从上帝溢出的十种创造性大能神秘而有机相连的等级结构。按照喀巴拉主义的体系,它构成了世界存在的基础。

② "神或自然":斯宾诺莎哲学的一个主要概念。

正是由于这个原因,犹太人的艺术在姿势方面才如此地丰富,它的表现更突出他自己而不是它的意义内容。也正是由于这个原因,他认为做事情比体验要更加重要。因此甚至在古代,对犹太人的虔敬来说,其核心的东西并不是信仰而是行动。事实上,这一思想可以被看成是东西方之间的根本区别:对东方人来讲,人和上帝之间决定性的契约是行动,而对西方人来讲则是信仰。犹太人特别表示和强调了这一区别。《圣经》的所有篇章都很少谈及信仰,但却大谈特谈行动。不过,我们不应该认为,这就意味着是对工作或缺少内在意义的仪式的一种缺少头脑的赞美。相反,每一个行动,哪怕是最小的和似乎是最微不足道的行动,都在以某种方式适应于上帝。稍后时期的一句话可用在此,并且具有特别能打动人的意义,这句话就是:"让你所有的行动都为上帝之故做出。"①在那个与上帝保持着最朴素关系的时代,所规定的那些行动就代表着与上帝的一种神秘的、不可思议的一致。比如,动物祭品就是一个人自己献身的象征性的替代物,而祭坛的火焰则被看成是灵魂通向天堂的使者。

但这些行动却失去了它们的意义,而指令仍要求继续遵循已变得毫无意义的东西,正如约翰兰·本·撒该②所解释的那样,这是因为上帝已"立了一个法规,并已发布了一条法令"③。因此,从行动的虔敬中产生出了仪式律法。行动倾向则反对这种固定不

---

① 《先祖遗训》Ⅱ,17。

② 约翰兰·本·撒该:公元 70 年第二个圣殿被毁后犹太人最重要的导师,贾布奈学院的创始人。

③ Pesikta de Rav Kahana 40a, b.

变的东西。在自我分离的过程中,行动倾向建立起了生活的共同体,这个共同体不是要遵循已失去其意义的律法,而是要再一次去实践那把人与上帝约束在一起的活生生的行动。我们所知道的这类最早的共同体一定是《耶利米书》中所提到的利甲人①的共同体。他们的观念和组织显然都被守法的教规编撰者们有意地进行了错误的解释。很有可能一条不断的传统之链把利甲人与其传统得到历史学家证明的古人艾赛尼派(Essenes)连在了一起。沿着这条道路,行为倾向成长起来。行为的观念变得更为纯粹了,与上帝订立契约的思想变得更为伟大和更为神圣起来。

然而,与此同时,仪式律法却变得更加严厉且更加脱离生活。于是,这一运动就从自我分离的共同体扩展到了这个民族的核心,并且掀起了一场在今天被错误地称之为早期原始基督教的观念革命。我们可以更充分地证明它可以被称为原始犹太教(尽管是在与这一历史性术语不同的意义上),因为它与犹太教的关系比与今日所谓基督教的关系要密切得多。流放心理的一个特有现象就是,我们不仅能够容忍把这具有重要意义的一章从我们的思想史中撕掉,而且我们自己也帮助并支持了这种撕掉的做法。我们之所以做出这一切,仅仅是因为这一运动沾染上了信仰调和论者的色彩(尽管纯粹是表面的),这样就剩不下多少原初的精华了。在基督教的早期阶段,凡不是折中的,而是具有创造性的东西,肯定都属于犹太教的东西。这一思想革命曾经在犹太人的土地上

---

① 利甲人:一个生活在第一圣殿时期的宗教社团,它过着一种游牧的生活并且禁止饮酒。《耶利米书》35。

爆发过，它曾经首先在古犹太人的公社制社会的发源地掀起激浪，并由犹太人加以传播。正如人们所一再断言的那样，他们对之发表演讲的那些人就是犹太人，而不是别人，而他们所断言的东西却只不过是要复兴犹太教里面对行动的虔信。

只有在西方的折中主义的基督教中，信仰（正如西方人所知道的那样）才显得最为重要。而对最早的基督教来讲，行动则是主要的。至于这一努力去行动的意义内容，它在最早的一种《福音书》中得到了清楚的证明，它无可置疑地暗示了一种创造性的人格。在"登山宝训"（Sermon on the Mount）的第一章里有句话是："不要认为我来是要废除律法或先知，我不是来废除而是来执行的。"[①] 这一陈述的意义从随后新旧教义的比较中显示了出来：新教义的意图根本不是要成为新的，它想仍然是旧教义，但却是在其绝对意义上被把握的教义。它想把行动最初就具有的、被仪式律法的严密控制所减少和变暗了的自由和神圣还给行动，并把它从已变得毫无意义的那些规定的窘迫中解放出来，以便为了与上帝的一种积极关系的神圣性，为了行动的虔敬而使它自由。为了消除误解，马太补充道："我把实话告诉你们：就是天和地消失了，律法中最小的字母或一个标题都不会消失，直到永远。"这个意思就是：直到用我们心灵的全部力量，不折不扣地执行了无条件性的教义，直到通过绝对的行动使这个世界变得圣洁，使这个世界充满了上帝。

早期基督教传授了先知们的教诲：行动的无条件性。因为所

---

① 《马太福音》5：17。

有伟大的虔敬并不像关心它是在人类的有条件性中,还是在神的无条件性中得以实现那样,去关心到底做了些什么。而最初的"登山宝训"这一章结尾处的那些话,非常有意义地解释了《利未记》的这样一种说法:"所以你将是完美的,正如天国我主是完美的一样。"① 这些话,特别是"正如"二字,就信条这个词的最深刻的意义来说,是一个犹太人的信条吗?并且我们可能回答不了目前向我们推荐与基督教"和睦相处"的那些人:"在基督教中,凡是具有创造性的肯定不是基督教,而是犹太教。并且这一点我们无须重新加以探讨,我们只需在我们中间认出它来,并且只需拥有它,因为我们一直带着它,从未丢失过。但是,在基督教中,凡不是犹太教的东西一定不具有创造性,一定是成千上万的仪式和教条的混合物。根据这一点(我们既作为犹太人又作为人来这么说)我们也不想建立一种和睦相处的关系。"然而,只有当我们克服了我们对拿撒勒运动(the Nazarene movement)迷信般恐惧的时候,并且只有当我们把它放在它所归属的地方,即放在犹太教的精神史中的时候,我们才可以给出这种答案。

然而,尽管这一运动对犹太人的绝对生活会具有如此重大的意义,但在其相对生活中它仍然只不过是一段插曲而已,它不能阻止律法的日益僵化。但为了行动观念的战斗并未停止过。它用新的形式表现了千年王国的到来。它既是辩证的,又是内在的;既是公开的,又是隐蔽的。在传授知识的地方,它说着睿智者的语言;而在家中,它则说着女人的语言。在被抵制的异教徒中它

---

① 《利未论》11:14。

占了大部分,而它在少数民族居住区的小小闹事中却只占了一小部分。因此,它围绕着被加冕的律法尸体而燃烧和闪烁,直到另一场伟大的运动的到来,那场运动将直达真理的核心,并且将激励这个民族的精髓:哈西德主义。

最初的哈西德主义与今日的哈西德主义相比,就像早期的基督教与教会相比一样,它们几乎没有什么共同的地方,只有当我们意识到它是行动观念的复兴的时候,它才能够被理解。对哈西德主义来讲,生活的真正意义显示在行动当中。这是通向世界心脏的道路,它甚至比早期基督教更清楚和更深刻,重要的不是正在做什么,而是这样一个事实:每一个行动都按照神圣的意图进行,即具有迎合上帝的意图。没有任何东西本身就是恶的,每一种激情都可以成为善的,每一种爱好都可成为"上帝的运载工具"。行动这件事情本身并不重要,重要的是行动的神圣性。每一种行动,只要是为了救世,它就是神圣的。单是行动者的灵魂就可以决定他行动的特征。据此,行动事实上就变成了虔敬的生命中心。同时,世界的命运就掌握在行动者的手中。从天而降的神圣的火花①,即那误入歧途的灵魂,就消散在了物和存在者中,它们通过被其意向所神圣化了的行动而得以解放出来。通过他的行动,人才能够为世界的拯救而工作。的确,他为上帝本身的拯救而工作。因为,通过他行动的高度集中和紧张,并且为了一个深奥的、甚得上帝恩宠的时刻的到来,他可以使上帝的被流放的荣耀②离其根源更近。

---

① 见本书第 8 页,注释 1。
② 见本书第 8 页,注释 3。

因此，尽管是在一个完全不同的方面，但行动在此仍被赋予了表面上看起来的那么强大的力量和崇高性。只是在古代印度人的虔信中，人由于关注于他的意图，才使得神的世界、婆罗门的世界发抖。

现在，自由的行动可以勇敢地面对作为自由的完美的律法（在此使用了一个早期基督教使用的术语）。因此，对哈西德主义来说，人的最终目的就是：成为他自己、成为一条律法、成为一部《托拉》。正如早期基督教并不想取消律法一样，哈西德主义也不想取消它，只想执行它。那就意味着它想把它从有条件的境况中提升到无条件的境况上去，并且同时把它从一种刻板的公式变成为灵活的直接行动。

但它并未成功，因为经过一段兴旺之后，它很快就开始崩溃和退化了，我们在此不想讨论个中原因。在犹太人的绝对生活中，它显示出了行动观念迄今所取得的最大胜利。而在他们的相对生活中，哈西德主义也仍然只是一个情节而已。接下来的是一种衰落，在其中律法和行动之间的斗争达到了其最低的水平。我指的是"正统派"与"改革派"之间那种缺乏思想和精神的吵闹。对我们的命运可能最具辛辣讽刺意味的是，这个时代的"改革派"被允许假装成先知犹太教的行动观念的支持者。如果我们想让犹太教再一次变得伟大起来，我们就必须把伟大还给争取行动观念的斗争。如果还会出现能体验到犹太教的所有荣耀和所有宏大的人，那么他们一定会要求这个民族的精神继续保持对行动的追求，要求赋予犹太教以新的形式，以符合我们自己对世界的新的态度。

犹太教中的第三种倾向是未来的观念。这一民族特性源于这样一个事实，即犹太人的时间感比他的空间感发展得要强许多：《圣经》的描述性形容词不谈形式或颜色，而只谈声音和运动（比如这与《荷马》的描述性形容词正好相反）。最令犹太人感到满意的艺术表现形式正是那种以时间为其特质的艺术：音乐。对犹太人来讲，各代人之间的相互联系是比对当前的享受更强的生活原则。他对民族性和上帝的意识基本上受到其历史回忆和历史希望的滋养，这一希望本质上是积极的和建设性的要素。三种倾向中的每一种都既有其卑下的方面又有其崇高的方面。正如统一观念既产生犹太法学博士的教义的概念构造又产生这个民族对上帝的伟大渴望一样，正如行动倾向既导致无灵魂的泛仪式主义又导致趋向无条件性的神圣意志一样，未来倾向也同样如此。

一方面，未来倾向驱使犹太人陷入了具有各种不同目标的繁忙活动之中，刺激起他对可获取之物的强烈欲望。然而，这种强烈的欲望又不是用在了他自己的舒适上，而是用在了下一代人的幸福上。下一代人甚至在意识到自己之前，就被赋予了照顾再下一代人的任务，这样，所有生存的实在都溶解在了对未来的关怀之中。但另一方面，这一倾向在犹太人中又唤醒了弥赛亚主义，即一种超越过去和现在的所有实在、作为真的和完美生活的绝对未来的理念。

弥赛亚主义是犹太教最深刻的原创性理念。让我们来对它思索一番：在未来，在那无限遥远的、无限危急的范围内，地平线尽管仍未改变，但它还是悄然隐去了。在作为一条规则只有嬉闹的、动摇的、无本质的梦幻可以冒险闯入的未来领域里，犹太人敢于为人类建立起一个家园，一个真正生活的家园。其他民族意识中对未来无论有什么样的渴望、希望和欲求，但在总体上却都是相对的。它的到来或者是在危急的领域，或者是在遥远的领域，都可以以如此这般的方式显示自己，也可以以另外一种方式显示自己。人们盼望、梦想它的到来，但谁知道它是否真的会到来呢？当寒冷的天光映照在我们的窗扉上的时候，谁还敢相信它呢？但在弥赛亚主义中，事情就变得完全不一样了。这里不是未来是否可以到来的问题，它一定会到来：每一个时刻在保证着它，我们的血脉在保证着它——上帝在保证着它。也不是未来马上就会到来或在某个遥远的时刻会到来的问题，它在时间结束的时候，在预定的时候，在所有日子结束的时候到来：在绝对的未来到来。尽管往往我们所期待到来的东西是相对的东西——一个受苦受难民族的解放和她聚集在上帝圣殿的周围——达到顶峰时它就是绝对，是人类精神的赎救和世界的拯救，此时相对被看成是达到绝对的手段。在此我们第一次并且用全力把绝对当成是在人类中并通过人类去实现的目标。

　　同时，弥赛亚主义好像为犹太教的另外两种倾向，即统一观念和行动观念的最终和完全的实现准备好了基础。但正如围绕这些观念不断发生战斗一样，在这里同样燃起了战火。并且我们经常发现在同一个时候，弥赛亚理想的最崇高的概念紧接着未来舒适的最卑下的概念。因此，弥赛亚运动是一种最神圣的东西与最亵渎的东西，关心未来的目的与缺乏约束，对上帝之爱与贪婪的好奇的混合物。在这里，这个民族的癖好同样在抵制精神化，并且玷污完成任务的纯洁性。

　　应该注意的是，早期基督教也以绝对未来、"时代的终结"、未完成但仍将到来的世界的救赎等观念著称。这里也爆发了冲突，即弥赛亚理想与弥赛亚概念向领袖和大师这种人物的转变之间的冲突。

另一个很有意义的现象也值得仔细考察。正如斯宾诺莎的哲学在统一观念领域里的情况一样，这一现象尽管是犹太教绝对生活的一部分，但它也超越了它的相对生活，因此进入不了犹太民族的意识。我在此谈的就是社会主义。现代社会主义有两个心理源泉：（1）对人与人的共在的本质，对社会和共同体的本质有批判性的洞见；（2）渴望一种更纯、更真、更美的生活，渴望人与人之间有一种纯粹的、真实的共在，渴望一种建立在爱、相互理解和相互帮助基础之上的人类共同体。

第一个源泉尽管可能并不产生在西方，但它不管怎样还是从西方的智慧中获取了力量。柏拉图是一位大师，他的想象力翱翔在第一个源泉之上。第二个源泉出自犹太教，并不停地从犹太教中获取新的内容。先知们最早公布了它的音讯，艾赛尼派是第一个试图因此而生活在无条件性中的共同体。这一渴望时明时暗，但从未完全熄灭过。当犹太人离开其聚居区，进入各民族的生活的时候，在他们当中喷涌着的这两个源泉就变成了现代社会主义的信条和使徒的身份。这种现代社会主义尽管得到了相同的力量，即未来观念的支持和滋养，但它却是弥赛亚理想的一种缩减、一种变狭和一种有限化。但未来观念将超过社会主义，再次进入无限，进入绝对。尽管我们只能感觉到它的未来形状，但我们对它的这种感觉本身就是一个信号，它表明犹太教的这一观念还继续过着一种沉默的、隐秘的生活，等待着它的时光，等待着复兴时刻的到来。

只有现在我们才能明白犹太教复兴的含义是什么。我所能够勾画出其轮廓的这个伟大的精神过程已经停顿了下来。如果犹太教不继续其虚伪的存在,如果它重新恢复其真正的生活,它的精神就一定会再生,并且它的精神过程也将会有一个新的开始。犹太教的真正生活,就像任何一个有创造性的民族的真正生活一样,是我们称之为绝对生活的那个东西。只有这样一种生活才能够创造出一种不只是侵略性的或防卫性的,而且还是一种民族的积极意识,一个民族永恒实体的意识。目前,犹太民族只知道一种相对的生活,它必须恢复它的绝对生活,它必须恢复活生生的犹太教。

在一个哈西德的传说中,讲到了一个分离的灵魂怎样在永恒中四处游荡,从一个门到另一个门,从一种力量到另一种力量。但他突然就不再游荡了,他停了下来。在他眼前,他看见了一位老人,这位老人问:"你为何立于此处?"灵魂回答说:"我不能再走了。"于是这位老人答道:"这并非是一件好事。因为如果你徘徊于此而不能继续前行,那么你就可能失去精神生活,像一块无声的石头一样呆在此地。"

这就是威胁犹太民族生存的那个危险:犹太民族可能失去其精神生活。我们不能指望一种新的文学繁荣或任何其他价值(我们习惯地称之为"犹太人的复兴"),就安慰自己说危险已经过去。这种复兴只是表达了一种希望而并非现实。我是如此经常地指出了这些开端,以至于当我说所有这些无论如何也不意味着一种犹太教的复兴的时候,我根本就无须担心被人误解。一种复兴必须产生在这个民族的更深处,只是在那里犹太教的伟大倾向才会再生。为实现这一点的战斗必须重新开始。

但仅有这一点还是不够的。因为现在我们知道这个失去家园的民族内心最深处的病症以及它深不可测的命运是什么。我们知道它的绝对生活和它的相对生活被分开了,知道构成绝对生活的顶点和永恒的东西完全(或几乎完全)不被相对生活所察觉,或最多被看成是一个被迅速忘记的情节。因此,复兴也必须具有这样一种意义:为最终实现的战斗应涉及整个民族,三大观念应渗入这个时代的现实之中,精神应渗入生活之中。只有当犹太教再一次像一只手一样伸出来抓住每个犹太人的头发,在天地之间狂风暴雨中把他带向耶路撒冷,就像上帝之手曾经抓住以西结并把他带到迦勒底①之地一样——只有那时犹太民族才会情愿在旧的命运破碎了的地方为自己造就一个新的命运。现在就可以,也的确必须开始调集砖块。但是,只有当这个民族再一次成为建筑师的时候,才能够建筑这幢房子。

只使单个的观念再生是不够的,无论它是这一个还是另外一个,或甚至既是这一个又是那一个。因为犹太教不能一点一滴地复兴,复兴必须是整个地进行的。由于我们承担着识别过去时代和我们这个时代的意义的责任,所以我们知道这一切,因而我们就被允许宣布我们所感觉到的东西将是犹太教复兴的本质:与对尚未到来的人的世界的态度相一致的犹太教三大观念的创造性综合。

我已经说过,这三个观念不是僵硬而固定的抽象概念,相反它是犹太民族精神追求一个更纯粹的形态、一个更有效的形式、

---

① 《以西结书》1:3,3:14。

一个更完美的实现的内在倾向。它们可以并且也必须找到一种新的形态、一种新的形式、一种新的实现过程，把所有这一切都融合在一种对世界的新的态度中去。

在对世界的一种新的态度中，我所说的这种态度是正开始在今天我们这些领路并开道的人中生长的态度，是将在未来一代人中继续成长的态度。这种人类的态度今天仍未被表达过。它的形成和犹太教的复兴是同一个过程的两个方面。"拯救来自犹太人"[①]：犹太教的基本倾向构成了用于周而复始地创造一种新的普遍的世界概念的要素。因此，我们心灵最深处的人性与其最深处的犹太教所说的和所主张的东西是一回事儿。

但这一未来综合的本质将是什么，它将怎样产生，我们对此无话可说。我们知道它将来到，但我们不知道它将怎样来到，我们只能做好准备。

然而，做好准备并不意味着静待。它意味着向自己和他人灌输犹太教的意识，在这种意识中，犹太教的精神过程在其所有的方面，在其本质的充分实现中，在其历史显露的多种嬗变中，在其潜在力量的无名的神秘中显现出来。

做好准备甚至意味着更多的东西。它意味着在我们个人的生活中去实现犹太教的伟大倾向：走向统一性的倾向，就是通过把我们的灵魂铸造成单一的实体，以便使它能够设想出统一性来；走向行动的倾向，就是通过在我们的灵魂中填满无条件性，以便使它能够实践其行为；走向未来的倾向，是通过把我们的灵魂从

---

① 《约翰福音》4：22。

功利的繁忙中解脱出来,直指伟大的目标,以便使它能为未来服务。

在《以赛亚书》中,我们读到:"这声音大声喊道:在荒野中为主准备好路!"① 准备好,意思就是去准备。

---

① 《以赛亚书》40:3。

第四篇　东方精神和犹太教

一

在18世纪末和19世纪初,赫尔德和歌德、诺瓦利斯① 和格尔瑞斯② 都已经意识到这样一个事实:东方是一个单一的整体。虽然他们知道东方各民族之间所存在的差异性——事实上,欧洲只是在那个时候才通过东方各民族的历史和文学的文献真正发现了东方——但这些人透过东方各民族有差异的外表看到了那统一的精神内核。对他们来说,东方不是一个具有诗情画意的地方,但却是一个不可分的、时刻都在起作用的世界。对于它的缺陷,他们有所体会;对于它的伟大,他们也有了初步的、既敬畏又受启发的模糊想法。这种洞见在受到来自我们这个时代的广泛成功的种族理论的挑战以前,一直具有生命力。那些被用在心理学中的自然科学的方法,人们在这里也把它们应用于历史:从而破坏了具有认知能力的人所拥有的最为可贵的东西——整体性。刺激和反

---

① 诺瓦利斯(1772—1801),早期德国浪漫主义时代的宗教诗人。
② 约瑟夫·冯·格尔瑞斯(1776—1848),德国作家,神话、民族诗歌和中世纪文化的解释者。

映之间的程度比率关系或许是可以计算出来的，但这种计算却不能用来验证精神过程的本质。不论可能多么精确地确定种族之间的差别，然而那些超种族结构——民族和民族的复合体——仍然是这种研究方法所无法接近的精神世界。极为复杂的东方各民族能够显示为一个统一体，一个有机组织。其成员不论从功能上说有多么的不同，它们也有一个相似的结构和一种相似的生命力，并且正因为如此，东方有权拥有一个与西方相对应的位置。

在过去的一些时候，东方往往被认为是代表着一个原始的发展阶段，就好比一个被束缚住了手脚的人——其实这是一种狭隘的、概念化的观点。但是，有人可能已正确地指出，那个铸造了东方人精神性格并且决定了其创造力量的时代，即那个关键的成型时代，是一个比欧洲形成时间来得更早的世界历史纪元。对于在惊人的基督前3000年中被中国、印度、埃及和小亚细亚所经历的、导致了其思想的那些伟大力量，我们只能有一些微弱的模糊认识，这些力量展现在基督前3000年以及接下来的1000年中被创造出来的那些具有高度创意性的保留遗物——《易经》《吠陀》、金字塔手稿以及美索不达米亚的《吉加美士史诗》中。当我们把在古希腊黄金时代在东方崛起的那些人包括进来以后，在那个时代所发生的一切就变得清晰起来：这些人具有恢复力和再生力，他们是返回与恢复的宣告者——即犹太先知们，以及创作了奥义书、《琐罗亚斯德》和《老子》的思想家们。因此可以理解为什么我们必须断言：像埃及的造型艺术那样，在公元前3000年开始的时候，东方的造型艺术既是原始的，又是完美的。

我打算把"东方类型的人"（这从亚洲的古代文献中就可以

识别出来,同样,从今日中国人或印度人或犹太人身上也能识别出来)定义为具有明显活动力的人,以区别于西方类型的人(如以伯利克里时代的希腊人、14世纪的意大利人或当代德国人为代表的西方类型的人)。西方类型的人的感觉力要胜于其活动力,而我称他们为活动力型或感觉力型的人,是以对这两种人的精神生活都至关重要的那些过程为基础的。在这样做的时候,我清楚地意识到我正在把这些问题简单化:为了揭示最根本的东西,我把混杂的东西说得纯粹了,把流变的东西说成是凝固的了。

活动型的人的基本心理行为是输出的:一种心理能量从他的灵魂中发散出来并变成运动。感觉型的人的基本心理行为是输入的:一个印象在他的灵魂中形成并变成一种图像。二者都是在感知的人,二者都是在行动的人。但一个是在运动中感知,而另一个则是在图像中行动。第一种人在感知的时候,对行动有所体验;第二种人在行动的时候,对形状有所体验。两者都在思考,不过第一种人的思考就意味着做,而第二种人的思考则意味着形式。

我曾说过,活动型的人是在运动中去感知,似乎他就是在把他的觉知变成行动。这种觉知并不在他的内心中生长,但却穿透了他。它也并不孤独地筑巢于他的大脑之中,而是连接于其他所有的感官,扩展至他整个被激发起来的躯体。此种类型的人的各种感官紧密地相互连接在一起,并与有机体的隐秘之生命连接在一起。留在他任何一个感官上的印象都会像电击一样传遍他的全身,而其特殊的性质在这种普遍的冲击力量面前就显得不那么重要了。在感觉型的人身上,各种感官是相互分开的,并且也与有机生命之浑然一体的基础相分离。它们受它们中间那个最孤立的、最独立的也最客观的感官——视觉感官的压倒性的影响。古希腊人在有关纯形式及形状的创造性领域中的成功，正是这种压倒性力量的结果。

在活动型的人身上，视觉感官不占统治地位，它只是在世界的运动和他自己身体的潜在运动之间起着中介的作用。他的肉体能够随着自己的运动而觉知到和体验到世界的运动。他通过其视觉感官以及其他一些感官所觉知到的，正是世界的运动，是一种扩展到他全身的印象。他更多地意识到的不是那静止中的物的多种多样存在，而是它们的过程和关系，是它们的相互性和它们的共同体。他更多地意识到的不是轮廓而是面部表情，不是接近而是关联，不是空间而是时间。这种比照甚至在最内在的精神体验中也仍然普遍地存在着。柏拉图把理念想象成永远处于静止中的东西，而印度神秘主义者所想象的东西不是静止的，而是运动的休止。当柏拉图想象某种东西的时候，除了视觉以外别无其他，而犹太先知们想象上帝只是为了听到他的话语。柏拉图称事物的本质为eidos，那是指形式，而中国哲学家则称事物的本质为Tao，那是指道路。

东方人的世界图像是由其心理本性所决定的。对感觉型的人来说，由于他被最客观的感觉，即视觉所指引，因此世界似乎被对象化为丰富多彩的事物，它在他的眼前展开来，并且他自己和他的肉体都从属于这些事物。对活动型的人来说，世界似乎不停地在运动，它从他身上流过。虽然他也感知到单个的事物，但他并不把它们作为分割的、本身是静止的和完满的实体去感知，而仅仅是作为为了一种无限的运动而存在的许多结点的聚合来感知，并且这一无限的运动也从他身上流过。只是在这个意义上，东方人才能够被合理地叫作以主体定位的人。他自然地并且主要地把世界作为某种正在对他发生着的事物来看待。他是去感觉这个世界，而不是去认识这个世界，因为他被这个世界所捕获，并且被这个世界所充满。这与西方人截然不同。

西方人对他的感觉的理解源于这个世界，而东方人对世界的理解源于他的感觉。西方人的世界图像是从这个世界的客观具体性开始的，即使从那里开始，他也能够逐步地达到最高的抽象观念，或者探索到灵魂最深处的秘密。而东方人则是从世界的内倾性开始的，这种内倾性是他在自身的内倾性中所体验到的。但是，他的这种内倾性（他的肉体和灵魂的每一个运动都以这种内倾性为基础）本身却并不是运动。他把它作为内心中静止不动的东西来觉知。它是一种不会受到损害并且也不会变化的东西，它免除了一切多样性和所有对比，它被看成是产生生命并且吞没一切多样性和对比的发源地，是无以名状的本质和意义。就像他通过他的感觉来理解运动一样，他也是通过他对他自身生命的本质和意义的理解而理解了世界的本质和意义。其中一个是通过另一个而得到理解的，并且最终这二者是一个东西。

东方的创造性力量就扎根于这种同一性中，而西方的进步则是一步步地从世界的表面现象到达它的真理，或者是靠直觉的灵感深入到这种真理中去。东方人在其存在的本质中就带着这种真理，他通过把这一真理赋予世界而在世界中发现了它。这种同时并存的给予和发现，乃是东方人的宗教行为。每一种世界图像和它作为一种图像的性质是相一致的，当然它也就是对这个世界的一种简化和标准化。不过也许可以说,古希腊人根据普遍的范畴把世界的各种现象进行了分类,从而把世界简单化了;而亚洲人则从他们自身的内倾性和他们不可分的精神中,建立起了一个统一的世界。东方人的那种统一天性,乃是二者中更根本的东西。

然而,那统一的世界——正是在这里,亚洲所有伟大的宗教和意识形态相会了——不能仅仅被我们所设想,而且它还必须被实现。它不仅被给予了人,而且是作为一种任务被交给人的,他有责任去使真实的世界成为一个现实的世界。在这里,东方人的活动性格在其最高的境界中得到了证明:作为一种慈悲的命令。这个命令可以通过完全内倾的行为去响应,那就是印度吠檀多所说的:当撕开现象之网并认识到他自己的自我与世界的自我是同一的时候,他就在充满孤独的灵魂中实现了真实的统一世界。或者这个命令还可以指向一种既定的世界观的整体活动,比如说,这种活动能够使在外在世界中的内在世界的生成免受凶暴的极端势力的侵害。这也就是中国道家思想的意义。在古代道家的世界图像中,世界是从两个原理,即光明与黑暗的对立中产生出来的。同时,道家思想家还感知着"道",即道路,这是一种单一的、最初的原理,是那两种对立原理的基础。这就是智慧的人最终通过自己的生命在地球上去实现的"道"。他不是通过干涉,而是通过他的有为和无为的意义在这个世界去实现宇宙的统一意图。再有,这个命令还可以指向一种活动,这种活动通过反抗那些起阻碍作用的邪恶原理,而使分裂的世界呈现出统一性来。这就是阿维斯塔(Avesta)的那个波斯人所想实现的东西,他所关心的并不是在光明与黑暗之间保持一种平衡,而是对光明的无保留的支持,他将把他的战争进行下去,直到黑暗被完全消除,这个世界统一在光明的唯一的统治之下。

但是,无论其借口是什么,总是存在着对善的生活、完满的生活,对"道"的同样令人鼓舞的追求。试图控制这个世界的西方人所依赖的那种关于世界之本质的知识,永远从属于那种关于"道"的知识。我们关于佛的看法,也许就是我们关于所有东方式教诲的看法:佛并不谈论这个世界是永恒的还是暂时的,他只传道。同样,苏格拉底也更愿意传道,而非仅仅传播信息。不过,这里也欠缺一种关于生命终极真理的意义:世界的内在命运,在一种深不可测的程度上,乃取决于行动者的行动。东方教诲中的"道"所蕴含的正是这一真理:这个词的真意就是"我们首先所需要的只有一件事"[①]。

东方现在认识到,它对世界内在本质的充分展现和揭示遭到了挫折,最初所想达到的那种统一被割裂和歪曲了,这个世界需要人的精神以便使它得到拯救并恢复统一,而仅只是这一点,就构成了人在世界中存在的意义和力量。目前,存在处于两重性的状态中:就像中国人所系统地阐述过的那样,是肯定和否定的两重性;犹如波斯人所说的那样,是善与恶的两重性;还如印度人所表述的那样,是真实世界和虚幻世界的两重性。人被要求把存在从两重性改变成为统一性。世界正在等待着人,期望着他来统一。通往这一目标的道路有许多,但只有一条路,即"诚诚实实传神

---

① 《路加福音》10:42。

的道"① 才是世界之中的上帝之路。

但是,东方那永恒的伟大和它对人类之永恒的意义存在于这样一个事实中,即它的那种觉知是完全朝向生活的:不管它是在孤独中得到实现,还是在团体中得到实现;是在和平中得到实现,还是在战争中得到实现,它的本质就在于其要求变成实现。作为觉知,它仅仅是一种意向,而完成它却只有靠行动。对东方来说,被深思熟虑的理念仅仅是一个方案,它只有在实践的观念中才能成为现实,而这一点就是实践的观念。

二

我所描述的东方的那个基本信条,在那些建立起了自己精神大厦的所有东方民族中都得到了展现。然而,他们中间一个最小和最年轻的民族,在东西方的分界处安顿了下来,在东西方繁荣之间的临时分界处发展了起来。这一信条也经历了一场时至今日仍决定着人类命运的变化。

犹太人是东方的后来者。他们在东方其他各伟大民族逐步塑造自身,从而形成了自己的决定性的和塑造性的经验之后很久才来到。只是在那些民族在流传很广的各种文明中相互交流彼此的经验很久以后,犹太人才开始显示出自身的创造性力量。在这些文明中,有两个文明——即巴比伦和埃及的文明,在记载以色列最早的各次流浪经历的《圣经》文献中提到了它们——从文化上

---

① 《马可福音》12:14。

丰富了年轻的犹太民族。一些学者认为，从这一事实可以推断出，犹太人的精神是非原创性的和没有生命力的。然而，他们所有的研究都是基于一种根本错误的前提：本质性的创造力乃是个人或民族内在固有的品质，不必从其他人那里借鉴任何东西用于自身的创造。事实上，相反的观点才是正确的：创造乃意味着会聚所有的元素于自身，并把它们融合进一个单一的结构之中，除了赋予形式这一点之外，并不存在真正的创造性和独立性。并不是我们在什么地方去发现一个"主题"，而是人们运用这个主题去做事情，这从历史上讲才是决定性的。当一个公元前2000年的埃及祭司预言说，一场饥荒将蔓延全国，而以后会出现一个国王来恢复先前的繁荣时，一个"纲领"就已经传播开来了，但它缺少内容，并且是贫乏的。但是，当1000年以后，特夸（Tekoa）的先知阿摩司采纳了这一纲领，并通过自己内心的热情给这一纲领注满生命的时候，当他宣称：尽管谷物不会从天上掉下来，但我主上帝将在所有的民族中挑选以色列人，并且以色列人将重建大卫已倒塌的帐幕时[1]，那么正是在这里，而不是别处，就显示出了一种创造性。也正是在这里，而不是别处，就显示出了一种开端。

当比较巴比伦的犹太人的忏悔诗篇时，我们获得了同样的结论。首先是一个崇拜者的抗议：他吃了一种令他的神感到厌恶的东西，但他本人却一无所知。其次是这样一个祈求："赐我乐意的灵扶持我。"[2] 如果把它与不可言喻的内在化过程相比较的话，

---

[1] 《阿摩司书》9：9—11。
[2] 《诗篇》51：12。

那么在这里无论有多少东西被接受了过来，这又有什么关系呢？

内在化：我们也许可以通过这个词来辨别犹太民族运用东方的精神创造物（这些已被犹太人所拥有）做了些什么。不过，我这里并不想通过内在化这个词来指任何普遍性的东西，而是指某种独一无二的东西。

前面我关于东方人所谈到的一切，特别适合于犹太人。犹太人代表了那类具有最显著活动力的人。对他来说，行动比觉知更根本。或更准确地说，他的主要的生存性体验是由他的行动构成的。和一般的东方人一样，犹太人对事物的整体面貌比对它的轮廓有更为敏锐的意识，对连续性比对毗邻关系、对时间比对空间有更为敏锐的意识。他较少在分离的、多样化的、孤立的事物存在中去体验世界，而更多的是在它们的混合中，在它们共同的和共有的性质中去体验世界。对古希腊人来说，概念是心理过程的结束；而对犹太人来说，它乃是开始。不过，在他心中，更深地扎根的还是东方人的那种对统一性的根本追求。正如我已经说过的，这在犹太人的心中导致了一种值得注意的转变。

犹太人也领悟到，世界的内倾性不能够充分地显示出自身或者被揭示出来，最希望得到的统一性遭到了分割与歪曲。他也意识到了世界的两重性状态。但是，他体验这种两重性，并不像中国人那样把它仅仅作为世界中某种有待他去认识的东西，或者像印度人那样，把它体验为那种世界与认识主体之间的关系，或者像波斯人那样，把它作为世界与行动主体间的关系来体验。相反，并且首要的是，他是在自己最内在的自我中，把世界的两重性作为他之"我"的两重性来体验。这个统一的世界——尽管它仍有待我们去建立——就存在于人自身之中,它是按照"上帝的意志"来设计和筹划的;但也正是在人自身内部,这个统一的世界遭到了某种抵触的和反对的因素的反抗。人感受到上帝意志的召唤,但也受到了内心抵触因素的阻遏。他感觉自己就是一个各种奇异矛盾会聚的战场。保罗这个犹太人就是这方面的代表,他用简单动人的语言表达了此种感觉:"我所愿意的,我并不做;我所恨恶的,我倒去做。"① 当人如此地困扰时,他就处在一种两重性、有条件性、分裂性和"罪恶"的状态之中。因为罪恶无非就是指一种分裂的、不自由的生存。他是世界分裂的承受者,他在自身内部体验到了世界从自由状态陷入奴役状态,从统一状态陷入两重状态的命运。然而,正是在他自身内在的力量中,他也是世界统一性的承受者。就像印度人靠他们的洞见把统一性带给世界那样,犹太人则是靠他们的决断带给世界以统一性。表面上看,这两种行动似乎都只是发生在个人内部的一个过程,但实际上,这一过程乃是发生在世界的本质之中的。

通过印度人的洞见和犹太人的决断,这个世界的本质就得到了充分的实现,达到了统一性和整体性。这种悟性和这种决断不仅仅是一个人的一种启示,即他的精神与世界的精神已合而为一了。而且正是通过这种悟性和这种决断,世界的统一性才得以实现。在人的决断中,分裂的世界决心走向统一。在决断的行动中,人所知道的无非就是他必须作出选择,尽管他靠他的存在才能够明白这一点,而靠他的理性能力对此却一无所知。而当他选择"尽

---

① 《罗马书》7:15。

心,尽性"①时,这一神秘的事情就达到了完满,上帝之灵就盘旋在水面上。②

"尽心,尽性。"用他的整个灵魂作出决断的人,就是在为选择上帝而作出决断。因为"万全"就是上帝的图像,它是从内部放射出来的上帝自身的光芒。在那个真正的、追求统一的决断中,两重性被消除了,这个世界首要的目的在永恒的复兴中实现了。对此,一则犹太谚语说得好:"世界是为那作出选择的人的选择而创造的。"

面临作出抉择的人,会把他自己的两重性看成是一种善与恶的两重性,即一种方向感和强大的冲力的两重性。只有那种不能把自己的力量聚集为一个整体的灵魂才会选择恶:它让自己无方向的冲力横行肆虐。在其抉择出于其统一性的灵魂中,冲力和方向感——那永不衰竭的激情力量和坚定的意向——是一体的。在托付给他的领域中,这样的人使创造性的工作臻于完美,而任何事物(无论是最高的事物还是最低的事物)的完美,都与上帝有关。

从这种观点出发,我们可以看到,在所有东方人中,犹太人是希腊人的最明显的对立面。希腊人想控制世界,而犹太人则想使其变得完美。对希腊人来说,世界存在着;而对犹太人说来,世界则生成着。希腊人面对着世界,而犹太人则投入到世界之中。希腊人理解世界可量度的方面,而犹太人则把世界理解成是有目的的。对希腊人而言,行动是在世界之中的;而对犹太人来说,

---

① 《申命记》6:5。
② 《创世记》1:2。

世界则是在行动中的。

东方人活动性格中的最高升华——神圣意志的悲悯,在犹太教中获得了最大的张力。犹太人在自身中把世界的两重性觉知为他自己的两重性,这种觉知赋予犹太人对统一性的渴望以无比的推动力。他不仅看出了世界的焦虑,而且自己也一直遭遇焦虑的折磨。在他那追求统一的意志中,跳动着对世界的渴望。一种深藏之链通过解放和统一的方式,把他为自己以及为委托给他的或他所遭遇的世间万物所完成的一切,与他在世界中所创造的东西联系了起来。每一个事件都向他揭示出我所说的东方之终极的、充满活力的真理:世界的内在命运在相当深的程度上依赖于实干家的行动。犹太教的基本信条就是,作为一种果敢行为的行动是一种绝对的价值。表面上看,行动似乎不可避免地会陷入一种不变的因果结构之中,其规则决定着它的影响。然而实际上,行动深刻地影响着世界的命运,并且当它记住自己神圣的目标统一性的时候,当它把自己从所有条件性中解放出来,并按照自己的光——那就是上帝的光——的指引而前行的时候,它就在与上帝之行动的契约中成为自由的和充满力量的。

就人类所有的精神创造来说,唯独犹太教才赋予人的决断在一切发生的事情中以如此核心的地位和如此重大的意义。

"回归"是我们赋予最强化的果敢行为的一个名称。它指一个人一生中的关键的转折点,指在他正常的人生旅途中所发生的自新和彻底的倒转。当陷在"罪恶"中的时候,即处在不能作出决断的境况下时,决断意志就被唤醒了,日常生活的盖子就被打开了,并且原始的力量也迸发了出来,直冲云霄。在回归的人身上,创造性重新出现。在他的自新中，世界的本质也得到了再生。据说，在世界被创造出来以前，没有任何东西，只有上帝和他的名称。然后上帝就创造了世界，并且他还为自己拟就了一幅世界的草图。不过他感到，这个世界不能持续下去，因为它没有一个持久的基础——于是他就创造了回归的行动。[①]

通过其要求回归的热情和其对回归之力量和光荣的信仰的热情，通过其新的魅力——决断的魅力，犹太教代表着东方的教言战胜了西方。依靠着这种教言，犹太教就成了东方最好的代表。

三

没有任何伟大的宗教教言源于西方。西方通过把东方精神同化为自己的思想和感觉形式，并把它改造成适合于自己的思维方式的办法，从而接受并在精神上重新加工了东方不得不提供的那些东西。它不时成功地进一步发展了东方不得不提供的东西，但是它从来不能提出一种足以与亚洲各种伟大的象征相抗衡的象征。欧洲拥有具有无与伦比的纯洁性、确实性和内在一致性的意识形态，却没有一个人拥有各种伟大教言的自然力量。它拥有具有神圣和强大想象力的诗歌作品，却没有一个人懂得构成伟大教言之语言的不可言说之物的那些隐喻。它也拥有最可靠的宗教天才，却没有一个人仅靠自己就可以从地狱中提升出玄义并使它降入人世间。所有的人都接受、支持并公开赞扬东方精神，即使是他们

[①] 参见《逾越节》54a。

中最伟大的人,如艾克哈特①也只不过是东方大师的一个后来的使者而已。

　　欧洲欠缺什么呢?什么是它永远需要但又永远无法从自身资源中生产出来的东西呢?它拥有最全面的和高度发达的知识,然而自己却无法找到意义;它拥有最严格的和最纯正的规训,但自己却无法找到道路;它拥有最丰富的和最自由的艺术,然而自己却不能发现不祥之兆;它拥有最深固的和最坚定的信念,但自己却无法找到上帝。确实,它所欠缺的并不是统一一切的能力,因为它的所有思想皆扎根于这种能力之中;它也不缺少制造象征的能力,因为它的所有想象力都源于那里;此外,它也不缺乏创造的活力。它所欠缺的乃是关于本真生活的意义的纯洁认识,是这样一种天生的信念:"须有凌驾万物之上的一物。"正是这样一种确信在各伟大的东方教言中创造性地持久存在着,并仅仅在它们当中存在着。它们把本真的生活设定为形而上学的根本原则,而不是可以从任何物中概括得来,也不是可以还原于任何物的东西。它们高度赞扬这条道路。它们主张,对人来说,除了在那能使世界统一和自由的本真生活以外,任何地方都没有意义和真理。走在这条道路上的人,也就是在循着上帝的足迹前进。

　　在东方各种伟大的精神体系中,注定要对西方人产生决定性影响的那个体系,必须是这样一个体系:它对本真生活方式的高度赞美直接震撼着每一个人;它不是圣人或上帝选民才有的特权,

---

　　① 迈斯特·艾克哈特(约1260—1320),德国多明我会神秘主义者和神学家,他的泛神论思想受新柏拉图主义和穆斯林及犹太人信条的影响。

而是所有人都可以平等地接触到的东西；它特别地和最强有力地吸引着迷失了方向或缺少方向的人，即吸引着"罪人"。这就是关于决断和回归的犹太教言。其他的各种教言影响了圣人和选民；而犹太教言却影响了各民族，西方的各个民族。有信条说，天国之门对所有心怀正义的人都是敞开的，渴望无条件者之慰藉的人只需选择无条件者，并按照它去行动。这一信条促使聪明之人和头脑简单之人走到了一起。这种完全的开放性就是犹太教言最伟大的和最具有说服力的特征，其次就是它那积极行动的倾向。它并不想——比如像佛教那样——远离尘世，而是要深入到尘世中去。它不要求进取的人放弃行动，而是要求他们学习公正地采取行动。它没有扼杀激情的活力；的确，它希望靠它惊人的要求来加强激情。犹太教言的这两个原则后来融进了《坦拿律法书》那庄严的话语中："我指天地为证，那圣灵仅仅根据人的行动，而确实详细地谈到了野蛮人和犹太人、男人和女人、男信徒和女信徒。"① 此外，这两个原则还支持了早期基督教运动，通过它的发展，犹太教言塑造了西方的精神命运。

的确，这一运动靠着它最初的精神实质并未征服西方，而是后来又靠着一种调和论者的混合物才征服了西方。同样，它从古希腊文化中不只是承接了图像和语词。但是，在基督教中依然具有持久创造力的东西，从渊源上说仍是犹太教最初所拥有的那些东西。具有重大意义的是，在《对观福音》中，耶稣布道的第一个词（他重复了约翰的布道）也是先知们最重要的词："回归"。

---

① 释《逾越节家宴以利亚杯》IX。

这个词的意义只有从犹太人的"回归"教言中才能得到理解。耶稣启示的动力就是古犹太人对无条件决断的要求。这一决断可以改变人,并把人提升到天国中去。古犹太人的这一要求继续成为基督教的动力,无论什么时候,只要它想更新自己,它都会让这一动力起作用,不管它想象自己将变得多么的非犹太化。

四

早期基督教运动并不是犹太教中的孤立现象。基督教最初产生于古犹太人各个公社制社会的发源地,那时(甚至在后来它自己的时代也一样)它只是显示出一种新的精神发育,而关于这种新的精神,我们的文献已经给我们提供了意义重大的(尽管还只是零碎的)证据。就在这个充满了伟大创造性的时代的中途,一场致命的灾难降临到犹太人的头上:他们的国家陷落了。在耶路撒冷被毁后60年,巴尔-科赫巴(Bar-Kokhba)①所领导的那场伟大的起义,证明了这个民族当时究竟是在什么样的兴旺发达的巅峰期被击碎的。这次起义是如此地强大有力,以致罗马也不得不对其所有的东方殖民地感到恐惧。在持续征战的第四个年头,罗马才通过其最优秀的司令官和部队,成功地征服了小小的犹地亚民族。哈德良在给元老院的胜利奏章中,也省略了通常的一句话:"我和我的军队很好。"我们对在那时降临在犹太教身上的这场悲剧的深度,只有一点点模糊的认识。犹太人在希伯伦市场(它位于

---

① 西门·巴尔-科赫巴曾领导了犹太人反对罗马的不成功的起义(132—135)。

亚伯拉罕种的笃耨香树的旧址上）被以一匹马的价钱卖掉这件事，似乎就像一个怪异的不祥之兆。在此之后，犹太人就来到了西方。

  这件事以一种可能对任何其他民族来说过去和以后都不会出现的方式，把犹太教的历史分成了两部分。由于犹太教被从它的东方土壤中连根拔起，所以它也被从它的精神发展的连续性中扯断了。只要看看以下两个因素，这件事也就可以理解了。这两个因素是：古犹太人对其土地的依附关系、古犹太人精神创造性的起源。

  一些在犹太教心理学方面学识渊博的学生，以极其肯定的语气坚持认为，以色列一向是而且会继续是一个流浪的民族，并由此推论出犹太人的各种各样的（真实的或传言的）性格特征。他们为了确证这种观点，于是指出：在《圣经》各篇章中，特别是在大多数先知书中，我们发现了反映牧人生活的图景和隐喻，而反映农业生活的图景和隐喻却极其罕见。其实，任何先知都不是这样的；的确，在一些历史更久远的先知书（如《以赛亚书》），作者与该民族的自然生活保持着最密切的联系，但这里面就有反映农田、植物园或葡萄园等20种生活的图景，而几乎不存在反映畜牧业的单一图景。事实上，我们关于迦南被征服前那个时代的可靠知识太少了，以致不能冒险断言那时犹太人就是一个只是四处流浪的民族。并且，就我们完全可以把《圣经》故事作为资料来源为我们的观点进行辩护而言，我们实际上也可以用完全不同的方法来解读它们。以撒对雅各祝福，就是一个土地耕种者的祝福；而约瑟梦见在田里捆庄稼，也就是一个土地耕种者的梦。[①] 巴

---

  ① 《创世记》27：27末尾，37：7。

勒斯坦时期的所有文献都证明,像在其他少数几个民族中所发现的那样,这里的人们对土地也是如此地挚爱,对土地的开垦也是如此地兴奋。神发出威胁和作出允诺的对象,几乎总是土地。而当便西拉宣称,耕作者理应保留永恒创造的物质时,他表达了几个世纪的感受。① 几乎再也不会有另外一个民族,会像犹太人那样对其扎根大地而感到如此地满足和如此地光荣,而古犹太教整个精神的和宗教的生命都与土地的生命,与这如此熟悉的大地的生命紧密地联系在一起。上帝是田地的主人,他的节日就是各种与土地有关的节日,他的律法就是与土地有关的律法。不论能够达到多么高的普遍主义预言的顶峰,他也永远扎根于这种本于自然的生命,并且他的命令也是在这种本于自然的生命中得以实现的。他的精神永远都希望被裹在这特殊的迦南泥土的躯体中。

犹太人的宗教不像圣徒保罗的基督教所做的那样,教导我们要向别的民族传教(而非保罗派的早期基督教曾坚信这一点),它也不像伊斯兰教做的那样,为了一种信仰而征服全世界。它教导说要扎根于本民族的土地,在狭小的地域里遵循一种良好的生活,并在贫瘠的迦南土地上建立起人类模范的社会,而犹太教最深刻的原创精神,即弥赛亚主义,也只是同一个思想罢了。当主将在锡安山上为万民"用陈酒和满髓的肥甘,并澄清的陈酒,设摆宴席"② 时,弥赛亚就被设想成一种至高的实现,并被投入到绝对的未来中去。全部创造性的工作都从其与土地的有机联系中获得自己的

---

① 《便西拉智训》7:15。
② 《以赛亚书》25:6。

力量和形式,而现在这些联系都被切断了,并且与这些联系一起,犹太精神的内在凝聚力也被破坏了。上帝,这位土地的主人,变成了虔敬的保护人;他那些曾经是与土地有关的节日,也成了犹太教徒聚会的节日;而他与土地有关的律法也就成为宗教仪式的律法。精神已经与它的根分离了。从这时开始,犹太人就的确成了一个四处流浪的民族。

还有另一个起作用的因素。东方各民族的精神生命(其中活动力型个体的种种危险特征与其最崇高的潜能是联系在一起的,并且在其中自我完全迷失于世界的疯狂和它对自身与世界之不变内倾性的沉思,二者又都受同一个根的滋养)倾向于以一种斗争的形式发展:创造性心灵、领袖和救赎者反对民族本能的无目的性的斗争。这种斗争在古代犹太教中特别剧烈和蓬勃。对内在两重性和对决断的固有要求的认识——即对灵魂统一性的认识——把这个民族分成了心理上完全不同的两个群体:一个群体是由能够作出选择、作出决断,并趋向于无条件性和献身于目标的人组成;另一个群体则是由自由放任的人、没有决断力的人组成,他们懒惰呆滞地停留在他们的有条件性中,并且他们的目标是自我扩张和自我满足——或者用《圣经》中的话说就是,一种人是上帝的仆人,而另一种人则是巴力的仆人。不过应该记住,那些人并不是要用任何手段为巴力作决断并且反对上帝,而是像以利亚所言,他们"心持两意"①。在反对这些人的斗争中,以色列先知和导师们那特殊的才能被不断地激发出来。他们的才能是一种战斗的才

---

① 《列王记上》18:21。

能，而犹太人的创造性就是一种捍卫精神的战斗创造性［……］。

随着犹太国的毁灭，那种捍卫精神的战斗创造性也就大大削弱了。所有精神力量现在都集中在为反对外来影响而保存民族本性上，集中在为抵挡各种异己倾向的流入而扎紧自己国土篱笆的工作上，集中在整理所有价值以防任何取代上，以及集中在对宗教进行一种明确的、没有被歪曲的——即一种恒定合理的阐述上。于是逐渐地，原先充盈在上帝那些威严的、具有创造性的要素，现在被官方犹太教中那些僵化的、纯粹是保存性的、纯粹是接续性的、纯粹是防护性的要素所取代。确实，随着官方犹太教越来越转向反对创造性的要素（这些要素被认为由于其勇敢和自由而危及了民族的继续生存），它开始指控人们为异教徒，并变得与生活格格不入。在这一冲突的枯燥乏味的氛围中，慢慢产生出了一种超然的思想品性，它不仅失去了与自然生命之根基的联系，而且也丧失了那捍卫精神的真正战斗的功能。它是中立的、缺乏实质性的和辩证的。这一思想品性致力于每一方面的主题，甚至对最微不足道的问题，它也进行分析或罗列，但它却不愿意以一种真正洞观直觉的方式去研究其中的任何问题。这一破碎的创造性力量由于脱离了其本来的环境，被夺去了无条件性的力量，因此它就只在异教徒中才继续存在下去，而这些异教徒通常是毫无力量的和无任何目的，他们在黑暗中死去。不过，他们偶尔也会冲破篱笆并且向世界宣讲，就像伟大的斯宾诺莎所做的那样，于是世界就安静下来，聆听他们演讲。这一破碎的创造性力量也继续存在于弥赛亚运动中，这一运动在充满狂热信仰的盘旋的火焰中上升和跌落；它还存在于犹太神秘主义的世界中，这一神秘主义在暗中照料着那在远古曾与上帝相联系的神圣的火焰,其中只有一次它允许这火焰突然熊熊燃烧起来,并烧向犹太人:在哈西德主义的伟大宗教运动的崛起中燃烧。当时,哈西德主义紧紧地抓住了18世纪的波兰犹太人,再一次显示了东方人的无限力量。但由于担心保存犹太教的特性会招致麻烦,所以哈西德主义并没敢触及那道篱笆,结果,它就不能把为捍卫精神自由而战的功能继承下来。

同样的事情也发生在19世纪。当解放运动引导着犹太教到达了一个高山之巅并向它展示了世界的范围及其壮丽场面的时候,那道篱笆就被冲破和踏平了。不过,这些都不是靠一种推动新的、创造的基本力量,而是靠一种软弱无力、试图改良的力量完成的。这股改良的力量从欧洲启蒙运动和各种所谓进步宗教的名册中找到了其思维方式和行动范式。而我们就生活在由这些改良力量所造成的不确定状态之中:犹太教中东方精神的那个最后的古老结构看来已经动摇了,但还没有为一种新的结构打下任何基础。

然而,这个基础是存在的,并且继续存在而不会动摇。这就是犹太人自己的灵魂。因为犹太人一直是东方人。他被从他的土地上赶走,分散在西方各国的土地上,被迫居住在一片他不了解的天空下和他不能耕种的土地上。他遭受折磨,以及比折磨更糟的生命退化。他所在国家的生活方式影响着他,并且他操着那里的语言。不过,尽管所有这一切,他也仍然是一个东方人。他在自己身上一直保存着他本性中固有的无限的活动能力,以及伴随这些能力而来的各种现象:十分突出的时间感和快速形成概念的能力。在他身上,还保留着他那有时被埋没了的但却从未被彻底压碎的基本的统一驱动力和需要的主旨。你可以在被别的民族同化得最厉害的犹太人身上去检验这一切，如果你懂得怎样接近他的灵魂的话。即使那些从其思想内容中根除了犹太教最后残余的人，在他们的思维方式中仍根深蒂固地带着犹太教的痕迹。但所有这些特性都依然在东欧犹太群体中活着，并且从远处就可以把它们识别出来。虽然他们缺乏在文明社会中生存下去的各种技巧，但他们却富于原创精神气质和直接精神的力量，尽管在他们身上也存在着日益扩大的腐化和衰败。

我们只需看一看我们时代的那些虽然衰颓但依然令人吃惊的哈西德教派的人就可以了。先让我们来观察他的一种活动吧。当他向他的上帝祈祷的时候，他被自己的热情弄得浑身颤抖不已，他用整个身体来表达他嘴上正在说的东西——这是一种多么怪诞而又多么崇高的景象啊！再让我们来看看他的另一举动吧。在安息日结束时，他以国王般的姿态和非常专注的神情与人们共享圣餐，希冀世界由此得救。这时我们就会感到：这就是亚洲式的力量和亚洲式的内倾性，尽管它是发育不全和被扭曲了的，但却也是明白无误的。

正是基于这一或显或隐的东方主义（这是历经所有影响而保持不变的犹太人心灵的基础），我对建立一种新的精神性的和宗教性的犹太教充满了信心。在脱离和结束它的西方存在的过程中，它只能部分地成功。我们可以采取大胆的精神冒险，或者创造一些震撼人心的精神表述。宗教的激情也可以从犹太民族命运的黑暗风暴里闪现出来。但是，那个把这一切都融于一个单一的综合体系、重建犹太人生长的连续性，并再次完整地表达出犹太人那不朽的追求统一性的驱动力的伟大精神创造，却只有在重建巴勒斯坦土地上的生命连续性之后才能实现，而正是在巴勒斯坦曾经产生过有关统一性驱动力的伟大思想。这个犹太人不再是历史上的同一个人,他经历了西方的每一个天堂和地狱,他的灵魂遭到过很大的不幸,但他的原始力量依然没有被削弱。的确,这种原始力量已得到纯化。一旦它与生养它的土地发生接触,它就会再一次变得创造性十足。只有当这个犹太人开始自新,并带着其全部的、未被削弱的、被纯化了的原始力量,把古代他的宗教所教给他的东西变成现实的时候,他才能在世界各民族中间真正完成其使命:深深地扎根于本族土地,在狭窄的地域中过一种美好的生活,并在贫瘠的迦南土地上建立起一个模范的社会。

五

有一天,我们这个时代将被人称为亚洲危机的时代。东方各主要民族现都已部分地屈从于外部的欧洲力量,部分地屈从于其内部压制的影响。它们已经不再保存自己那些最神圣的遗产,自己那些伟大的精神传统。它们甚至常常故意地放弃这些传统。印度的被征服,日本的自我欧洲化,波斯的衰弱,最后,还有作为古代东方精神的似乎是非常安全的栖息之地的中国的被蹂躏,这些都不过是这一过程的不同阶段而已。亚洲的灵魂正在被谋杀,并且是亚洲人参与其中的谋杀。世界就要失去某些不可替代的珍宝了,不过它并不在意;相反,它赞扬那些摧毁珍宝的民族。我们需要审视我们的灵魂,需要转向内心,需要回归。欧洲必须大胆地促进一个新时代的到来,在那里,东方将得到保护,并且为了它们相互的利益和它们必须共同分担的人道主义义务,东西方之间应该建立起一种理解。在这样一个时代,亚洲将不再被欧洲压制,而是从内部靠自身的内在资源而得到发展;而欧洲也不会受到亚洲的威胁,而是靠自己把它领向伟大的充满活力的真理。

就这一世界历史使命而言,欧洲拥有一个听命于它的起中介作用的民族,这个民族已经获得了西方的所有智慧和技巧,而同时又没有丧失其原始的东方性格。这个民族要以富有成果的交流方式去把东方和西方连接起来,就像它可能要把东西方精神融合在一种新的教言里一样。这一切将如何实现,现在还没有一个具体的设想。但是,有一点却是可以肯定的:耶路撒冷仍然(并且今天比以往任何时候都更加)像古代所认为的那样,是各民族的入口处。这里是东西方之间永恒的走廊。当古代亚洲在尼布甲尼撒和居鲁士①的指挥下一路征战杀向西方的时候,它就来到了这里。当亚力山大的欧洲和罗马的欧洲计划征服东方的时候,它们也来到了这里。在东方向西方展开猛攻的情况下,第一犹太国被摧毁了,就如第二犹太国在西方向东方展开猛攻的情况下被摧毁一样。②自那以来,巴勒斯坦这个地方对世界的重要性就提高和加深了。今天,耶路撒冷在比以往任何时候都更深刻、更广泛、更具威胁性和更有希望的意义上,成了各民族的入口处。拯救耶路撒冷的任务现在摆在了我们的面前,而这也就是拯救各个民族。

---

① 尼布甲尼撒二世(死于公元前562年),巴比伦国王,于公元前586年占领了巴勒斯坦。居鲁士(死于公元前529年),波斯帝国的创立者,于公元前540年至公元前539年占领了巴比伦并让犹太人返回巴勒斯坦。

② 罗马帝国于公元70年占领了犹地亚。

第五篇 犹太人的虔敬

正如许多人所认为的那样，犹太人的虔敬对所谓"犹太问题的解决"来讲并不是一件被公认为特别庄严的事，相反是可以被忽视的要素。它一如既往地是犹太教无条件要素的事情——是其命运的动力，是其命运的路标，是一种其不断高涨的火焰将给它以新的生命，其完全的熄灭会置它于死地的力量。犹太教的复兴事实上就意味着犹太人虔敬的复兴。一个不关注犹太人虔敬的人，可以希望、要求和宣称犹太教的消亡；或者一个不关注犹太人虔敬的人，仍可以希望、要求和宣称"保持"犹太教，即犹太教的不知不觉地消亡。但他不会希望、要求和宣称它的复兴。任何渴望这样一种复兴的人，都希望这样一种犹太教再一次充满其全部的意义而活着，再一次以其全部的力量而活动，最终结合成一个神圣的共同体；他已经认识到把他带到那里去的唯一道路就是放弃犹太人目前的生存状况，从头开始。人越是强烈地渴望犹太教的复兴（用他全部的意志和认知能力去渴望），他就越能肯定这样一种复兴就意味着一种犹太人虔敬的复兴。

我所说的和所指的是：虔敬。我并没有说也没有指：宗教。虔敬是一个人对奇迹和敬慕的感觉，是一种永远不断的重生，是对他感情重新的阐述和表达，而这种感情超越了其有条件的存在，然而仍是从这种有条件的存在的核心迸发出来的，因此还是存在某些无条件的东西。虔敬显示了他渴望与无条件者建立一种活生生的交流关系，显示了他有意通过其行动去实现无条件者，把无条件者弄到人间来。宗教是某个民族生活的某一时期中的虔敬所阐述和表达的各种习俗和学说的总和；宗教的规定和教义是严格确定的，并作为具有不变约束力的东西传给未来所有的后代，而不管他们新确立的追求新形式的虔敬是什么。只要宗教是有创造性的，它就是真的；但由于虔敬受到律法和学说的约束，所以只有当它能够（人们甚至经常注意不到这一点）给律法和学说注入新的和醒目的意义，使它们看上去已重新揭示给了每一代人，在今天已被揭示出来，由此符合人们自己的需要（这些需要不同于其前辈的需要）时，它才是具有创造性的。但是，一旦宗教仪式和教义变得如此严格，以至于虔敬不能改变它们，或不再想遵循它们，宗教就变得不具有创造性，因而也就不是真的了。所以，虔敬是创造性的原则，而宗教是组织性的原则。对每一个年轻人来讲虔敬都重新开始，他从骨子里受到这一神秘现象的震撼，而宗教则想强迫他进入一个一直较稳定的体系。虔敬意味着主动性（与绝对保持一种根本进入的关系），而宗教则意味着被动性（即对祖传要求的接受）。虔敬只有一个目标，而宗教则有好几个。虔敬诱使想去发现自己的上帝的儿子，起来反对他们的父亲，而宗教则诱使父亲拒绝其不想让其父亲的上帝强加于自己的儿子。宗教意味着保持，而虔敬意味着复兴。

无论其他民族可能找到什么样的拯救之路，但对犹太人来讲，拯救之路只有在其民族被束缚于其上并通过它而获得其生存的那个维持生存的力量中,才能揭示出来:不是在其宗教中而是在其虔敬中。美名大师①(Baal Shem)说:"我们说'亚伯拉罕的上帝,以撒的上帝和雅各的上帝';我们不说'亚伯拉罕、以撒和雅各的上帝',这样你从中就可以知道:以撒和雅各不依赖于亚伯拉罕的传统,他们每个人自己寻找自己的上帝。"②

我将努力把犹太人的虔敬的独一无二的特征从犹太法学博士的教义和理性主义用来掩盖这一特征的那些破砖烂瓦中解脱出来。

犹太教一直认为作为所有虔敬的本质和基础的那种行动,是决定在凡间实现神的自由和无条件性的行动。晚近犹太人的一种说法——"世界是为他选择了他的选择之故而被创造的"——是圣经时代就作为基本的东西存在过但并未得到表述的一种观念的唯一成熟的表述。正如一系列西奈山律法开篇就号召为上帝作出唯一的和无条件的决定一样,摩西最伟大的言词也支持相同的要求:"你们应全心全意地与我主上帝站在一边"③和"……用你所有的心和你所有的灵魂去侍奉我主上帝"④。从以利亚(Elijah)开始,先知们就公开赞扬与此相同的东西,以利亚对犹太人说:"你将继续沿着两根大树枝蹒跚多长时间?"⑤这一观念随着后圣经文献中尖刻程度的不断增加而得到了发展。《米西那》把"你将用

---

① 美名大师(名叫以色列·本·以利撒,或 the Baal Shem Tov,缩写为 the Baal Shem, 1700—1760),哈西德主义的创始人。
② Martin Buber. *Tales of The Hasidim: The Early Masters*, New York, Schocken Books, 1947.
③ 《申命记》18:13。
④ 《申命记》11:13。
⑤ 《列王记》18:21。

你的心去爱上帝"这句话的意思解释为:既以你善的倾向也以你恶的倾向①,即以你的决定并通过你的决定,这样激情的炽热就以其全部的力量变成并进入统一的行动。因为没有任何倾向的本身是恶的,它是当人向它投降而不是控制它时由人把它弄成了恶的。在《米德拉什》中上帝对人说:"你把放在你手里的激情变成了恶的。"②[……]

并且还有句话更强调地说出了这一点:"只有当你不再被分裂"(即当你通过你的决定克服了你内心的两重性时),"你才能与我主上帝同在"③。另一方面,惰性和非决断性被称为万恶之源,罪恶基本上就是惰性。那个最初成为惰性的牺牲品后来猛然作出决断的人,就使自己从惰性中摆脱出来;他最初已陷入了两重性的深渊,但后来他自己从中开辟出一条通向统一性的路来;把自己掌握在自己手中的人就像一块无生气的泥块,把自我揉捏进了人的存在——那个人才是最亲近上帝的人。或者用《犹太教法典》中的话说:"即使是完全正直的人也不可能立于那些已归来了的人所立之地。"④这个重大决策是人一生中,的确也是整个世界一生中最重要的要素。在《教父箴言》中,有一段话这样说:"归来此世一小时,胜于来世一辈子。"⑤因为来世只是存在,而现世却是伟大的生成。罪恶意味着不是生活在自由(即决断)中,而

---

① 《祝福式》Ⅸ,5。
② 《坦胡马论〈创世记〉》3:22。
③ 《舍夫拉论〈申命记〉》33:5。
④ 《祝福式》34b。
⑤ 《先祖遗训》Ⅳ,22。

是生活在奴役（即有条件地采取行动）中。"归来"的人上升到了自由，他从有条件性上升到了无条件性。正如《左哈》（*Zohar*）所称，他"在四处活着，在一个有生命之树的地方活着"。

没有人像犹太人那样更清楚内在两重性的深渊，但也无人如此清楚地知道那在信仰上不可接受但必须被体验的统一性的奇迹。所以，没有任何已实现的东西可以令人满意，而只有由每一个人重新开始的行动才行：实现。这就是归来学说的目的：每一个人必须只从其内心深处努力追求神圣的自由和无条件性；没有任何中介能帮助他，没有任何由另一个人完成的东西有助于他自己的行动，因为一切都取决于他自己行动的破坏性力量，这种力量只能被来自外部的任何一种帮助所减弱。这就是为什么早期基督教运动，当它把耶稣的真正犹太人的主张——即每一个人都可以通过无条件的生活而成为上帝之子——转变成除了相信上帝唯一所生的儿子外，没有任何东西能让人达到永恒的学说时，它就变得贫乏起来的原因。并且这就是为什么当哈西德主义用"柴迪克"①（Zaddik）的中介代替了其原先的令人惊叹的自我解放时，它必然失去其对犹太人的更新作用的原因。自我解放是与上帝的一种直接关系，在这种关系中，人"直捣所有学说和所有戒律之根、上帝的'我'和戒律与律法在其中收拢其翅膀的简单的统一性和无约束性"②，因为他已经通过其无条件性上升到所有律法和戒律

---

① 柴迪克（意思是"正直的人"）：各哈西德社区领袖的头衔；在哈西德派历史进程中，柴迪克被他的追随者们看成是上帝和凡人之间的中介人。

② 《犹太教法典·偶像崇拜》20b。

之上。有关虔敬的一个基本观点认为，它是"圣灵"注入纯化自身、圣化自身之人的心里，这么说一点儿也不夸张，这不过是它最强的一种表达方式而已。

如果仅仅把犹太教中的决断行动看成是一种道德行为，那么它的意义就被歪曲了。它是一种宗教行为，或者说它就是宗教行为，因为它是上帝通过人的实现。

在犹太人虔敬中的这个实现概念蕴含着三个不同的层次。它们的顺序显示了地下犹太教的发展。地下犹太教是秘密的并受到迫害，但它仍是本真的，并且它可以证明它与官方的、假冒的犹太教截然不同，后者的权力和公开表现既无权威又不合法。

在第一个也是最初的一个层次上，决断行为被认为是通过模仿（一种"对上帝的模仿"，imitatio Dei）而达到上帝的实现。上帝是人的目标，是首要的存在，人应该努力"变成"上帝的模样，"因为上帝把人造成了他的模样"[①]，也就是说人可以变成上帝的模样。决定这一概念的基本原则是《利未记》中的这段经文："你等应该是神圣的，因为我，你的上帝，是神圣的。"[②] 对这段经文作一解释，它的意思就是："正如我是被留出来的"[③]，即不为任何东西所决定，脱离了所有的条件性，"所以你也应该被留出来"。这可进一步解释为"因为上帝是一并且仅仅是一，所以你等也应该是一"。上帝是一，所以人应该克服其二元性，成为

---

① 《创世记》1：27。
② 《创世记》19：2。
③ 《舍夫拉论〈利未记〉》20：26。

一。上帝是无条件的，所以人应该从其条件性的束缚中解放出来，成为无条件的。阿巴·绍尔①（Abba Shaul）用自己的话最简单、最令人信服地表达了这一观点。在解释摩西在芦苇海（the Sea of Reeds）上唱的一段歌②时，他说："这是我的'上帝－我'和'他'，即：我想变得像上帝一样。"③人类堕落的神话表明，通向这一目标并无任何其他的路，只有决断和无条件性之路：人恬不知耻地想"像上帝一样"④，因此使暗含在如上帝般"生成"中的生活意义无效；所以他只不过意识到了神－人两重性，意识到"善与恶的知识"。

在第二个层次上，决断行动被看成是通过强化上帝的实在而达到他的实现。人在世界中实现上帝越多，上帝的实在性就越大。在西门·巴尔·约海⑤拉比对"主说'你们是我的证人'"⑥这句话进行了解释性补充时，上面看似矛盾的思想表述立即就被把握了。西门·巴尔·约海说："如果你们是我的证人，我就是上帝，而如果你们不是我的证人，我就不是上帝。"⑦上帝是人的目标，所以人的所有决策力量都汇入了神力之海。《诗篇》中的这句话"把你们的力量归于上帝吧！"⑧，也被以同样的精神加以解释：

---

① 阿巴·绍尔，2世纪的一位犹太教法典大师。
② 《出埃及记》15：2。
③ 《麦克黑尔塔论〈出埃及记〉》15：2。基督教《圣经》的 anvehu（"我赞美他"）在此被解释为 ani vehu（"我和他"）。
④ 《创世记》3：5。
⑤ 西门·巴尔·约海，2世纪的一位犹太教法典大师。
⑥ 《以赛亚书》43：10。
⑦ 《舍夫拉论〈申命记〉》33：5。
⑧ 《诗篇》68：35。

正直的人提高了在上面统治的力量①。后来的一些作品,特别是喀巴拉主义的文献极大地扩大了这样一种思想:无条件行动的人是上帝永恒的创造工作中的伙伴和帮手。因此,为正直的人竖起一根擎天之柱,从地到天支撑着宇宙。《左哈》以相同的风格把《诗篇》中"上帝之手的工作……是信仰和正义"②这句话解释成,有信仰地和正义地行动的人会影响世界的变化;而"上帝还没有让它下雨在地上,并且没有人来到地上"③这段话被解释成:没有任何行动来自上面,因为没有任何行动来自下面。然而,"从地上腾起了薄雾,洒在了整个地面"④这句话的意思是:地上的行动影响天上的行动。

最后,在第三个层次上(它最早出现在喀巴拉中),上帝通过人来实现的思想被以下这个思想加以扩展:即人的行动影响上帝在地上的命运。他的舍金纳(Shekhinah)落入有条件的世界;像以色列一样,它消散开来,它处于流放之中;像以色列一样,它四处游荡,迷失方向,被抛入物的王国;像以色列一样,它渴望得救,重新与神圣的"存在"联合在一起。但这种完美状态只有通过在自身中把有条件性提升到无条件性的人才能形成:由此,这个世界,即舍金纳将被提升起来。这就是为什么有一句哈西德主义的格言要宣称,归来的人才能拯救上帝。随着灵魂进入人的肉体,正如国王(上帝)充满爱意地倾向于皇后(舍金纳)

---

① 《左哈》Ⅱ,32b。
② 《诗篇》111:7。
③ 《创世记》2:5。
④ 《创世记》2:6。

一样,皇后由于通过归来的灵魂克服了有条件状态,所以她也充满爱意地把自己提升到国王面前。通过这种充满爱意的联系,存在被永远地更新了。"这样,生命从天上和地上成长起来,基本资源被永恒地充满,永恒地填满了大海,存在着全体人类的营养物质。"

所有这三个层次都有一个共同的概念,这个概念在犹太人的虔敬中是内在的:人的行动的绝对价值概念,这个价值不能用我们关于这个世界的贫乏的因果知识来加以判断。某种无限的东西流入了人类的行动;某种无限的东西从它那里流出。行动者不能知道他自己是哪种力量的使者和哪种力量支配下的行动的代理者;然而他一定会意识到整个世界的命运无论多么难以形容地混杂,都要通过他的双手去实现。在《米西那》中有一种说法,"每个人都会说:'世界是为我创造的。'"[①] 还有一种说法,"每个人都会说:'这个世界依赖于我。'"这句话得到哈西德主义下面这句经文的进一步加强:"是的,他是世界中唯一的一个人,他的继续存在取决于他的行动。"

在其行动的无条件性中,人体验到他与上帝的交流。对那些懒惰的人、无决断的人、昏昏欲睡的人、陷入自我设计的人来说,上帝才是一个超越这个世界的不为人所知的存在;对作出选择的人、作出决断的人、执著地追求目标的人、那些无条件的人来说,上帝是最密切的、最熟悉的存在,是人通过其行动不断地加以实现的存在,人因而体验到所有神秘的神秘。上帝是"超越的"还是"内

---

① 《法庭篇》Ⅳ,5。

在的"并不取决于上帝,它取决于人。《左哈》结合《创世记》中"在炎热的一天"①有三个人来见亚伯拉罕的故事评论说:"当下面的世界急切地想得到上面世界的东西时,上面的世界将会堕落为下面的世界,在人中二者将统一起来并且彼此渗透。"我们对下面《诗篇》的这些话也可作类似的解释:"上帝与所有召唤上帝的人很近,的确与召唤他的所有人很近。"②它的意思是:他们在真理中做事。

他们在真理中做事。这个真理不是一个什么而是一种怎样。不是行动的内容而是行动进行的方式决定它的真理:是在人类的条件性中还是在神的无条件性中。无论一种行动是将消失在外部的范围内或在物的领域中,还是它将渗透进所有神圣的神圣性中,都不是由它的内容而是由产生行动的那个决断力所决定的,是由存在于行动中的意图的神圣性所决定的。每一个行动即使算得上是最神圣的行动,只有当它神圣地或无条件地完成时,它才是神圣的。

无条件性是犹太教特有的宗教内容。犹太教的虔敬既不是建立在教义之上,也不是建立在道德规定之上,而是建立在一个能赋予人以意义的基本认知之上:那就是我们所需要的最重要的一件事。只要虔敬是可以形成共同体的和可以形成宗教的,只要它可以从个人的生活进入共同体的生活,这种认知就可以被变成一种要求。犹太教的建立及其主要的反抗都是以这种对它的要求和为它的斗争为标志的。

---

① 《创世记》18:1。
② 《创世记》145:18。

犹太教的建立是在要求和斗争中完成的。当眼里充满燃烧着的荆棘之火的摩西行走在以色列长者的面前时,我们就已经能预见到后来发生的一切。我知道在世界史和世界神话中,没有比这更伟大更了不起的事件了。犹太民族已经从它所不能把握的那个"一"中断裂开来,利未的儿子们遵照摩西的命令穿过营地杀害了他们的3000个兄弟①。走出埃及的那一代人不能忍受沙漠的苦难,他们一定会在沙漠中死掉。通过消灭所有半心半意的和不恰当的东西,伟大的上帝把他自己显示为无条件的毁灭性激情。

在此,从事犹太教内部历史斗争的两种主要类型的人——先知和拉比,已经并立而行。摩西是具有要求的人,他只听从上帝的声音,只认可行动。亚伦是一个调停者,他既能听从上帝的声音,也可以听从大众的声音,他以其无立场的和阿谀奉承的形式主义摧毁了犹太民族的戒律。先知追求真理,拉比追求权力。他们是犹太教历史上永远存在的两种类型的人。

在这场斗争中,犹太人的虔敬由摩西的精神转向了宗教。随着这场斗争继续进行,它一定会从宗教内部不断地更新自己,其形式主义面临着被窒息的威胁;它必须通过它强烈的要求一再地重铸其坚实的基础。在从官方犹太教手中夺取支配权的斗争中,它从来没有成功过,但是,它对犹太民族精神的发展却总是具有或明或暗的深远的影响。有时宗教会上升到一种新的更高的生活;而有时它又会逃离公共的社会结构;偶尔,在短暂的繁荣之后它

---

① 《出埃及记》32:26及其后诸段。

又衰败了。犹太教的历史提供了所有这些可能性的典型例子。

以色列的具有牺牲精神的狂热崇拜,可能源自那种想通过某种神圣的行为(诸如共餐)与上帝保持一种活生生交流的原始需要;无疑,这一点很快得到了一种相当不同的感情的补充:需要一种具有牺牲精神的奉献,这种奉献既提供了又象征着从内心就渴望并且就打算作出的自我牺牲。然而,在拉比的领导下,象征成了一种替代物。具有牺牲精神的狂热崇拜被如此地加以阐述和编撰,以至于在他一生的每一个阶段,在他命运的每一个时刻,人都情愿为建立一种与上帝的交流而作出牺牲,但是这种交流不是由任何别的东西而是由牺牲所构成的。当我们被苦难所控制或被我们的罪恶所吓倒时,直到我们的惊喊声在那神秘的声音面前平静下来,我们才有必要在斗争和投降中,在决断的风暴中为上帝去献身。我们付出了一种牺牲,我们按照规则行事,并且向上帝让步。确实,这种声称追求真理的具有牺牲精神的狂热崇拜与犹太人中乱七八糟的偶像崇拜是相对立的,而以利亚除了说他正在为上帝作战并反对巴力①之外,他还不知道怎样去表达他的主张。无论礼拜仪式是侍奉偶像还是侍奉上帝,这并不取决于我们用来称呼我们的上帝的名称,而取决于我们侍奉上帝的方式。这是后期先知表现出来的洞见,他们在以利亚之后一个世纪开始向犹太人传道。阿摩司和弥迦、以赛亚和耶利米以其傲慢的激情否定了具有牺牲精神的狂热崇拜的"怨恨",要求真正侍奉上帝:"正义",即与上帝和其他人无条件地生活在一起。先知预言和其他民族的教

---

① 《列王记上》18:21。

义具有共同的本质和道德规范；先知预言当中独特之处和具有犹太人特点的东西，是在先知预言中自始至终都搏动着的无条件性的生命，是回荡在其所有言词中及其要求的每一个节律中的决断的假定：犹太人的虔敬。犹太教"纯粹伦理学"的每一个构造未能领会这一基本要点。凡在无条件行动显示出隐蔽的神圣面目之处，都存在犹太教的精髓。

先知们想摧毁一种没有任何目的的、具有牺牲精神的狂热崇拜。他们不能减少其支配能力，领导权仍掌握在拉比的手中。然而，先知们使犹太人的虔敬和犹太民族的灵魂得到再生；这样，在不知不觉中就取得了精神上的胜利。

在第二共和国，一种新的宗教风俗成为核心：基督教《圣经》经文。这些经文是逐步被确立为国家宗教的固定表达形式的。服从于拉比们的编经团从大量的资料中筛掉了任何在他们看来似乎是神秘的和可疑的东西。这样就产生了一本《圣经》，它包含着全部从今之后被认为是有效的作品。这本《圣经》变得无所不包，以至于所有不包括在正经中的作品都消失了。但是，它不仅战胜了其他所有的作品，它还战胜了生活。从今之后，《圣经》就是真理，我们只有在每一个细节上都信奉它，才能接近上帝。但是，无论是拉比还是后来更具有自由精神的学者都不把它看成是能有意义地适应生活，并赋予生活以新的意义的宣言。它被看成是一种由拉比形式主义地加以规定的、由学者严密论证地加以编造的一种成文律法，一种各项规定的汇编，并且总是指向偏狭、僵化和不自由——它不是促进而是阻碍生机勃勃的虔敬。

官方犹太教的这一趋势引起了两种抵制：一种是较温和的

抵制，它是在自己的阵营里发展起来的，我们在"阿嘎嗒"①（Aggadah）中找到了其新近的文献材料；另一种是较激进的抵制，这种抵制是在自我隔离的艾赛尼社团中、在围绕着它最终汹涌澎湃地汇入了早期基督教的运动中发展起来的。特拉普提派②（Therapeutae）所说的一切正好表明了抵制《圣经》的这两种态度：他们把立法看作是一种活生生的存在，它的躯体由言词构成，它的灵魂由人类的灵魂在其中看出了自我的那个隐蔽的意义构成。由于意识到《圣经》已经被外化，所以它们两者都表现出内化倾向。正如先知并不反对这种具有牺牲精神的狂热崇拜一样，早期基督教运动也不反对《圣经》，而只反对其意义从无条件性到有条件性的颠倒；它想要恢复要求的热情。但是，所有这些运动没有一个成功地恢复了犹太人的宗教。"阿嘎嗒"也没有成功，因为它的影响是零散的，并且它并没有巩固它的力量。艾赛尼主义（Essenism）也没有成功，因为它屈从于一种没有结果的分离，并且它并没有深入到犹太民族中去。而早期基督教当它对自己来说都变得不真实的时候，它就丧失了一种作为犹太教复兴的源泉，它使曾经让它变得崇高起来的那个伟大思想变得狭隘了，"达到上帝"的思想通过神恩而"转变"成与基督的交流；在那时它赢得了各个民族，并通过打碎其共同体的结构而放弃犹太教。从那

---

① "阿嘎嗒"，《犹太教法典》中非法律的（伦理的、宗教的、历史的、传记的、民间传说的）部分，它们区别于"哈拉哈"即律法的部分。"阿嘎嗒"材料也被收集在《米德拉什》文献中。

② 特拉普提派，1世纪埃及的一个犹太宗教教派的成员。斐洛在他的论文《论沉思的生活》（*De vita contemplativa*）中对他们的教义和习惯做了描述。

以后基督教就控制了各个民族,而犹太教则陷入僵化、蒙耻和低落,但它的核心仍不可动摇地坚持认为它会成为真正的教会,成为具有神的直接联系的可靠共同体。

自从犹太教圣殿被摧毁以来,传统就占据了犹太教宗教生活的中心。在律法的周围筑起了一道篱笆,以便与任何异己的或危险的东西保持距离,但它常常也与活生生的虔敬保持距离。的确,为了在一个人的共同体中显示自己,为了建立并维持一个共同体,为了像一种宗教一样存在,虔敬的确需要形式;因为一个连续的宗教共同体,要想一代又一代地维持下去,只有在保持着一种共同的生活方式的地方才有可能。但是,当宗教不是要在上帝中为了自由而把人们联合起来,而是使人们束缚于一种不可改变的律法并且指责人们对自由的要求时;当宗教不是把它的形式看成是一种真正的自由可以立于其基础之上的完全不可避免的东西,而是把它们看成是一种排除所有自由的完全不可避免的东西时;当宗教不是要使其基本范围不受侵害,而是要把律法变成一堆毫无意义的俗套话并且让人为正确或错误行动所作的决策退化成为无益而琐碎分析的诡辩术时——那时,宗教不再形成虔敬而是制服虔敬。

这一过程构成了犹太人传统历史的特征。虔敬的抵制采取了双重的形式。一个是偶尔突然发生的、常与强有力的弥赛亚运动相联系的异教造反,它唤起了所有的犹太人。另一个是犹太人神秘主义稳健的、建设性的活动,它努力通过"意向"(kavanah)这个概念去使已变得僵化的仪式得到再生,并赋予每一种宗教行为以一个隐秘的、直指上帝的命运和世界的救赎的意义。在较古老的喀巴拉①中,这一倾向仍充满了一种固有的神学讽喻的要素,这一要素使它难以流行起来。只是在后来的卢里亚派的喀巴拉中,这一倾向才具有了直觉和直接性的方面。在哈西德主义中,它发展成了一种伟大的民间运动。哈西德主义无意取消律法,它只想把律法归还给生活,再一次把它从有条件性提升到无条件性:每一个人通过本真地生活,他自己都会变成一篇《托拉》,即一条律法。从哈西德主义中可以产生出过去从未有过的犹太人虔敬的复兴。但是,由于遭到官方犹太教的诽谤和指责,被控为异端,以及因犹太人的弱点而产生的、与其学说的果敢性不相称的退化,哈西德主义在开展其工作之前就变质了。

所有这三个运动——先知运动、艾赛尼-早期基督教运动和喀巴拉-哈西德主义运动——都决心使人的生活不是变得更容易而是变得更困难,而与此同时却鼓励和赞扬它。所有这三个运动都致力于把决断作为所有虔敬的决定性动力。通过使具有牺牲精神的狂热崇拜、《圣经》和传统变得僵化,人的自由决断已经受到压制。不再是由决断而形成并在无条件性中获得生命的行动,而是对教规和规章的屈从,才被看成是通向上帝的路。另一方面,先知、早期基督教和哈西德主义则提倡决断,它们记住了这是犹太人虔敬的灵魂。这些运动对犹太教的永恒的意义以及在复兴工作中它们对我们的意义,将不会在它们如何结束而是在它们从何开始中被发现;不是在它们的形式中而是在它们的力量中被发现。这些力量从未采取恰当

---

① 喀巴拉派,遵循萨费德的伊萨克·卢里亚教诲的犹太神秘主义学派(16世纪)。见 G. G. 索勒姆著《犹太神秘主义的主流》,1961年修订版,第七讲。

的形式，在犹太教中从未取得支配地位，并且一直受官方犹太教（它一直缺乏生命力）的压制。它们不是属于犹太民族生活中的某些特定时期或这个民族的某些特定分支的力量，它们也不是造反和宗派主义的力量。它们是活生生的犹太教反对奴役的精神战斗的力量，它们是永恒的力量。只有从它们当中才能产生虔敬的内在震惊，没有这种震惊，任何犹太人的复兴都不能成功。

诚如我所说，虔敬是一个人渴望与无条件者建立一种活生生的交流；它是一个人想通过他的行动去实现无条件者，在他的世界中去确立无条件者的愿望。所以，真正的虔敬与浪漫之心的幻想，与审美精神的自愉，或与实用理智的聪明的精神技巧没有任何共同之处。真正的虔敬是做事情。它想从这个世界的物质中雕刻出无条件者来。上帝的面目隐藏在泥块中，我们看不见；它必须从泥块中被制作、被雕刻出来。从事这项工作意味着内心是虔敬的——舍此无他。

在这个世界上没有任何东西像这些人的生命那样给我们以深刻的影响，它是最直接地分配给我们的任务。正是在这里而不是在别的什么地方，多样性被交到我们手中，它被变成统一性，一大堆无形式的材料被我们借着上帝弄成了有形式的。这些人的共同体还只是一件等着我们去完成的设想中的作品，是一个我们必须赋予秩序的混沌，是我们必须汇集起来的犹太人居住区，是我们必须加以整合的冲突。但是，只有当我们中的每一个人都在各自的位置上，在与其他生命共享的自然背景下，采取正义的、统一的、赋予形式的行动时，我们才能做到这一点。因为上帝并不想让我们去相信他，去为他而争论和去为他而辩护，他只想通过我们被实现。

第六篇 犹太教中的神话

一

要澄清我们自己对"神话"这个概念的理解,最好是从柏拉图对这一术语的解释开始:神话就是以肉身的和现实化的描述方式对某个神的事件的叙述。于是,要把一个神的事件描述为一种超越的或通灵体验,就不应该称之为"神话";而一个神学陈述,不论它多么具有福音的精粹和庄严,或者也不论它通过一种宗教的喜乐景象多么深刻地打动着人,也依然不属于恰当的神话范围。

语言传统中的这个原始内容如此深刻和持久地受到赞同,以致容易看出,为什么这一观点必然会发展为这样一种认识,即认为神话的创造能力,只是那些把神作为一种肉身的现实来感知,并因此而把神的行为和情感作为纯粹肉身事件的相互关系来理解的人才具有的一种特殊品质。有人甚至可以走得更远,认为把多神并列的民族是神话的创造者,而一神论的民族则不是。犹太人被归于后者之中,属于没有神话的民族,并为此或者被赞扬,或者被轻视。当人们持神话是低级的前宗教阶段这样一种判断的时候,他就受到赞扬;而当人们视神话为人性的顶峰,并作为一种人类灵魂中固有的和永恒的形而上学而超越所有宗教的时候,他就受到轻视。

　　这种通常给人留下深刻印象的，试图评价而不是理解民族的性格的做法总是愚蠢的和无用的，特别是当它，就像在这里一样，建立在对历史现实的无知和歪曲基础上的时候更是如此。确实，无知和歪曲乃是现代有关犹太教的人种-心理学论述的主要基础。例如，一些人在某些官方犹太教的惯例和公开表明的态度中发现了理性主义的或功利主义的特征，于是就断言他们已经证明了犹太教中的理性主义或功利主义。他们没有，也不打算怀疑一下，这些虽然确实存在，并尽管也是推论的结果，但在那洋溢着热情和献身于犹太民间宗教之虔敬的巨大精神力量当中，它们只占很少的部分，超出这些的只是一种权宜之计。另一方面，犹太教的辩护士以其可怜的热情一心想要证明：犹太教完全没有什么特殊的地方，它不过就是纯粹的人道主义，于是他们就以自己的方式，做了同样的事，因为他们本身也倾向于诋毁理性主义和功利主义。

　　结果，在很长时间里，两方面都否认犹太教中神话的存在，而这是一点也不困难的。后《圣经》文学的真正性质长期以来依然未知。"阿嘎嗒"被认为是一种无所事事的想象力的消遣，或是一种浅薄的寓言虚构作品；《米德拉什》被看作是无益而琐碎和毫无创造性的评论集；"喀巴拉"更被认为是一种荒唐和怪诞的数字游戏；而哈西德主义仅仅以名字而为人所知，或者不过就是被当作不健康的白日梦而受到蔑视和嘲讽。

　　甚至好像对真正的学术研究来说，任何神话的因素与《圣经》也是不相容的东西，因为《圣经》被赋予了一种形式，它是以这种形式，并通过那些充满官方的和晚期犹太祭司精神的人传给我们的。那些人认为：神话——那实际上是所有真正宗教虔敬的有益资源——是宗教的狡猾敌人，而这里的所谓宗教只是他们想象和希望的。因此，他们拒绝接受任何留传下来的——就他们最好的知识来说认为是神话的财富。幸运的是，他们的知识并不完全，于是大量他们所不熟悉的富有原创性的内容就逃脱了出来。

因而，分散开来的宝藏的脉络可以在《圣经》的所有篇章中发现。当这些脉络被新的研究所发现时，犹太神话的存在就不能再被否认了。然而，人们现在又争论它的原创性。只要一种相似的神话主题在小亚细亚的一些其他民族的文学作品中被发现，这一主题就会被认定是原创性的，而犹太的主题则被称之为拙劣的模仿。而如果什么也没有发现，那就简单地假设原创性已经丢失。这里，我们没有必要追寻这些细节（这些争论深深地扎根于当代西方那些毫无希望的、削减基督教中犹太因素的努力中，而对这种因素，它又注定是不能抛弃的）。比起一个又一个的辩护来，更为重要的是认识到那种使主题得以在第一个地方成为可能的历史之整体观念，这是一个可怕的错误。试图从那种很难令人满意的、暂时的所谓"原创性"的视角去判断如此巨大的关于民族神话遗产问题，是不合常理的和自以为是的。当我们面对精神的世界时，要紧的不是原创性，而是现实性。而精神的各种创造也并没有意味着要我们把它们拆开，以便能够检验我们关于这些创造物出现在这里是否是第一次的分析。这个"第一次"只是一种理智在盲目中运作的把戏，它不能辨别精神在永恒的新创造——这种新创造也开拓了永恒的同样主题——中的永不终结的历史。精神的各种创造意味着要我们去知觉、体验和作为一种形成了自身本质的、具有内聚结构的实在来尊重。

不论我们能够重建什么样的犹太神话，并且尽管有犹太人和反犹太人的各种攻击，它都是这样一种现实：它可能含有其他各民族神话所共有的全部各种"主题"，并且永远也不可能真正确定其中哪一个源于民族到民族的迁徙，那种给予和拿来的体验，即所谓富于创造和善于接收，毕竟为所有的民族所经历。而且也不可能辨明哪些是出于内在共同具有的品质，就像现在犹太人和其他民族都享有的，即一种体验和表达那个体验的共同形式，也可以进一步说，那共同的土地和共同的命运，而这就是那个体验的实质。在这方面，我一向坚持认为，将永远不可能充分地查明。然而，对我们这些犹太子孙来说，这一切并不重要。重要的是具有创造力的人性的纯洁和伟大，它把那一切因素都投入熔炉之中，就像切利尼①（Cellini）用他的家庭烹饪用具所做的那样——并从中创造出一种不朽的形式。

与《圣经》同时，尽管没有达到同样的程度，晚期犹太文学也成为新的研究对象。并且虽然和《圣经》一样，这种文学在它的表达中明显地受到那些敌视神话的因素及严厉的律法和拉比辩证方法的影响和制约，但人们还是不禁会发现，在其中有着丰富的神话素材。那些被看作是对《圣经》段落的任意的评论，已经证明乃是一种对最古老的民间遗产的塑造和重新成型。为教规的编纂者们曾试图压制的古代传说资料，在这里，在它的原始的丰富性中，茂盛地展开了。就像当《圣经》包含神话的要素已经成为众

---

① 贝弗卢托·切利尼（1500—1571），意大利金匠和雕刻家。

所周知的事实以后,反犹太的种族理论家不可能再坚持妄称没有犹太神话了一样,当后《圣经》文学包含神话的要素也成为众所周知的事实时,理性的犹太教辩护士们也不可能再坚持同样的妄言了。于是这些辩护士们就用一种新的方法,从而在消极的神话和积极的一神犹太教之间作出区分。他们把前者作为一种妨碍和混乱的要素来加以反对;而对后者则给予真实的教义的赞美。他们支持犹太拉比训言反对神话概念的斗争,认为是对复杂思想观念中的一种意义的纯洁化的进步,并且或多或少参与了这场战斗。

一位著名犹太学者,大卫·纽马克①,尽管比辩护士们有更为远大的目标,但也表达了这样一种观点:"犹太宗教发展的历史,真正说来是一个反对自身的和外在的两方面的各种神话,以及反对那些曾辉煌过的和新构成的神话的解放战斗的历史。"这种看法包含着一种真理,但这是一种被其表达的党派方式所模糊的真理。让我们用一种更合理的方式阐述这一观点:犹太宗教发展的历史确实是一种在神话-一神教的民间宗教的自然结构与理性-一神教的拉比宗教的理智结构之间的斗争史。我之所以称为"神话-一神教的民间宗教",是因为那种认为一神教与神话互相排斥,以及具有一神教倾向的民族必然因此而缺乏神话的创造能力的看法是完全没有道理的。相反,每一种活着的一神教都充满着神话的要素,并且只有充满了这些要素,它才能依然活着。不错,拉比的教义,在其盲目热情地在犹太教周围建立围墙的过程中,努力恢复对那纯洁化了

---

① 大卫·纽马克(1866—1924),《犹太哲学史》(希伯来文)和其他几本著作的作者。

的神话——上帝的信仰。然而，这种努力的结果却使之成为一个可怜的矮子，这个矮子永远是犹太行政长官，控制了几代流放的人。在其专制下，犹太人那种上帝意识中的活的生命力——神话，不得不把自己锁在喀巴拉之塔里，或藏在妇女们的生活中，再不就是从犹太人聚居区的围墙中逃出来走向世界。它或是被当作一种神秘的教义而被容忍，或是被当作迷信而受到嘲讽，再不就是作为异端而被排除，直到哈西德派把它置于一个王座上。但这只是一个短命的王座，它又被从上面推了下来，像一个乞丐，鬼鬼祟祟地徜徉于我们忧郁的梦中。

然而，正是神话才是犹太教在危机时刻自身最内在的凝聚力产生的根源。在16世纪，不是约瑟夫·卡洛[①]，而是伊萨克·卢里亚，在18世纪，不是维尔纳的"高恩"[②]，而是美名大师通过把民间宗教提高到以色列人的一种力量，并在他们的神话的基础上更新了民族的人性，从而真正地巩固和界定了犹太教。如果我们这一代犹太人发现，把我们的人类宗教热情与我们的犹太教融为一体是如此的困难，那么这是犹太拉比教义的错误，正是它削弱了犹太人的理想。但是尽管如此，如果统一的道路依然向我们敞开；如果伴随着我们人性的不断健全，而对我们来说，获得我们的民族性乃理所当然；并且如果崇拜神是与我们的感觉相一致的，那么我们就会听到犹太灵魂的翅膀在我们脑海中翻腾——而

[①] 约瑟夫·卡洛（1488—1575），《布就之席》的作者，这是一部权威性的犹太律法法典。

[②] 以利亚，维尔纳的"高恩"（即学问渊博者。——译者）（1720—1797），著名的犹太教法典学者，哈西德主义（由美名大师创立）的对立派。

这一切都是由我们的神话的提升力量所带来的。

二

如果我们想要理解一神教犹太神话的性质，并同时学会在深度上抓住神话本身的性质，我们就必须研究在《圣经》中所表明的犹太一神教的起源。于是，我们将发现三个清楚而分明的层次。在这三个宗教-历史的层次中，第一个层次——它并没有被现代《圣经》批判的文本-历史层次所误解——是通过用埃洛希姆（Elohim）这个名字来塑造的。第二层是用雅赫维（Yahweh）的名字刻画的。第三层则是上面两个名字都运用，以指示一种作为普遍的上帝和民族的上帝的、真正无名的神圣存在的双重证明。这些层次中的每一个——犹太神话正是从中发展起来的——都有其特殊的神话学。

埃洛希姆的名字通常是作为单独的存在出现在《圣经》中的，不过它最初肯定是复数的，其含义接近"诸神力"。对于这个没有被区分开来的复数的神力，有许多迹象表明了它的个体化的众多存在，而且每一个都有自己的本性和自己的生命。然而它仿佛代表着一种既在本性方面区分着，又在行动中统一着的众多宇宙力量；又好像代表着一种创造、支持和毁灭力量的聚集体；还好像代表着一片上帝之云，在大地上空飘浮，在自身中沉思，并根据自己的想法行动。

人们可以指出在其他民族中也有相关的现象。但是，那些全是第二位的和辅助性的神，没有任何东西可以与这不朽的、一神多元主义的埃洛希姆神话相比。它的进一步发展也是独一无二的。从复数的埃洛希姆中,浮现出了一个单一的统治力量,一个单一的名称,一个统治一切的存在。他抓住越来越多的力量,而最终把自己分离成为一个自治的君主,并用一个古老的部落神——雅赫维的神话的标签把自己装饰起来。尽管人们依然唱道:"众神之中谁能像你",但是这个存在很快就带着那些曾经是他的伙伴的众神向前了,而由于它们的陪伴,也就增强了他的名声:使之成为万军之主的雅赫维。最终,埃洛希姆沉淀到仅有这样一种属性的水平,雅赫维-埃洛希姆被称为一。然而,以前的多精灵信仰或许仍就在他的其他名字中回响,例如,在莎黛(Shaddai)中,并且在很久以后,当他已上升到非肉身化的王国时,也偶尔要说点什么,就好像他依然在表达原初的那种复数的神性。

雅赫维是其人民的神圣英雄,古代的赞美诗——就像早期地质时代的一种回响,一直为我们保存在分散的先知作品中。在《约伯记》和《诗篇》中——夸耀他的功绩,而其中每一个都是神话:如他怎样粉碎那混沌的怪物,又怎样在晨星们欢欣的陪伴下,把大地的支柱安放好①。

现在,犹太教中那占主导地位的特性,那不满足于随便一种统一,而是以此为基础继续走向更高和更完善的统一的倾向开始发挥作用了,把宇宙-民族的雅赫维扩展到普遍的上帝,人类的上帝和灵魂的上帝②。但是,这个普遍的上帝可能不再于傍晚在他

---

① 《以赛亚书》27:1;《诗篇》74:14;《约伯记》38:7末尾。
② 《创世记》3:8,32:25;《出埃及记》3:2。

天堂的树下来回散步了，那人类的上帝可能也不再是和雅各摔跤直至黎明的那个上帝，而灵魂的上帝也可能不再是那在荆棘的火焰中向凡人显现的上帝。先知们的雅赫维，不再是肉身的实在。那古老的、荣耀上帝的神话图像，现在仅仅是对他的不可言说性的一种比喻。于是理性主义者关于犹太神话显然已经终结了的论断似乎到底被证明了。然而这并不是真的，因为，甚至在千年以后，人民还是没有真正接受一种非肉身化的上帝观念。不过，说它不真实的最重要的理由乃是因为理性主义者把神话定义得过于狭窄和渺小。

我们是从把神话定义为以肉身的和现实化的描述方式来叙述某个神的事件开始的。然而，不论是柏拉图还是我们自己，其语言感觉都不足以理解理性主义者对这个定义所作的那种解释：只有当神作为一种肉身化的实在呈现给我们时，以此方式叙述的有关神的行为和情感的故事，才能合适地称之为神话。这样一来，毋宁说就是把定义解释为："我们必须把每一个作为一种神圣和一种绝对的事件来知觉和呈现的、有形的现实事件的故事都称作神话。"

为了充分和清楚地理解这一概念，我们必须重新审查一般的问题，并重新考察神话的起源。

三

文明化了的人理解世界，是以他关于因果机制的认识为基础的。他对宇宙过程的知觉是在原因与结果的来龙去脉的经验关系中确立的。只有通过理解这种机制,人才能在事件的无限复杂性中为自己定位,找到自己的道路。然而在同时,个体经验的意义被削弱了,因为它仅仅是在与其他经验的相互关系中被把握的,而不是从其内在的整体中被把握。原始人对因果机制的理解,其发展还十分有限。在现实中,他对诸如做梦和死亡等现象的探究是不存在的,对他来说,那只是表明着一种他无力通过调查、复制和验证而深入其中的王国。同样,在他与巫师及半人半神之类的人的关系中,现实的理解也不存在,因为那些人通过一种他无法从自身的才能通过类推来加以解释的、专横的、魔鬼般的力量干预着他的生活。他没有像对待日常生活中小事件那样把这些现象置于因果关系之中;也没有像对待自己的行为和他所了解的人的行为那样,把这些人的行为联系到一种所有发生了的事件的链条中去;也没有像他处理他所熟悉和理解的经验那样,把它们与稳定的经验放在一起。相反,由于没有因果过程的感觉妨碍,他就以其灵魂的全部紧张和热情专注于这些事件的非凡奇异性。他不是把它们与原因和结果联系起来,而是联系它们本身的意义内容,把它们作为世界的不可言说、不可思议的意义的表达来看,而世界的意义也只有在这种表达中才得以显现。

  作为一种结果,原始人缺少必然性的经验主义的观念,缺乏处理这些基本经验的目的意识。但同时,他却有高度发展的、非理性的、独一无二的体验意识,这是一个不能在其他事件的前后关系中被抓住,却能在体验本身中被感知的方面。他还对一种隐蔽的和超原因的联系的迹象,有高度发展了的意义体验,以及还有关于绝对的证明的意识。他把这些事件分配给了绝对的世界——

第六篇　犹太教中的神话

神，从而使它们神秘化。他对它们的叙述，是作为一种有形的现实事件的故事，以想象去代表一种绝对的、神的事件，而这就是神话。

这种创造神话的才能为后来的人所保留，尽管他们更加充分地发展了其因果机制的意识。在各个高度发展的和强烈经验主义化的时代中，这种意识都是与人本身紧密地联系在一起的。人把世界的过程作为具有超原因的意义的存在，一个核心的目的的证明来感知，不过，这一目的并不能为精神所把握，只能为广泛觉醒的感觉力量和人的整个存在的颤抖的激情所抓住，并作为那熟悉的、多方面的现实来感知。而这一点或多或少反映了那真实地活着的人是如何仍然与一种英雄的力量和命运相联系的。尽管可以把他置于因果性中，但他依然使自己神话化了，因为神话的认识向他展示了比因果性更深和更充分的真理，而更首要的原因则是：这样做，那被热爱的和极乐的形象才向他展现。

因此，神话是灵魂的永恒的功能。

现在，注意到这一功能是多么地接近犹太宗教虔敬的基本观念，这一点是奇妙而重要的。不过同时，这种功能在那里也遇到了改变它的基本因素。虽然犹太神话本身的性质代表了（比如说）一种历史的连续性，但同时也被赋予了一种特殊的性格，那就是与其他神话，特别是西方神话相异的性格。注意到这一点，也同样奇妙而重要。

把所有的事物都视为上帝的言说，而把所有的事件都看作是对绝对的证明，乃是那曾被广泛误解的和被极端理性化的、犹太宗教虔敬的基础和犹太一神教的核心。不过，对于其他伟大的东方一神教,如《奥义书》所代表的印度贤哲来说,有形的现实世界是一种虚幻,一个人如果想进入真理的世界,就必须从中摆脱出来。而对犹太人来说,肉身的现实乃是神的精神与意志的启示。结果,所有的神话,对印度贤哲而言,就像对后来的柏拉图主义者一样,都是一种比喻;而对于犹太人则终究是一种关于上帝的证明的真实陈述。古代犹太人除了以神话的方式叙述故事外,不会任何其他方式。因为对他来说,只有当一个事件的神圣意义被抓住以后,才值得讲述出来。《圣经》中所有那些讲述故事的篇章,都只有一个主题,那就是:叙述雅赫维与他的人民的相遇。甚至在以后,当从西奈山上那火之柱的可见性和雷之鸣的可闻性中,他化为非肉身化的冥暗与寂静时,神话的故事叙述方式也没有被打破。真正说来,雅赫维本身已不再能被感知;但是,所有在自然和历史中关于他的证明还是能被如此地感知,并且正是这些,才构成了后《圣经》神话那无尽的主题和内容。

从我所说的这个例子中,应该可以清楚了解犹太神话中我所称之为特殊性格的东西是什么了。犹太神话并没有免除掉因果性,它只是用一种形而上学的因果性,以及经验事件与神圣存在之间的因果关系代替经验的因果性罢了。然而,这不能被单一地理解为这些事件都是上帝所精心制作的。与此相反,一种不断增长的、更强烈的、更深刻的、更富于创造性的概念被发展起来了,那就是:上帝的命运受着人及其行动的影响。这种观念在早期立刻呈现出一种朴实和神秘的特色,并在哈西德主义中找到了它的终极表述。它教导说:神蛰伏在所有的事物中,只有通过那些在圣洁中思考这些事物,并通过这些事物而献身的人,才能被唤醒。肉身的现实是神圣的，但这神圣的现实还必须靠那真正活出这种神圣的人，在神圣中来实现它。舍金纳被消除在隐蔽之中，它处于并连结在每一个事物的底层，靠着那些以自己的观念和行动来解放事物的灵魂的人，而在每一件事物中被重新获得。于是，每一个人都被要求以自己的灵魂来决定上帝的命运；而每一个活着的存在都深深地扎根于这活着的神话之中。

在这两种概念和两种基本的形式中，犹太神话得以发展起来，而在这两种概念和形式之间有着一种一致性，那就是：雅赫维的功绩的故事，和那些生活在其核心精神之中的人的传说，都处在一种完满的实现之中。第一个基本的形式跟随着《圣经》的过程，而且可以说形成了那围绕圣书的核心、散布在无数作品中的第二本《圣经》的传说。而另一个基本形式，首先与某些《圣经》人物的故事相关，特别是那些为正经文本所忽略的神秘人物[如以诺，他从肉体被变成火，并且从凡人变成梅塔特隆（Metatron），即"具有神容的君主"]①。其次是以宇宙神圣无边的尺度，来叙述那些驾驭着自身内在世界的、圣洁的人们的生活。第一个形式可以说代表了永恒之连续性，第二个形式代表了永恒之更新。第一个教导我们的是：我们是有限的存在；第二个教导我们的是：我们能够成为无限的存在。第一个是关于保护世界的神话，第二个是关于拯救世界的神话。

---

① "梅尔卡巴神秘主义"的一个概念；参见前面索勒姆被引证的著作，第67页及后面几页。

第七篇　神圣之路：告犹太人及其他各民族

（为纪念我的朋友古斯塔夫·兰道尔①）

由于我们需要本着犹太教的真意来评估犹太教的现状，所以我们必须首先提出一种谴责。因为在此我们对精华与糟粕的隐蔽关系无论将会知道些什么，它们都不可能从外部去认识。只有那些将自己投入考验之火的人才能真正揭示这种隐蔽关系。到那时，通过这场严酷的考验，我们将会意识到：我们全体犹太人都是叛徒。这倒不是因为其他民族的地理环境、语言以及文化已经渗透到我们的灵魂和我们的生活中来；即使我们重新获得了自己的地理环境、语言和文化，我们也不可能恢复那个我们已经不相信的、最深刻的犹太教。这也不是因为我们当中许多人已经放弃了犹太人的传统规范以及由这一传统强加给我们的准则系统；就是我们当中那些在犹豫中仍然保持了这些规范和准则不受破坏的人，也未见得比那些放弃这些规范和准则的人更多地保留了那种最深刻的犹太教。所有习惯上被称之为同化的东西与我脑子里想的那种致

---

① 古斯塔夫·兰道尔（1870—1919），德国社会主义思想家，被一帮反革命街头恶棍所暗杀。布伯出版了他的书信集《古斯塔夫·兰道尔生平书信集》（1929）。

命的同化相比，都不过是一些没什么害处的表面的东西而已。我所想的同化是被西方二元论所同化，这种二元论赞同把人的存在分为两个领域——精神的真理与生活的现实，而每一个领域都以其自身的资格存在，彼此独立。这是一种对西方妥协精神的吸收。古典犹太教中最珍贵的遗产是其现实化的意图，与放弃这一遗产相比，所有对民族文化或宗教传统的放弃都显得微不足道了。

这一意图意味着，它所设想的真正的人类生活应该是一种与上帝同在的生活。对于犹太教来说，上帝不是一个康德式的理念，而是一种基本上存在着精神实在——既不是靠纯粹理性所设想的某种东西，也不是靠实践理性所假定的某种东西，而是从生存本身的直接性中流射出来的，是信仰宗教的人坚定地面对着的和不信仰宗教的人所躲避的东西。他是人类的太阳。不过，不是那种弃绝这个物的世界、凝视着太阳而忘却了自我的人，而是那种自由地呼吸、漫步，将自己以及万物沐浴在阳光中的人，才会矢志不移地与上帝同在。那种弃绝这一个世界的人只是把上帝理解为一种理念而不是一种实在，他只是在生活的某些体验中意识到上帝，但在生活本身之中他却意识不到上帝。

不过，就是那些正视这个世界并且渴望在万物中发现上帝的人也并不真正地与上帝同在。我们可以在万物中看到上帝的种子，但上帝必须在万物当中生长出来。正像太阳存在于群星之间但它仍然向地球发光一样，对人类来讲，我们也承认能在他们当中见到上帝那荣耀的光辉。尽管在人类的每一个人身上，它都发出微光，但它在他们身上却无万丈光芒——只有在人与人之间，它才能发出最明亮的光芒。在每一个人身上都显示出普遍存在的开端，但只有在他与普遍存在的关系中,在他的予取的纯粹直接性中,普遍存在才能揭示出来,普遍存在像一个光球般地环绕着他,使他与这个世界融为一体。上帝可以来到每个人的生命中,可以从每人的身上显露出来;但是,只有在每个人都意识到自己的普遍存在,彼此开放自己,彼此表达自己的心意,互相帮助的地方;只有在人和人之间建立起直接联系的地方;在每个人的崇高的堡垒被打开,一个人可以自由地进出与另一个人相会的地方,上帝才能在凡间获得完全的显露。这一切发生在哪里,哪里的人与人之间,即那看似虚寂的空间,就产生了永恒:那真正的现实化的地方是共同体,而真正的共同体就是这样一种关系,在这种关系中,神在人与人之间获得了完满的实现。

这些就是犹太教的使命所植根于其中的基本的教义。不过,在犹太教中,我在此试图按照今日人们的精神和语言加以阐明的那些戒律并不是作为格言,而是作为一种活生生的倾向而存在的。而且语词一直只是作为工具而不是作为最终的表达服务于这一倾向的。这些戒律不是一种飘忽于生活之上的理论,而是一种决定性的力量,是生活的一个不可分割的部分。这种神的现实化学说已经以自我显露的方式得到确证。犹太教的任务不是从理智上把握精神性的东西,也不是对它进行艺术上创造性的表达,犹太教的任务乃是它的现实化。

犹太教的特征在于,它既不满足于作为理念的真理,也不满足于作为形式的真理;它既不满足于作为哲学原理的真理,也不满足于作为一件艺术作品的真理。它的目标是作为行动的真理,努力追求这一真理就是它的意义和持久的意蕴所在。它强烈地希望在尘世间创建一个真正的共同体。它对上帝的渴望就是渴望在这个真正的共同体中为他准备一席之地；它的以色列意识就是这个真正的共同体会从中产生出来的意识；它对弥赛亚的等待就是等待这个真正的共同体的到来。因此，犹太教并不涉及住在彼岸的上帝，因为它的上帝心满意足地居住在凡人之间的王国中，好像这些凡人是神圣方舟上的天使。犹太教也不涉及寄居在物中的上帝，因为他并不驻留在物的存在之中，而只是驻留在物的完美无缺之中。因此，犹太人不必把他们自己与其他民族相比拟，因为他们知道，作为"头生子"，他们身上负有神的现实化的义务。不过，他们也不必认为自己优越于其他民族，因为犹太民族已经如此缺乏立于其面前的理想典型，以至于几次几乎不能辨别出它来了。所以，只要上帝的王国还没有到来，犹太人就不会把任何人看成是真正的弥赛亚，然而它永远不会不再期待来自世人的救赎，因为在尘世间确立上帝的力量就是凡人的任务。

这样，犹太教的特性既不表现在宗教领域，也不表现在道德领域，而表现在这两个领域的统一之中。这是它们的统一，而不是它们的结合。这两个领域只是同一个基本状态的两个方面而已。善行就是让世界充满上帝，真正侍奉上帝就是把上帝拉入生活。在真正的犹太教中，伦理与信仰是不可分割的领域；它的理想、神圣性就是与上帝同在的真正的共同体和与人类同在的真正共同体二者的合一。那种被歪曲的精神分离的形象——通过劳作而变得神圣和通过皈依而变得神圣——是与犹太教格格不入的。

基于同样的原因，犹太教也不把民族的原则和社会的原则看成是分离的东西：民族的原则表示实体，社会的原则表示任务。

二者在下列看法上是一致的：即犹太民族必须被塑造成一个真正的人类共同体，一个神圣的全体以色列人的大会。民族主义作为一种孤立的生活观，社会主义作为另一种孤立的生活观，它们均与犹太教格格不入。在现代思维看来，伦理的和宗教的、民族的和社会的这些领域已经变得彼此分离和区别，各自遵循着自己的规则，不关注其他领域。这种看法完全是非犹太人的看法。同样，这样一个世界也是非犹太人的世界：在这个世界里，一个人施以慈善行为而并未通过这些行为净化自己的灵魂，并没有意识到上帝出现在他的行动中；在这个世界，一个人参加宗教礼拜仪式而没有听到上帝命令他走出圣堂进入世界并且（尽管有抵抗和排斥，甚至的确以消亡为代价）从人类生活和民族生活不易改变的本性中锤炼出上帝的意图。同样，这样一个世界也是非犹太人的世界：在这个世界，爱人民就意味着对权力的渴望，建立一个共同体的愿望就意味着分裂成党派。那些认为自己是犹太信仰者或者犹太民族成员的人，那些崇拜这个世界的偶像并奉行其圣训的人，其实是盗用了犹太人的名义，不管他们是在外套里戴着礼仪的饰品还是在身上戴着犹太复国主义的徽章。

真正犹太教的世界是人世间统一的生活世界；不是存在的统一而是生成的统一，并且不光是一种生成，而且是通过精神所传达出来的生成——正如犹太人所得意地宣称的那样，神的精神选择人的精神作为上帝"创造工作中的伙伴"①，使其去完成在第六天开始的工作，使其在它尚未呈现出清晰轮廓的地方，即在无所

---

① 《犹太教法典·安息日》119b。

不包和完全确定的共同体的范围内，去实现无条件者。

现实化——这是上帝与人之间所立圣约的令人敬畏之处——表现在《圣经》的三则故事中：第一个圣约是说造物主揉捏一团泥土，向它吹气，使它与造物主自己相似①，这样它可能显示在人的生活中，从而揭示出，不是存在而是生成才是人的任务。第二个圣约说的是上帝所选长老的事。这个圣约一开始就谈到长老离开家庭和亲族，最后谈到上帝要求以长老的儿子作为祭品②。因此，它可能表达了这样的意思：现实化需要最终的火刑柱和无条件的奉献。第三个圣约是说，以色列人在西奈的旷野里得到的第一个天令是："你们要归我作祭司的国度，为圣洁的国民。"③它表达的意思可能是，上帝在尘世间的实现并不是在个人身上而是在人与人之间完成的，而且尽管上帝的实现确实是在单个人的生活中开始的，但只有在真正共同体的生活中，它才能达到极点。

《犹太教法典》在谈到圣约时这样说："在以色列人说'我们必做，必听'④——首先是做，其次是听——的那一刻，传来了一个天国的声音，它对以色列人说：'谁向我的孩子们泄露了由我的大能的天使策划的秘密？'以色列人说：'感谢主，是他的天使……履行了他的话，听到了他的话声。'⑤——先做，然后倾听。"⑥《犹

---

① 《创世记》2：7。
② 《创世记》12：22。
③ 《出埃及记》19：5及以后各段。
④ 《出埃及记》24：7。
⑤ 《诗篇》103：20。
⑥ 《安息日》88a。

太教法典》的这个说法可以解释成这样的意思:天启就在行动本身之中;人以及民族从他自己的行动中听到上帝的声音。

我再重复一遍:不是作为理念的真理,也不是作为形式的真理,而是作为行动的真理才是犹太教的任务;它的目标不是创造哲学原理或艺术作品,而是建立真正的共同体。这既是基于犹太人生存的伟大,也是基于犹太人生存的内在矛盾。因为理念和形式本身就是目的。无论是谁具有创造完美的哲学原理或艺术作品的能力,他就是在展示人类精神的柱廊上增添了一种令人崇敬的结构;即使他不安的心灵可能已经费力地试图在柱廊上雕凿出一块新的结构,但他已经懂得去行动。作为真理的纯粹而不可玷污的形式照耀在世界上。

行动则不然,外化是其本质。无论它的意图多么随意,它的表现形式多么纯粹,它都受其自身后果的支配;甚至对低俗的因果关系不屑一顾的最高尚的行动,一旦它进入这个世界,并且变为可以看得见的时候,它就陷入了泥淖之中。而涉及真正共同体成长的行动尤其容易遭到如下势力的一致反对:已成习惯的传统主义者的刻板作风和甘当时间奴隶的懒惰;同样地,草率的教条主义和不负责任的乱发议论;贪婪的自我中心主义和不易克服的虚荣;还有歇斯底里的对自我的埋没和失去目标的仓皇;对所谓纯粹理念的狂热崇拜,同时伴随着对所谓的现实政治的迷信。此外,这一行动还受到一切不希望自己权力的行使受到妨碍的既成势力的反对。所有这些势力像昏天黑地之中的旋风一样肆虐在勇于承担起建立一个真正共同体任务的孤独的献身者周围——而建立这样一个共同体究竟要用多少材料啊!这里没有绝对的完美;到处

第七篇 神圣之路：告犹太人及其他各民族

是污秽向纯洁挑战，把纯洁拖下水，并扭曲它；在他周围所有幸灾乐祸地嘲笑他的势力都在宣告着这位英雄般牺牲者的徒劳，这无底的深渊对这位毫无获胜希望的垂死的英雄作出了无情的判决。

犹太教以及集中体现了犹太教精神和教义的犹太教领袖们的内在矛盾，是植根于注定要铸造一个共同体的尝试之中的。犹太教古典时期的内部历史很容易从这个内在矛盾中得到理解：有立法但从未完全付诸实施，先知的告诫从未被全部听从；那个在穿越荒漠的艰苦跋涉中一再抱怨的民族，而在有了他们自己的土地时却一再地倒退到对偶像的崇拜；甚至在极其危险和对外敌最艰难的抵抗的时刻，内部的争斗仍然盛行；一方面试图重振雄风，另一方面又堕落不堪；一方面有救世主般的热情，另一方面又倾向于与其他民族同化。所有这些表现，就其积极和消极方面来看，都是这一内在矛盾的表现，而这一带有悲剧必然性的内在矛盾，来自神在这个共同体中现实化的主要倾向与对作为这一实现工具的物的天然抵抗之间的冲突。我说的是"天然抵抗"。我这样说的意思并不是指犹太民族的禀性，因为人们就是这么严厉地指责这个民族的领袖是顽固不化的，尽管这种精神也许是重要的；我是在一般的意义上谈论人性的，即大部分固执的人的普遍的人性，他们以其全部能动的和潜在的能量抵抗上帝试图铸造他们的那个威严的意志，他们的这一行动被深深地卷入了毁灭性的旋风之中。这些人不仅阻碍所有的变革，而且更糟的是，他们还毒化、扭曲和侵蚀任何可能已经开始了的变革。

当我们把古犹太教创造一个真正共同体的这个威严的意志，与古代最美妙的创造——古希腊城邦相比较时，其分量就变得特别明显了。古希腊城邦是一个严格构造的单位,是寓居着一个作为真理形式的共同体,就如同它寓于哲学原理或艺术作品中一样——它是一个纯粹思维的产物。但它是基于阶级划分的,这个城邦常常连"有德性的"这个称呼都只保留给贵族——即富有的人。而其各种社会意识形态,如柏拉图的意识形态,则只是这种极其不平等现象的一种更精致的表达,是一种思想的再现,而不是代表全社会的一种反要求。城邦中的平民,即所说的"巨兽",只被分给了通过其劳作而获取基本生活资料的任务,而自由和主权则留给了较高的阶级。这一根本不平等的秩序(它只是偶然地和临时地、表面地和不完全地被政治动乱的力量废除过),是与早期犹太人立法中周期性调节这个观念相对立的,社会运转的节律就像一年中的自然节律一样,它不断地恢复发展后的均衡,并且允许有新的开端。例如,在古希腊城邦中,仅仅是被偶然的危机所打断的立法静力学是与犹太教中立法的动力学相对立的。在犹太教中,财产的不平等并未被废除,但它不再是固定不变的;在第七个年头,所有的债务都将被免除,奴隶将被释放;在第五十个年头,所有土地财产都将得到恢复,每个人都将拥有他自己的那一份土地。"土地将永远不能被卖掉;因为这块土地是我的,而你们是外来的与我同住的人。"①

上帝是所有土地的唯一拥有者,这一希腊人不可理解的观念却是犹太人社会概念的基石。它与政治领域中上帝主权的观念是一致的,即上帝是这个共同体唯一的、最高的统治者。尽管这个

---

① 《利未记》25:23。

概念时常被渴望权力的祭司滥用，但它还是以绝对纯正的形式出现在犹太人的法令中。从摩西到撒母耳，领袖们只是上帝的代理人，而以色列人——尽管已经一再堕落到叛教和偶像崇拜的地步——但他们仍是上帝的直接会众。

这一思想最清楚地表现在一个时代结束另一个时代开始的令人难忘的场面中：撒母耳与要求撒母耳在他们之上为他们立一个王的长老们之间的场面①（在此我并不关心对这一事件的描写及其前提是否属历史事实，或它们是否具有后来一段时期及其观点的痕迹，但它们当中所包含的真理是不会错的）。作为这个场景的直接动力，是撒母耳自己违背了这个共同体的真正意义。直到那时为止，每一个士师一直是由上帝召唤而来的。士师的授权和职责通过上帝如下的昭示得以证明：上帝之灵降在俄陀聂的身上，上帝唤醒以笏做他的助手，上帝授予底波拉以先知的天赋，上帝带基甸离开葡萄榨汁机，当参孙还在其母亲的子宫里的时候，上帝就选择了他，以及上帝在一个梦里向撒母耳显露了自身。②用今天的语言来说就是：永远是最好的人，最能提供帮助的人，才能以上帝的名义进行裁断。然而撒母耳指定他不称职的儿子们当士师，他以这种方式把一种相异的原则——世袭统治——引入了这个社会。现在这个社会希望全盘地擅用这个原则，并且要求立一个像列国都有的那样的王。而大众对长老们的告诫和警示只知道一个回答：

---

① 《撒母耳记上》8：5。
② 俄陀聂，《士师记》3：9；以笏，出处同上，3：15；底波拉，出处同上，4：4；基甸，出处同上，6：11；参孙，出处同上，13：3及后面各段；撒母耳，《撒母耳记上》3。

"我们也可以像列国一样。"① 不过,上帝对撒母耳说:"百姓向你说的一切话,你只管依从……因为他们不是厌弃你,乃是厌弃我,不要我做他们的王。"②

这个时刻是犹太历史的真正转折点。虽然只是不完全的实现,但在此之前犹太人已经拥有了一个统一的社会,即一个活生生的世俗和神灵领域的统一体,一个充满了神的意旨的社会:上帝直接的会众。然后,世俗的国家诞生了,与此相伴的是世俗与神灵的分离。诚然,国王仍由上帝召唤和罢免,而且当他们被召唤时,上帝之灵仍降临到他们身上(这里这个思想比中世纪的王权神授理论有更重要的意义;它意味着变革,意味着人的存在的复兴),但是生活最初的统一被打破了,而整个民族逐渐分离成两个国家,这对我们似乎是一个象征性的预兆。

当大卫统治的时候,领导着上帝及其现实化事业以反对世俗国王的先知们的连续不断的斗争就已经开始了。其中最著名的是拿单反对大卫,亚希雅(Ahijah)反对耶罗波安(Jeroboam),以利亚(Elijah)反对亚哈(Ahab),阿摩司(Amos)反对耶罗波安二世,以及耶利米(Jeremiah)反对耶何阿哈兹(Jehoahaz)、约雅敬(Jehoiakim)、耶柯尼阿(Jeconiah)和西底家(Zedekiah)等的斗争③。这些对抗的重大意义在最后当耶利米痛斥西底家就他

---

① 《撒母耳记上》8:20。
② 《撒母耳记上》8:7。
③ 拿单,《撒母耳记下》12:1—15;亚希雅,《列王记上》11:29—39;以利亚,出处同上,21:17—26;阿摩司,《阿摩司书》7:10末尾;耶利米,《耶利米书》22:10—30;37:3—10;以及其他等处。

未能遵守赦免年的法令——在第七个年头的时候释放所有奴隶的时候①，表现得最为明显。我们从先知的话中得知，这条法令已有很长时间未被遵守了；甚至在以色列民族重新承担起这一义务之后，他们很快就再一次改变了他们行动的方向，再一次亵渎了神的名义。就在犹太古国沦陷和犹太人被流放到巴比伦之前，当创造共同体的威严意志与这个民族的顽固惰性之间出现了极其清楚的对立的时候，我们再一次看到了这个民族固有的悲剧。那个想要向公共生活这块不可锻造的材料中注入上帝理性的神灵，以激烈的言辞惩罚了这个国家，这个国家由于想要使公共生活适应已经确立起来的各种权力的要求，现在反而沦为一个更强大国家的牺牲品。

我们必须以正确的眼光去看待先知的这一态度的重要性。先知们并非反对作为国家的国家，即使这个国家已经不具有据认为是上帝的直接会众的社会形式；他们反对的是一个缺少神性或神灵因素的国家。由于他们信守犹太人的思想，他们并不否认所存在的这个世界，也不想逃离这个世界；他们必须努力让这个世界充满神灵，充满真正共同体的神灵。他们一再地体验到这个世界对神灵的强烈抵制，由于深受各种折磨和羞辱，他们个人都经历了这个世界傲慢力量的冲击。但他们并没有投降。对他们来讲，与现状妥协是不可想象的；不过，从这个世界遁入一种沉思冥想的生活同样是不可想象的。通过折磨和羞辱，他们充满激情的言辞猛烈地冲击着富人、权贵、君主。他们在这个世界上既无家园，在旷野中也无遮身之处，

---

① 《耶利米书》34：8—22。

上帝之手无情地分给了他们毫无希望的任务。就在他们还剩最后一口气的时候，他们明白最终的结果是火刑柱；他们并不畏惧抛弃文明的成就，因为文明的成就所带来的安逸妨碍了正当的生活，并且人与人之间深入的交流由于表面交流的容易而遭到了破坏。的确，如果需要的话，他们甚至并不畏惧牺牲掉他们国家的独立，如果这种牺牲可以从彻底的毁灭中拯救出这个民族所剩下的那部分人，并且可以将他们作为未来新的共同体的核心保留下来的话。但是，先知们从来不会区分神灵的东西和世俗的东西、上帝的王国和人间的王国。对他们来讲，上帝的王国只不过是未来的人间王国而已。迫于对目前现实的绝望，他们在绝对未来中去设计其真理的图景，他们对弥赛亚思想的阐述就是这一绝望的创造性的表达。但弥赛亚思想绝不意味着与我们所生活的、人的世界的对立；相反，它意味着对这个世界的净化和完善，它意味着这个共同体不是一个各种分离精神的共同体，而是一个人的共同体，即一个由真正的人所构成的真正的共同体，"一个新的天和一个新的地"[①]。不过，这个社会应基于人的存在的复兴。这就是犹太先知们的遗产。

  第一个犹太古国的历史充满了真正神治的理念与不断背离这一理念的国家之间的冲突。在第二个犹太古国的历史上，实现了被歪曲了的神治理念的图景。由政治环境所决定的这一发展早在以斯拉时代就开始了[②]。自从波斯帝国制定了世俗秩序的大纲以来，领袖们

---

 ① 《以赛亚书》65：17。
 ② "犹太律法学家"以斯拉大约在公元前5世纪中叶在巴勒斯坦重新组织了犹太人社区，并且把《托拉》确立为官方法律。

试图建立一个充满了神灵的社会的倾向就被削弱了,留给他们的唯一领域就是精神秩序的领域。此外,这种由环境使然的、保护种族和民族精神以防止犹太人离散危险的努力,也把这种对创造一个真正共同体的关注推到了幕后。仪式主义和民族主义加入了反对这一向往的行列。最后,甚至当有时这些保守力量进入衰落状态时,在这个社会中发展起来的、劫掠了所有自由公共生活活力的所谓神权政治最终体现在希腊高级祭司的漫画似的人物身上[①]。诚然,这个人物是被玛喀比家族(Maccabean)叛乱消灭了;但哈斯摩尼亚王朝(Hasmonean)的统治者们也只是知道如何为各种政治阴谋而滥用宗教希望,以及如何把宗教权力与政治权力混淆起来;政治生活应该靠一种宗教的精神来表现,而这种思想是那些典型的东方专制君主完全不了解的。并且这一精神本身似乎也变得麻木了,敢于采取行动的领袖并没有出现;随着那种希望把这个世界作为上帝的王国的积极弥赛亚主义而来的,是一种等待上帝为他自己去建造他的王国的消极弥赛亚主义。为神的统治而战斗的一个先知的时代,懂得阻碍所有的变革的这一要素的抵制力量,这个虚妄的神权政治时代受到这种玷污、歪曲、破坏一切变革的因素的影响变得越来越小。

表面上似乎与达到现实化相矛盾,而事实上只是由于时代的需要而赋予它一个新的外形的变革,必须根据这个深深的幻灭来加以理解——这一秘密发展起来的并且时至今日显然仍不为犹太民族所了解的变革就是艾赛尼主义。我们对它的肇始还无从知晓,不过我们有理由认为它的根就在一群哈西德之中,这些人曾积极参与了玛

[①] 《阿尔西姆司》和《玛喀比传》(第一卷)第 7—9 章。

喀比家族的叛乱,但他们并不愿意参与哈斯摩尼亚王朝的扩张主义统治,而且他们显然遵循一些古代独特的传统。乍一看,他们的那些被保存下来的思想贫乏的解释使他们看起来像一个神秘的教派。虽然他们并不总是按照他们所说的那样去做,但他们的确告诉我们,艾赛尼派离开城市而生活,以避开无法改变的城市空气污染的毒害,就像斐洛所说的那样①。不过,在其自我隔离中,他们既不热衷于沉思冥想,也不热衷于离奇古怪的狂热崇拜;相反,他们一直是日出而作(特别是在田间的辛勤劳作),日落而息。他们也从事种种手工艺劳动,但不制造武器;他们避免商品交易,而用以物易物和免费赠送来代替交易。财产共有,人们不懂得积累占有物,而且整个社会生活表露出一种闲适的良好的意愿。生活中充满了宁静和纯洁;对于肉体而言,尽管它终有一死,但他们对它的评价一点儿也不亚于对灵魂的评价。膳食是神圣的,亚麻布也是神圣的;所有一切当中,最神圣的是太阳的光芒。独身生活被个别的群体所遵守,但不是普遍的义务。他们无条件地服从他们所选出来的领袖的命令,但反对把人对人的统治作为"不公正和无神的"统治。

艾赛尼派不仅仅是一个教派或一个团体,他们还是一个经济上自治和社会和谐的完整的、生机勃勃的社会群体。在这里,现实化的愿望不是突然转了向,可以说它只是转向了内心。由于他们时代的需要和他们时代的幻灭,艾赛尼派在他们自己人中间开始了现实化。这并不意味着放弃国家变革的希望,但它的确意味着他们放弃

---

① 在"每一个好人都是自由的"这句话中,包括了对艾赛尼派生活方式的描述。

第七篇 神圣之路：告犹太人及其他各民族

了只是在口头上想要实现这种变革的任何企图。它意味着一种去从事建造的愿望，这种愿望并不是要等待上帝来着手开始，而是猜想，通过建造就会意识到上帝，即它的合伙建造者。它意味着只在能够开始的地方——此时此地，去开始创造一个真正的共同体的愿望。它意味着是决心已定的人们的弥赛亚主义，对于这些人来说，他们自己的不可分割的生活似乎尚可成为弥赛亚王国的一颗微小的种子。并且它意味着一种至关重要的纯洁和团结的意识，即在这个分崩离析社会的污泥浊水和混乱中，竭尽全力认真地既接受上帝又接受这个共同体，而上帝就存在于共同体之中〔……〕"开始去做犹太人吧！"——这就是艾赛尼派的秘密的传家宝，这句话是说给下一个世纪的人听的。

今天，我不可能一步一步地去追溯历史，但我必须提到一个人，一个彻底的犹太人。在他身上集中了犹太人现实化的愿望，并且这个愿望在他身上达到了突破。他教导人们说，在尘世间合二为一的人能从上帝那里获得一切，而着手于一项工作又停滞不前的人是与上帝的王国不相宜的。当他这样说的时候，他的精神是原创的犹太人的真正共同体的精神。他所称的上帝的王国（不管它可能如何带有世界毁灭的意味和不可思议的变化）并不是彼岸的慰藉，也不是模糊的天堂。它也不是一个基督教会的或迷信的协会，即它不是一个教会。它是人与人在一起的完美生活，是真正的共同体，从而，它也是上帝的直接王国、上帝的王宫、上帝的世俗王国（甚至连不属于我们这个世界的王国中的约翰的话[1]，仍然植根

---

[1] 《约翰福音》18：36。

于犹太教的语言学用法,它并不将"此岸世界"与彼岸世界相并列,而是与"即将来临"的世界相并列)。上帝的王国是这样一个即将来临的共同体,在这个共同体中,所有渴望正义的人会得到满足;它的即将来临不仅仅是出于神的恩典,而只能是出于神的恩典与人的愿望的合作以及这两者的神秘的结合。

不管什么东西可以使他与传统的教义相分离,耶稣都不想废止社会,他想完善它,正如以色列的先知们曾做过的那样。像艾赛尼派一样,他不想逃离这个世俗的社会,而是想从这个世俗的社会里面建造起一个真正的、具有精神性的社会。这种认识——上帝想要通过他们的纯化和完善,在这个世界以及它的尘世里使他得到实现;就精神而言,这个世界是一所被毁坏的、必须重建的房屋;只要这些仍未完成,精神就没有寓居之所——是耶稣的最根深蒂固的犹太教。然而,传统却把他的一个声明流传了下来,看起来与上述认识完全不同——他回答那些询问是否应该给皇帝上贡的人说:"向恺撒呈缴属于恺撒的东西,向上帝呈缴属于上帝的东西。"①

这种回答显然意味着世界与精神之间的分离,意味着腐朽而荒谬的人们必须接受其存在的现实与人们可以从这种现实获得解放的纯粹理想之间的分离。外部生活必须称颂物质世界,但内部生活则属于精神世界。

不过,这只是一种表面上的分离。耶稣所面对的那个国家不再是一个人们试图通过正视其统治者而从其总体上去重铸的国家,

---

① 《马可福音》12:17。

第七篇 神圣之路：告犹太人及其他各民族

正如先知对犹地亚或以色列王所做的那样；它也不是一个能够被一种理念征服的国家。这是罗马帝国，是纯洁而朴素的国家。它既不知道也不承认任何优于它自己的东西，它甚至只是容忍作为其权力和法律监护人的那些神，除非它更喜欢立一个皇帝作神。这个国家是一种被迫的联合体，它已经取代了所有自然的宗教教派；它是合法的专横，对圣物的亵渎得以合法化，是一架罩着有机体面纱的机器，是一个戴着精神面纱的有机体。

为了共同反对这个基于新的庞大力量并在其中得以复苏的巨大权力机构，犹太人寻求现实化的愿望，寻求建立一个纯粹共同体的愿望呈现为三种类型。（1）为了一个更加繁荣昌盛时代的到来，以拯救犹太教教义并保存包括在该教义中的神的训谕而逃避对罗马人的斗争，约翰兰·本·撒该（Yohanan ben Zakkai）体现了这一类型，在耶路撒冷被毁的那一年，他经皇帝的允许，在贾布奈（Jabneh）建立了犹太学园。（2）发动一场解放战争，这是世界历史上最为英勇的一场战争（因为它是向装备精良的敌人开战，尽管它毫无取胜的希望），它以英勇地战败而告终。这是一种由伟大的造反者所体现的类型，它以犹太战争的领袖们开始，以巴尔·科赫巴结束。（3）建立一个在"巨兽"体内生长并从"巨兽"体内迸发出来的新的共同体——耶稣体现了这一类型。它宣称"没有能够侍奉两个主人"①的人，并不是指一个人能够侍奉上帝同时侍奉罗马帝国。他是指叛乱和革命都是徒劳的，并且只要一个真正共同的人类生活的新结构不是生自灵魂的复兴，不是出自一个

---

① 《马太福音》6：24。

在获得实力的过程中会冲击讨厌的旧体系的结构,那它们注定是自我毁灭的。他说的另一句话,"不要抵制罪恶!"① 意思是:抵制罪恶要靠做善事;不要向罪恶的统治进攻,而是要毫不犹豫地为了实现美好的统治团结起来——当罪恶不再能反抗你的时候,那个时候就会来到,这不是因为你已经征服了它,而是因为你已经拯救了它。耶稣希望在犹太教中建立起真正共同体的神殿,一个仅仅由于它的一瞥就会引起专制国家墙壁倒塌的共同体。

然而,后代对耶稣的理解并非如此。西方两千年的思想史充满了对他的学说的大量曲解。关于一个统一世界的犹太意识被玷污混淆了,然而它通过人的奋斗意志是可以得到拯救的,这种意识被人们对基本的和不可逾越的二元论原则的接受所取代:人的意志和神的恩典。下面这样一种真正的犹太意识也被取代了,即在生成中,人的意志上升为神的意志,上帝的形象因而得到了完善。一般认为,人的意志易于变节,然而还能体验到"偿还"之可怕,所以它不再指望能得到无穷的拯救力量或被上帝召来以从事无尽的拯救工作;相反,它绝对是一种罪恶,并且它不能以其自身的力量再一次上升为神的意志。并不是包含了所有的矛盾和所有的潜能的意志才是通达上帝的道路,而是信仰和对神恩触摸的忠诚等待,才是通达上帝的道路。邪恶不再是必须被击破的"硬壳",它就是一种与善这个伟大对手相对立的基本力量。这个国家不再是一个偏离了共同体的意志的凝缩,因此它也不再能够被正确的意志渗透和拯救。它或是一个像奥古斯汀所说的永远被诅咒的王

---

① 《马太福音》5:39。

国，因而是一个永远不会被上帝选择的王国，或是像托马斯·阿奎那所描述的那样，是一个真正基督教会共同体的预备阶段和初级训练学校。真正的共同体不再是在人类彼此间生活的整体中得到实现，不再是在被视为神圣的俗世中得到实现。它在教会里得到实现，这个作为精神共同体的教会是与世界的共同体相分离的，作为神恩的共同体是与自然的共同体相分离的。

基督教新教教派也没能超越这种分离。对它来讲，生活也被分成了两个领域，即工作的领域和信仰的领域。新教教派渴望教会与国家共存，而不是将二者合为一个更高的单元，合为真正的共同体。对不可分割的存在的理解，以及对罪恶的有条件性和人类灵魂的无条件性的意识只能靠神秘主义才能存在。但神秘主义在无条件的状态下是缺乏活力的，即缺乏在人的世界里，在人们彼此相互依存的世界中去实现不可分割的生活的倾向。

例如，尽管西方各民族在遵循耶稣的教诲时也遵循着犹太教义，但是他们并没有遵循犹太教义的本质；对现实化的爱好并没有成为这些民族生活的精神基础。它的火焰的确一再地在那些想要创造上帝王国的异教和神秘教派的热情中闪现，但是正像它一再地被各民族呼吸着的空气所扑灭一样，它也一再地被对二元论默认的氛围所扑灭。在我们的时代仍然出现的这种氛围是一种对真理与实在、理念与事实、道德与政治进行二分的氛围。它是这样一种氛围，在这种氛围里，很久以来基督教徒一直向罗马皇帝呈缴属于恺撒的东西，以至于没有什么东西能留下来拒绝呈交给他；它是这样一种氛围，在这种氛围里，很久以来基督教徒一直不对抗罪恶，以至于当最后的确试图去抵抗它的毁灭性暴行时，却被迫认识到自己已经变得没有能力这么做了。

然而，我们一定不要忘记，把犹太教传给各民族，造成犹太教瓦解的也是犹太人，一个典型的犹太人。为了充分理解这个精神的背叛者，人们必须在他身上寻找出来最根本的犹太人体验，从这个最基本的体验中永远不断地产生出对现实化的把握。这个最基本的体验是对在某种程度上是所有人但特别是犹太人所固有的内在两重性的基本理解，同时也是渴望通过对统一的实现来克服这种两重性。

来自塔苏斯（Tarsus）的扫罗比其他任何人都更明白、更有说服力地用基督教时代确立的语言表达了他在他身上发现的二重性："因为我所做的，我自己不明白。我所愿意的，我并不做；我所恨恶的，我倒去做。"① 不过，对于保罗来说，这种可怕的矛盾的洞见并不意味着曾经对犹太人所意味着的并且必定再一次对他所意味着的东西：一种对于人们敢于面对强暴的极其强大的激励，不管它看上去是多么不可能；去击破这个硬壳，在一个人自己意志的统一中实现上帝的意志［……］。

这个人总结了犹太教在直到他为止的时候为达到现实化所被迫遭遇的各种极大的失望。他宣称，即使加上全民族的和全体人类的力量，我们也不能取得任何成果；也就是说，现实化不能靠我们自己的努力，而只能靠上帝的恩典，或靠对身上明显地存在神恩的人，即如人们所说的那种"不知道任何罪恶"② 的人的忠实

---

① 《罗马书》7：15。
② 《哥林多后书》5：21。

的追随（对他来说这是一回事）来完成。

此时显然不再有任何关于耶稣头三十年的可信的知识，甚至在传说中也只不过是把他三次被诱惑的事件①当作他这一时期的斗争和胜利的证明，以使他精神的和谐表面上看起来没有任何从前的那种不一致——这个事实使得保罗更容易发展他的思想体系。他把根据这个思想体系改造过的耶稣的教诲传给了各民族，他传给他们带有甜味的信仰的毒药，这个信仰使他们轻视工作，使他们不再忠于现实化，并在世界中确立二重性的信仰。这是《保罗书信》（*Pauline*）的时代，我们今天正以惊愕的眼睛看着它死亡时的痛苦挣扎。

当西方各民族把犹太人的学说作了如此的同化并将其废弃掉的时候，犹太民族作为一个被流放者——不仅割断了他们与自己的土地和天然纽带的联系，而且割断了他们与其任务的联系——脸上戴着面纱，生活在他们中间。因为不管摩西的律法可能曾被实施得多么不充分，其实施的障碍都只在于这个民族自己，它在不断的苦思冥想中感到，通过内在的现实化行动本来是可以排除那些障碍的。但现在它受异己的法律支配，消散在异己的立法中，并且只能在像地面上的墓穴一般的犹太人居住区中保留其自身立法的最表面的东西，直到所有这一切也都沉入解放的旋涡里。不管先知们关于过一种包含着真理的生活的号召多么经常地由于人们的懒惰而不被理会或被一种谎言所掩盖，然而它们也依然一再地传到了那些承担了在他们自己的土地上建立法律任务的自由者

---

① 《马太福音》4：1—11。

的耳朵里。不过现在有些新的东西出现了，它们比懒惰和谎言更使人麻痹：这是来自异己世界的力量，是一种强迫每个人在对这个异己世界不断进行的积极或消极的调整中，将其能量的一半耗在适应上，另一半耗在建立防护措施上的力量。这样，这个民族被迫认识到，事实上不仅他们自己而且舍金纳——寓居于人的环境之中的神的彰显——也已经被流放。因为只有在存在着与上帝立约的强烈愿望的地方，同样在存在为实现这个圣约而有效地努力的地方，舍金纳才算回到了家园，只有在那里，人类才会在无条件者的视野内努力去生活。当这个圣约被解除的时候，当这个努力松懈下来并且人类失去了无条件者的视野的时候，舍金纳就处于流放之中。但是情况到了这样一种境地，犹太人非常透彻地学会了在家里如何去忍受，甚至去背弃无条件者。而这比十字军战士的大屠杀或12世纪宗教裁判所的酷刑都更为险恶，比出于宗教迫害的集体杀戮更可憎。

就像这里的情形一样，对一种人们无法以解放战争来摆脱的异己世界力量的依赖，必然导致调整，对异己世界的一种双重调整：建立防护措施与适应。就犹太教而言，我的确不是指那种不重要的或者现代的任何一种通俗形式的调整，而是指那些在千年间所作出的重大的调整。我所说的通过建立防护措施而进行的调整，指的是一种纯粹教会仪式的发展。这种发展欲望在于去防范而且也确实防范了异己教义和风俗的流入，但它同时导致了犹太人虔敬的内在生活的萎缩，导致了为现实化而奋斗的精神的萎缩。因为通过真正共同体的实际生活，与上帝立约的愿望是如何而产生的？只有在人并不相信通过他对某种既定形式的遵守就实现了这个圣约的地方，才能够迫切地产生出这个愿望。我所说的通过适应进行的调整，指的是一种货币体系的发展。它意味着使犹太人即使在最极端的压力下也能够继续生存，但它破坏了现实化的真正的领域——与人和物共生的生活。因为凡是在金钱已从人与人之间交换的象征转化成一种起分裂作用的和腐蚀作用的东西的地方，人与人之间就不会存在任何直接性。而且当人们不是按照物的活生生的内在价值，而是从对它们金钱价值的歪曲反映来理解物的时候，神的力量就不能体现在物中。

凡在这两种调整同时发生的地方，凡在宗教形式如此远离它们最初的基础，以至于它们能够与资本主义的最堕落的形式和睦相处的地方，现代犹太教就已经达到了它的最低点。在我看来，最令人讨厌的人是油滑的战争投机商，他并不欺骗任何上帝，因为他一个都不认识。犹太投机商比非犹太投机商更讨厌，因为他已经堕落得更深。但我内心最深处所发生的剧变则是由另一个人所引起的。这个人欺骗他认识的上帝，这个人在探讨他商业前景的同时，戴着他的经匣①。有一个故事讲述了上帝自己所佩戴的那个经匣②，在这个经匣中装着这样一句话："世界上有何民能比你的民以色列呢？"③并且有一个传说讲述的是别尔季切夫（Berdychev）的犹太拉比列维·伊兹哈克（Levi Yitzhak）向上帝高喊："你的经匣已经掉到地上了！"以色列民族的衰落——上帝的经匣已经

---

① 经匣（即经文护符匣），装着写在羊皮纸上的《圣经》经文的皮匣，教徒在周日晨祷时佩戴在身。

② 一个犹太教法典的概念（《祝福式》6a）。

③ 《撒母耳记下》7：23。

掉到地上了——那是通过让人们看到一个佩戴着其经匣的奸商而传达给我们的一个信息。他是一个具有双重合同的人，一个是与上帝的合同，一个是与撒旦的合同，这两个合同是一致的。不过，这只是这件事情最愚不可及的方面，由此一步一步的发展导向了最微妙的合理化。而且我们中间谁敢否认他自己在这个罪恶中所起的作用呢？

有一个传说讲述了这么一件事情。一个哈西德教派的拉比只是通过审视其面前的犹太人，就能够说出这些人灵魂的起源是可以追溯到亚伯拉罕的后代那里，还是追溯到当以色列人出埃及的时候走掉的那些"闲杂人"那里①。从这个犹太拉比生活的那个时代以来，这些"闲杂人"显然已令人可怕地繁衍开来。这在哈西德主义本身发展中表现得最清楚不过了。在犹太人被逐出故土散居各地的后期，哈西德主义就出现了。它是一种在其混乱之中想要去建立一个真正的共同体，把那些受异己环境束缚的以及遭受退化威胁的人组织成一个兄弟般联合体的勇敢的努力。只要民族精神的一些火花仍然闪烁在犹太人中间，哈西德主义就将是为上帝现实化而准备的一个纯净的居所。这个真正的共同体是从各个共同体中产生出来的，这些共同体通过柴迪克与其哈西德主义者的紧密联合，通过哈西德主义者彼此间的联合（物质和精神彼此相互帮助的联合），开辟了一条通往无条件者之路。

产生这一结构的基本观点表达在哈西德派的一本书里："我们可以说这一代人拥有知识；但人人仅仅渴望他自己的完美，并

---

① 《出埃及记》12：38。

不关心这个共同体。然而，拯救取决于一个人对这个世界完美的渴望。"没有单个的人可以够得着鸟巢——这是《左哈》对弥赛亚住所的称呼——但一百个人在一起就可以做到这一点，如果每一个人爬上其他人的肩膀，他们就可以搭成一个够得着天国的梯子。

在这里所表述的东西在哈西德主义的第一个创造时期就开始形成了，但它只持续了很短的时间。一百年之后，外来环境对心理压力的影响，以及人们对防护措施和适应的需求的影响，都证明了具有更大的力量。第一个哈西德主义者通过赋予它以一种新的灵魂和新的灵性，通过对传统的祈祷式和风俗附加一种指向神的命运的意向，而纯化的礼拜仪式很快地就再一次变质了，人们将这一意向的深刻意义表达成粗俗的不可思议的俗套话和文字卖弄。被无条件的相互帮助的戒律和行动所克服的拜金主义，再一次以其腐蚀的方式侵入了所有的领域。甚至在领袖与共同体之间的神圣的关系上，拜金主义也暗中破坏了柴迪克的正直，破坏了用其正直对其权威所作的辩护。不过，防护措施和适应的毁灭性后果通过后期哈西德主义把它自己与公共生活相联系的方式，通过它的政治学而得到了最令人震惊的证明。在这里，为了确保自己不受干扰和它的宗教实践自由，晚期的哈西德主义对外部世界放弃了其犹太民族精神的所有表现形式，把它自己出卖给了当时的权威——这是以适应来保护自己的一个令人反感的例子。在此，在流放境遇的影响下，犹太精神从一种现实化的纯粹意志的高尚冒险行为，陷入了一种最卑劣的骗约的耻辱。而且这不仅仅是一种口头上的描述，它是流放的意义的证明。

据说，普吉沙的雅科夫·耶兹哈克拉比[他通常只是被称为"耶胡迪"（Yehudi），这个犹太人①]有一天晚上无论如何睡不着觉，不停地叹息。他的得意门生问其原因，他说："我必须思考这样一个事实，即士师们追随着摩西，先知们又追随着士师们；然后来的是长老会的人们，再然后是坦拿（Tannaim）和阿摩拉（Amoraim），在这些人之后，又是告诫者；可是当这也失败并且假告诫者的数目增加的时候，柴迪克人（Zaddikim）出现了。这就是我叹息的原因。看吧，这同样会失败的。以色列人怎么办呢？"

我们这些生活在耶胡迪死后一百年并且正在回顾犹太人现实化愿望历史的人，不再知道去叹息。我们要问："以色列人应该怎么办呢？"

以色列人应该怎么办？要把它自己从它目前存在的魔鬼般的非现实性中拯救出来，并且达到其现实化，达到真理的现实化，以色列人应该做些什么？

作为对上述问题的可能的回答，我们有三条道路可走：博爱主义的道路，形式的民族主义道路，和宗教保守主义的道路。让我们来对它们进行一番考察。

博爱主义者（在这三条道路中，我把它当作最好的）说："以色列的孩子们，到世界中去吧，把精神的现实化带给人们。你们的罪过是，在你们对一种真正共同体生活的渴望中，你们却使你们自己一直处于分裂状态，现在你们必须以毫无保留地奉献你们自己来赎罪。把你们渴望的火炬投入这个世界！拨动人们的心弦，

---

① 马丁·布伯：《哈西德的故事：晚期大师》（英文版），第232页。

开启意志的大门,猛攻精神的巴士底狱!为一个崭新的人类而战!克服你们的障碍,以色列的孩子们!难道你们不知道当结局是分裂的时候,会死在火刑柱上吗?如果知道,那么现在,当结局是团结,各民族的团结的时候,怎样死得更光荣呢!"

对此,我们的回答是:"说得再轻柔些。你就像那些在地震中苏醒过来的人一样喊叫。可是我们已经看到了一个又一个的世界走向毁灭,并且我们什么也没有忘记。你用不清楚的口齿谈到了我们的向往;关于它,你什么都不知道。我们的渴望比你们的渴望要古老,无论你们的渴望是一年,或四年,或十年。我们的渴望已有几千年了。可以想象,它已经学会了如何去等待;然而,它比你们的渴望更急切,因为它知道,如果被迫继续承受这一不现实的、魔鬼般的存在,它一定会死亡。它更急切,因为它将不会满足于只是宣布人的权利——或者这次应该称其为'人民的权利',而仅仅让离我们最近的时代来遵循其宣言。它不会满足于猛烈攻打精神的巴士底狱,而仅仅使得到解放的精神像今天这样无家可归。我们的渴望是想要为精神建立一个牢固的家园,建立一个共同体的寓所。但是如果不是在业已存在着一个具有民族凝聚力和民族共同体意识的民族的地方,如果不是在祖先的遗产和命运的古老联系能够为共同体提供基础的地方,那么,我们能够在什么地方建立起家园呢?"

"犹太人也不能在其他民族的基础上建立自己的家园。犹太人可以在论坛上参加演讲,可以在街垒旁与他人战斗,但是当他面临着在外国的土地上进行建设的时候,他却通常失败。在建立和推进政治理论中,他是最重要的;但是当要去实际应用这些理论的时候，显然，他知道的只是这个计划中的建筑的草图，而不是已经存在的、他本来必须去适应的这个建筑物的基础。他既没有意识到，也没有允准或考虑那个尤其可能存在于任何一个民族中的真正共同体的特殊开端，他没有意识到它的灵魂、它的生活以及它的历史。正是由于这个没有意识到，才在我们的时代引发了那种由俄国革命始创的、发生在政治学说与民族特性之间的悲剧性冲突。我们需要用我们自己的材料和我们自己的土地来建筑我们的家园。我们希望不是作为个人而是作为一个民族去从事建设。单个的犹太人仍能奉献出许多对西方世界是至关重要的东西，特别是作为教师更是如此。不过，犹太民族渴望着在另外的地方——在它自己的土地上——建立定居点。"

但是现在，民族主义的教条者对我们说："说得好！犹太民族最后一定要把自己的命运掌握在自己的手中。通过自由地发展自己的天才，犹太民族将会最好地服务于人类。因此，让我们为这样一个不受阻碍的发展而创造先决条件。不过，对此不要有任何预设的概念。不要为这个民族规定它应该走哪条道路。如果这个民族的活力可以得到自由发挥的话，那么就把开拓他们自己的正确道路和找出正确形式的任务交给他们自己去做，就像任何其他民族所做的那样。今天，我们尚不知道以色列必须做些什么；不过一旦我们松开它的镣铐，它就必定会发挥它的作用。那么为什么我们这个民族就应该担负起建立真正共同体的任务呢？为什么你们要通过为它增加这一负担而使得其复兴的困难工作变得更加艰难呢？我们并不是只能以不同于其他民族的任何一种方式去实现我们自己，我们只是需要不受阻碍地发展我们独特的品质。

让我们像所有民族一样,哦,一个以色列的家园!"①

对此,我们的回答是:"并不是那些要让我们在外国的土地上侍奉真正上帝的人才是主张同化的人,而是你们这些在我们的祖国乐意赞同各种偶像崇拜(只要这些偶像担着犹太人的名义!)的人才是主张同化的人。你们被这个世纪占统治地位的教条,即各民族主权的非神圣的教条同化了。这个教条如此教导说,每个民族都是它自己的主人和它自己的法官,只对自己承担义务,只对它自己负有责任。凡是为了它自身的利益而做的任何事情就能做得好,凡是它选定作为自己的事业就是好的事业。它的需要就是它行动的充分理由,它的特殊品格就是它民族精神的充分理由,它对权力的追逐就是它权利的充分理由。今天这个教条以许多不同的方式获得了胜利;不管它在什么地方出现,不管它是赤裸裸的还是披着各种各样的伪装,它都被看作是最终的权威,而且任何可能并不愿意服从其裁定的政治因素,都至少必须假装去服从。"

"我们想要得到别人正确的理解:把这个民族看成是人类生活中的一个基本现实,这种认识不能再被清除出人们的意识,也不应该被清除。不过,这种认识必须而且也将会被另一种认识所加强:世间没有哪一个民族是统治者,只有精神才是统治者。不过,无论弃绝了精神的这一代人的堕落的相对主义针对精神可能会说些什么,但把作为泥块的民族揉捏成形的精神是一个不可分的东西。只要各民族继续逃避精神的指挥,并且继续生活在无条件者的视野之外,它们就会互相吞噬。一个民族越是拒绝对精神的热爱,

---

① 《以西结书》20:32。

越喜欢成功，它在面对永恒时就越加空虚。只有准备使自己从破坏性的狂热中解脱出来的民族，在精神面前表现得谦卑的民族，才将得到精神的指导。"

"我们的话是直接说给犹太民族，即具有精神的世俗民族听的，以使它保持信仰，不做被教条同化的牺牲品。这将不会是件容易的事情；但另一方面，我们并不打算让它对犹太民族变得容易。我们也不打算对它不加干涉。它的合法领导人从来没有这么做过。他们不去过问犹太民族'特殊品质'的道路方向——犹太民族拥有许许多多的特殊品质，而他们只是对这些品质横加指责，他们只过问显露给他们并且存在于他们之中的一个不可分割的精神。这样它将会继续存在。为了通过我们的方法使精神成为现实，我们必须自愿地让我们自己从属于精神。只有我们拥有了精神，我们才能在我们中间播下真正生活的种子；而一旦有一天我们变得像所有其他民族一样，我们的确应得的也不过就是这些。"

但是现在，法律的教条主义者提出这样一个问题："你们说得不错。不过，你们所表白的这个精神是什么呢？你们所宣称的精神的命令又是什么呢？它仍然是个幻影，它的命令是空虚的声音，除非你能给它注入从那个唯一能够汲取出来这类东西的源泉——犹太传统的源泉里所汲取出来的生命和意识。如果不是从这里来汲取，你对方向的提供就不是出于需要，而是出于霸道。你想要真正的共同体——但是，如果不是用上帝对他的子民讲的话，还有哪里你能听到它的法令？并且在你看来，你如何能够区别——用上帝的话来说——什么东西仍然是新鲜可用的，而什么东西是陈旧的和失去效能的?没有其他的道路可走:如果你想要做犹太人并且实现犹太教,你就必须回来虔敬地服从上帝和他的法令。只有在这个法令范围之内,在这一个而且这唯一的一个公有的犹太人的形式范围内,你才能再一次成为这个民族的一个有机部分,并且再次获得你脚下的坚实基础。"

对此我们的回答是:"哦,你们是安全保险的,你们躲在这一法令的壁垒后面避难,以便避免窥视上帝的深渊!是的,在你们脚下有坚实的,便于着踏的基础,而我们悬挂在无底的深渊之上,察看周围的情况。哦,你们这些继承人和继承人的继承人,只不过是把古代的金币换成易破损的纸币而已,而我们,则是孤独的乞丐,坐在街头一隅,等待着愿意帮助我们的那个人的到来。不过,我们倒不想用我们令人眩晕的危险和无拘无束的贫困去与你们的自信心和富足交换。因为对于你们来讲,上帝是只创造一次然后就不再创造的这样一个上帝;而对于我们,上帝是被其子民信奉为'每天都要重新进行创造工作'① 的这样一个上帝。并且他真的在我们中间并通过我们进行重新创造,他渴望用我们的方式进入一个新的实在。正如上帝为了创造这个世界而限制并约束自己一样②,他为了人类的工作也如此在我们内部限制和约束他自己。对于你们而言,上帝是显露他自己一次就不再显露的存在。但对我们而言,他大声地说出目前燃烧着的丛林,说出我们内心最深处

---

① 引自早祷文。

② 喀巴拉派的收缩学说,按照它"上帝的收缩过程使宇宙的存在得以可能"(索勒姆)。

的乌陵（Urim）与土明（Tummim）。"①

"我们尊重这个法令，它是经过值得尊敬的力量锻造出来的我们民族的盔甲。我们向这些人致意——他们直接地确信：是上帝用自己的手把这个法令赋予了这个民族（就像事实本来的那样），和我们一起进入没有受到这个盔甲的重量所妨碍的领域。不过，我们同情那些不具有这样的确信而穿着这样的盔甲的人，同情那些四肢被这样的盔甲弄得那么僵硬而不易弯曲，以至于他们不能前进并完成其工作的人，因为这个可敬的盔甲就像在一个历史游行中的服装一样挂在他们的身体上。但是，我们要抵抗这些人——他们祈求于业已存在的法律的权威，想要使我们不能从活生生的上帝手里接过新的武器。因为我们不能容忍在我们和上帝的现实化之间存在的任何东西。"

"诚然，关于上帝你可以说：'他命令这个命令那个，并且我们完全理解他想要我们所做的一切。'我们仍然处于戒备状态，我们这些乞丐们到目前为止只知道上帝意愿的永恒的方面。我们必须给我们自己规定非永恒的方面；为了不停地更新，我们就必须在现实的材料上设置永恒命令的标志。由于你拥有了各种形式，你就认为你不再需要无限地去追求正确的内容，因为它是包括在各种形式之中的；然而，我们让我们的心灵进入无限，在那里重新接受一种将被赋予新的形式的内容。对于你，道路图已在书中绘出，并且你知道你的路；不过，在目前阴暗遮蔽的混乱中，我

---

① 乌陵与土明，大祭司察看神迹显现以决事用的工具的一部分（《出埃及记》28：30）。

们必须用我们的手四处摸索它。不管怎样,我们不是由专制指引,而是由最由衷的需要来指引的,因为我们就靠这种声音来指导。这个声音命令我们为具有最深刻的犹太人特征的东西,为比所有形式和所有规范都更具有犹太人特点的东西——现实化、上帝共同体的再建以及一个新的开端——而工作。'为你们自己开辟土地,'这个声音说,'不要在有刺的植物中播种。'① 我们想要听从这个声音的召唤。我们想要走在通往锡安山的道路上,那是生活的真理之路。并不是如你们所说的,通过从犹太民族的手里接过一部律法而不是从上帝的手里接过一部律法,我们就会成为我们民族的一个有机部分,而是通过分担现实化的、重建的和新的开端的工作,我们才能成为这个民族的有机部分。于是同样,当无言被语言所规定,被一种新的语言所规定的时候,这个时刻就会到来。这种新的语言将在人与人之间真正的生活中把它自己揭示给我们。首先我们应该做,并且只有这样我们才将听到它②,它出自我们自己的行动。真正的共同体是未来的西奈山。"

在考察为回答以色列应该怎么办这个问题而提供给我们的几条道路的过程中,通过一种检验和排除的过程,我们已经找到正确的而且是唯一的道路。它就是经过锡安山通往人类共同体复兴的道路。

在弥赛亚的梦境和流放的暴动中,民族和人类的成分总是合在一起的,即渴望解放与渴望赎罪,为我们自己的土地而奋斗与为

---

① 《耶利米书》4:3。

② 安息日88a。

真正的共同体而奋斗，总是合在一起的。它们对以色列的犹太人和以色列的人都同样作出了实现其愿望的承诺。它们是现实化愿望的避难所。当现代的犹太复国主义使建立一个犹太人的巴勒斯坦的愿望成为一个政治运动的中心的时候，它以显然是民族的术语来定义这个愿望。犹太复国主义想要成为一种本质上的民族运动——西方在这场运动中是多余的——尽管这增添了一种特别的殖民化的含义。诚然，它的领袖们曾绘制了一幅有关一个"更公正的社会"的图画，并且热衷于现代的定居的观念。但是，当它的基本轮廓表现出一种民族复兴、一种新的民族文化时，这幅图画中显然更深的悲怆感，显然更强的色彩就显露了出来。毋庸置疑，这就是这个运动的精神重心。不过，一种真正的复兴从来不会从各种纯粹民族的倾向中产生出来，各种具体的复兴形式从来不是它的目标。相反地，它总是建立在一种追求人性复归的激情的基础之上，建立在"人道主义"的基础之上；由于这一复归的人性的冲击打破了各种传统的形式，所以它建立起了各种新的形式。例如，欧洲民族的语言文化之所以得以存在，是因为一个新的精神世界迫切地追求表达所致。又如，不是希伯来教，而是希伯来的人道主义（在这个术语的伟大的历史意义上来理解）才必定会处在犹太复兴运动的核心。这意味着，我们必须热情地伸出手去抓住并更新犹太教的伟大的人性内容。或者更精确地说，我们必须去把握它最伟大的、原创的内容，达到现实化并使它经历新生；那时，这个伟大的民族形式将靠它自己而成形。文化既不是一个民族的生产能力，也不是它创造的全部作品；文化只有在相互分担的工作从相互分享的精神和生活中产生出来的地方才会繁荣昌盛。

因此，犹太人现实化的愿望正开始控制犹太复国主义的这个事实，并不意味着削弱它的民族性，而是加强它的民族特性；这意味着它的民族理念正在获得实质性——即犹太复国主义正在开始从一个民族运动变为一个民族的现实。只有当民族的人性成分（既渴望解放又渴望救赎，既为一个人自己的土地而奋斗又为真正的共同体的土地而奋斗）都被焊接成一种新的形状时，也只有到那时，犹太民族才能获得新生。

让我们顺便讲一句，以警告那些仅有政治头脑的人。一个犹太人的共和国是要建在巴勒斯坦的。它决不应该成为无数缺乏精神实质的小国家中的一个，一个像今日西方世界中那些精神与人民相分离的地方：要么是唯理智主义而远离生活，要么是百姓大众而远离思想。这两者都失去了活力。它一定不要成为一个占有取代存在，相互利用取代相互帮助的共同体，一个仅仅出于相互害怕和相互需要人们才没有相互消灭的地方。如果建立在巴勒斯坦的犹太共和国加入了所有人反对所有人的战争，那么，即使它上千次地声明自己是"中立的"，它仍会被它自己阴谋诡计的机器碾得粉碎。它只有成为一种精神的力量，才能持久。一种精神的力量并不意味着智力的标准或文化的成就。它意味着精神的实现——尽管精神以痛苦、悲惨、愤慨、渴望或充满希望的梦想的形式活在各个民族中间——但它不能采取具体的形式，因为它受到了统治着四周和各民族内部的邪恶的抑制。它意味着精神和人民的结合，以及它们相互的渗透。它意味着对真理与现实、观念与事实、道德与政治两重性的克服。它意味着以和睦取代仅靠协定来缓解的全面的战争。它意味着宗教，共同生活的宗教，在这个共同体中上帝启示的宗教：活着的宗教。在我们时代的这个转折点上，除了活着的宗教以外，没有任何其他的精神力量能够经得起我们时代的冲击，就像摩西经得起与法老王的对峙一样。这块最早看见希望的梦想得以实现的土地将成为这个民族新的圣所，曾领导这一实现过程的民族将永远成为它的不可侵犯的祭司。

如果不是这个并不背负任何单一构造的重压却仍忍受并饱受所有来自这一重压的痛苦的民族，不是这个牢记它的精神遗产和它的命运，承担着上帝关于建立真正共同体的召唤（尽管这一召唤被上千次地玷污，被上千次地背叛，但仍是它自己的）的民族，难道还有什么其他民族能够领导这项事业吗？而如果不是在那个充满令人敬畏的、具有远大理想和崇高追求遗风，为了社会改革仍然能提供处女地和新的领土的国度里，还能在哪个国家首先实现这项事业呢？

西方革命的全部效果由于这样的事实而受到了阻碍：在现存的制度中，主权统治那腐烂的根系和自从原始时代起就一直活着的共同体的种子纠缠在一起。结果，要么是这场革命把两者都拔出地面，而这意味着需要照顾的健康的生长物与那些应该被破坏掉的东西一起遭到破坏；并且当事实如此的时候，那些懂得有机的连续性所具有的不可替代的价值的革命者，就会屈从于那些自我美化的唯理论的代表——他们接着就徒劳地力图从头脑里的概念出发去重新建立一切。要么是这场革命落入混乱的泥淖之中。由于既害怕新的创造的任务，又害怕对共同体的幼苗造成损伤，所以它避开那个用腐朽材料继续工作的环境。结果，后者再一次压倒了前者，缺乏精神的象征被恢复了，缺乏灵魂的形式被赋予了不可思议的名称，而共同体那神圣的、活生生的种子继续等待它们的时机，它们受不到关照，受不到栽培。

不过，我们可以对与革命的殖民化（那是我们的任务）有所不同的某些东西抱有希望。我说是革命的殖民化，因为我们不必对已经存在的结构进行重建，而是要求我们进行改革，一种改造，一种在我们将要建立的新的定居地里，并通过这个新的定居地去进行的改革。没有任何已经建立起来的、会阻碍我们的努力的制度在等着我们；我们的任务是为我们的共和国创造出各种有助于其成长为一个真正的公有结构和有助于其理念的更纯洁的实现的形式。不过，这些形式的实现并不能出自唯理智主义的空想。我们的民族和我们不朽的历史将会记住，我们负有遵循上帝高尚的圣训的使命，去建立一个名副其实公有的、到目前为止尚未实现的定居地。我们必须把这个传统中纯粹的和永恒的方面与不纯的和暂时的方面区别开来，然后开始工作。

假设我们继承了这些精神遗产，难道我们不能成功地完成将尽管受压制但有生命的东西，与尽管仍占支配地位但却已死亡的东西区别开来的困难任务吗？在这一方面，制度总是失败的。我们的这场革命（通过革命的定居地建设，我们成为人类早期革命的建设性成分）意味着我们完成了传统赋予我们的任务，不过它是一种有选择的完成。所谓挑选，就意味着放弃，这构成了它的革命的特点。但是这种挑选，我重复一遍，这种选择不是主观任意的事情。在我们个人的意愿之中，有一个更伟大的东西在起着作用。

"一种整体人的复兴"——今天我并不能比约二十年前[①]我所

[①] 《犹太文化的复兴（1900）》，《犹太文化评论》第一期（柏林，1920年），第10页。

做的那样更充分地去描述这一伟大过程的意义，这一过程的外表方面在最近的一些事件中表现得很明显，部分犹太人移居到巴勒斯坦并且在那里或多或少地建立了广泛的自我管理机构。但是，像在个人生活中和各民族生活中的所有复兴一样，像社会和箴言的复兴一样，这个复兴并不意味着我们的灵魂正被一种直至现在才为人们所知的新的力量武装起来，也不意味着给了它一副以前从未见过的新面孔。相反，它意味着被埋藏的古代宝藏正被挖掘出来，被遗忘的方向又被找到，被忽略的人的潜力又复活了；它意味着古代曾经拥有的某些东西又恢复了，它或者是一种后天的生活方式，或者是一种天生的努力，不过是自那时起就被丢掉了的东西。而通过这个过程，在一个新的时代和新的条件下，在一种新的心理和历史的环境中，用大量的新材料，并且在新的创造性的张力中，某种本质上是全新的东西的确发生了。我说的是一种后天的生活方式和一种先天的努力。这种后天的生活方式尽管是在基本改变了的条件下，但它仍然希望被一种经过了许多磨难和审判的心灵再度接纳和重新追随。这样一种复活的内容包括，收复这块早先希伯来人依恋的土地，继续工作在这块土地上并且享受这块土地。至于那个在古代曾被拥有而自从那时失去了或弱化了的先天的努力［……］，只有立即开始这个过程，它才能在复兴的过程中真正复活。如果一个人安慰自己说，这个行动可以在以后的某个时间补上，那么这就是对"现在"这个词的意义所作的可悲的错误判断。在此，我们去建立一个新定居地的任务的革命意义就被最清楚地揭示了出来。

不管怎样，对于一个有眼光、有意志的人来说，显然先天的努力和后天的生活方式是紧密地联系在一起的；因为在古代的犹太人那里，努力就是仅仅专注于这种生活方式的提升、神圣化和完美。古代犹太人并不想在纯粹的精神生活中实现上帝，而是想在自然的生活中实现上帝。就像它的宗教是土地的宗教一样，同样它的立法也是土地的立法。它的先知们所要求的人道是一种根植于土地的人道，甚至艾赛尼派也是从犁地者和播种者的劳作中获得神圣的概念的。除非这种土地的生活，即从土地中汲取力量的生活，被提升到侍奉上帝的高度而且传播给其他社会个阶层，可以说把他们与上帝和土地紧紧联系在一起，否则真正的共同体是建立不起来的。精神的律法是正确地加以理解的土地的律法；他们执行的是一个已人化的和受上帝指引的自然的命令。

我们的革命，即革命的定居地开发，意味着有选择地完成传统赋予我们的任务。我们必须选择这个传统中的那些接近土地、使世俗变得神圣并且让上帝进入自然的成分，抛弃这个传统中的那些远离土地、超然的理性和从上帝的显现中排除自然的成分。

当我们这样来看待我们的内部历史，回忆起犹太人现实化的愿望时，那么下面的原则就出现在我们面前：

共同体，它是上帝在人所分享的生活中的实现。

土地，它是这样一种所分享生活的母亲似的自然环境，由上帝只授予这个共同体而不授予任何个人。

工作，它是人与土地之间不断更新的契约，在它被人以其肉体和灵魂的全部尘世的存在来完成的地方就变得神圣起来，它是无偿提供的公共服务，一种神圣的服务。

帮助，相互的物质帮助和精神帮助，它是人为了现实化的工作而给他伙伴的支持、援救和解放，通过这样的帮助才真正回报了上帝。

领袖，是那些最愿意和最有能力提供帮助的官员，他们受上帝这个唯一的统治者的委托进行管理；即不是由降临尘世的精神问题专家来领导，而是由用精神使其生活变得神圣的普通的俗世之人来领导。

多种形式的共同体，如地方的社团、合作社、团体和兄弟会，它们作为每一个共同体的细胞单元，使人与人之间直接的关系，即上帝的载体，采取了持久的形态。

共和国，它是共同体单元的联合体，这些单元充满了活力和现实化的愿望，它们的相互关系是建立在与单独地存在于它们每一个身上的直接性相同的直接性的基础之上的——建立在共同拥有土地、共同分配工作的基础之上，建立在得到这个社会代表机构支持的共同帮助的体制的基础之上；它是一个由在这个体制中已被证明是最可靠的帮助者的人来领导的共和国。

人类，它是一个以同样的直接性发生相互关系的各个共和国的联盟。

精神，它是教导忠诚和复兴的先知般的老师；是教导人们忠于现实化的任务和它的律法，紧紧把握对真正共同体有用的制度的告诫者；而且也是社会动力的守护者，一切制度和共同体形式必须靠这一动力以一种永恒的周期来更新它们自己，以避免僵化，并且防止迄今为止人类世界一直存在的那种死东西支配活东西的情况发生。

但是在隐隐呈现出来的东西当中，首要的是无名之名，是所有现实化的目标。上帝的一个恩典无需任何言词就可以为所有那些决意开始现实化工作的人感受到,即使他们的成长已使他们不再使用旧的术语,但他们仍可以想象他们拥有比他们的成长发展得还要快的上帝。不过,令人遗憾的是,上帝的恩典并不惠顾那些太懒惰以至于不关心现实化的人,那些脱口就说出没有任何意义的上帝的名称的人。

所有这些原则都可以总结在这个口号里:从内部开始!在人与人之间的生活保持不变,行政管理的方法也保持不变的情况下,靠着消除一个国家的专制宪法,并强加给它一个共产主义的宪法,是不能建立起任何新东西来的。要带来一场真正的社会变革,带来一个真正的复兴,人的关系就必须发生变化。我们的希望根植于这样的信念:在我们历史的这一时刻正返回故乡的这一代犹太人中,在遭受如此伟大的决断的如此大的震动和激励之后,关系变革的先决条件被提升到了一种前所未知的力量的高度。

由于超出了该问题的总的和内部的方面,去谈论在锡安山建立一个真正的共同体,就不是我今天的任务。也不该由我们把结构的草图强加于未来的发展,因为这些发展的特殊结构必将从一个具有开始和牺牲的时代的创造性冲突中产生出来。精神必须认识到在它把自己强加于生活时遇到的各种限制;超过这些限制,它就必须等到它能够以新的语言和一种新的律法的形式从生活中再次出现。但是在这些自己认识到的,自己划出的限制内,精神必须制定一个开端,必须决定,必须发号施令。并且它将这么去做。

我们很清楚地意识到,一场反对各种不同意见的斗争正等待着我们。我们也没有忘记,涉及共同体成长的行动尤易招致各种势力的一致反对：习惯性的传统主义者的刻板作风和甘当时间奴隶的人的懒惰；草率的教条主义和不负责任的扯皮；贪婪的利己主义和不易克服的虚荣；歇斯底里的自我埋没和毫无目标的惊慌失措；对所谓"纯粹理念"的狂热以及对现实政治的狂热。我们也没有忘记无数大众的本性，他们用全部能动的和潜在的能量，去抵抗那些极力想要塑造他们的愿望的挑战，他们把这个行动拉进他们破坏性的旋风中。然而，我们继续期待着而且继续规划着，并且我们正在起步。的确，我们太了解这些"混杂的乌合之众"了，他们是一些敌视现实化工作并且亵渎犹太教中所有纯粹生成的强迫性的妥协者。我们并不知道在多大程度上能成功地把他们赶出那块使他们可能觉察出有剥削和获利机会的土地。但具有更深远意义的是，我们摆脱了过去和未来的所有失望，完全信任以色列，并且期待着上帝的到来。

第八篇　自由：论青年人与宗教

"上帝的作品刻在了书板上"，读的不是刻文，而是自由（《先祖遗训》Ⅵ，2）。

在有关当代犹太人生活的所有问题中，青年人对宗教的态度可能是最需要予以关注的问题了。不过，人们也许会问：青年人真的有一些特殊的宗教问题吗？青年人是那样关心宗教问题吗？

青年人关心宗教问题吗？这意味着，作为单个的青年人，依据其不同的个人气质、教养和环境而或许是宗教的，或许是非宗教的。但是，青年人，作为青年，他们以什么样的方式对宗教有一个明确的态度呢？而我们要求他们有这样一个态度，又是否合理呢？青年是一个完全开放的年龄。通过完全开放的感觉，他们吸取着世界那变化多彩的丰富性，而通过完全开放的意志，他们给自己的生活以无限的可能性。他们尚未宣誓效忠于任何一种——为之而将不得不阻断自己面向所有其他观念的真理；他们也还没有义务使自己遵守任何一种规范，而对其他激情保持沉默。他们懂得：对知识的追求，除了自己切身的经验以外，无其他界限；而那充满生机的活力除了对自己的整个生命以外，也没有其他责任。或迟或早，他们将不得不服从于自己对自然的和道德的制约力的理解和确认，从而失去自身的不确定性。因此，对于是否遵从宗教的，抑或是其他的教义；宗教的，抑或是其他的规则，就应该留给青年人自己去决定了。无论是谁，要想把宗教强加在青年人头上，那就无异于除了宗教以外而关闭了青年人生活周围所有丰富多彩的窗口，堵塞了通向世界的条条大路。

如果宗教真的按其本性来说就是某种固定方向和标准的制定者，或教义与规范的总和，那么上述的告诫是有道理的。然而，就其本性而言，两者都不是。教义和规范仅仅是结果，它们附属于人的精神在努力通过以自身内在体验去理解那依据可认识的和可行的象征秩序而表现出来的无条件者的工作时所产生的变化。最根本的实在是通过无条件者作用于人的精神以及人自身的洞察力和他那坚定地面向最高力量的勇气而建构起来的。人的精神是把无条件者作为一个伟大的和与人相对的根本的你来感悟的。通过创造象征，精神懂得了那原本是不可理解的东西。这样，在象征和谚语中，无限的上帝就向人的精神展现了自己，而人的精神则通过把普遍流行的思潮汇集起来而得出这样一种坚定的信念，即主以这样的，而不是以其他的方式支配着世界；或者，人的精神在某些教规的镜子中，捕捉到某些最初源泉的光芒，从而表明必须以这样的，而不是其他的方式去崇敬主。然而，不论象征还是谚语都没有使人变得微不足道和不真实，应该说，它们乃是无条件者本身在人的心灵中创造的形式，只是在今天这个特殊的时代，还尚未发展出一种更有效的工具罢了。在人类伟大的年代里，神在不知不觉中，超越了旧的神灵之传统象征，蓬勃发展出了一种新的形式。象征变得越来越内在化，越来越接近于人的心灵和越来越深深地融入了人的生命本身之中。……并不是上帝改变了，而仅仅是神的显现方式——神在人的精神的象征创造中的显现方式变化了——直到没有任何象征再适合,也没有任何象征再需要。而生命本身,在人自己生存的奇迹中成为一种象征,直到人握住上帝的手,使上帝真正地显现出来。

但这是一种神秘的精神之相互联系。在这种对所有人来说最根本的关切中,每一个人都潜在地包含着全部人类,每一个人的命运都潜在地包含着全部历史。每一个人都会在这样或那样一些模糊的时间流逝中感受到无条件者的力量。对所有人而言,这样的生命时光,我们称之为青年。在这样的时代,每一个人都会有无条件者向他招手的经历,都经历过对他是否能凭借自身的洞察力和象征的创造,以及对神的奉献精神和响应能力而坚定地面对无条件者的考验。在这种最内在的感受中,每一个人注定是宗教的。的确,青年人的全部开放性所象征的就是他的精神不仅仅向"一切"开放,而且向"大全"开放。不过,大多数人都未能实现他们的这种预定方向。无论他们是依然亲近他们祖先的宗教,还是远离它,也无论他们是继续信仰和实践着这种宗教和它的象征体系,还是拒绝坚持它的戒律,他们都不能经受得起无条件者对他的影响,因而就逃避了它。他们没有用自己的洞察力和献身精神以及响应的行动、工作去接近它,而是离开它,转向了有限的东西。

然而,不应该认为,我们这里所说的有限的东西是指一种非宗教性的世俗事物,完全不是。我们更想意指的是:那些被剥夺了奉献和使其丧失了与无条件者之联系的事物。对于那些完全把自己交给无条件者的人来说——无论他管这无条件者叫什么——奉献存在于一切事物之中;在他处理它们的各项活动中,神的显现得到了证明,并且所有的事物都是不朽的。但是,对于那些拒绝面对无条件者的人来说,他们生活于自己的生命之外,置身于世俗的有限性之中,他总是被混乱所包围,并没有任何结果。

因此,我们并不想把宗教强加在青年人头上,或是把宗教强行灌入一种可知的和可行的系统,而是关心唤醒青年人自身潜在的宗教;这就意味着,他们乃是心甘情愿、不可动摇地面对无条件者的影响。我们决不能向青年人宣讲说:上帝的启示别无他路,仅有一种方式能够显现,而是我们必须表明没有任何东西不能成为启示的显现者;我们不能向青年人宣称只有一种方式可以服务于上帝,而别无其他方式;而是必须清楚地表明,每一个行动只要它表现出了统一性的精神,它就是神圣的;我们不必要求青年人声明,要使自己的生命只和那过去某一个放射出神圣光彩的时刻相结合,倒是必须明确告诉他们"每一个人都有他的时刻"[①],那时大门会向他打开,神的话语也可以听见。我们这些深深敬畏那不可知的事物的人们并不打算向青年人传达有关上帝的性质及其工作的知识;我们这些把生命看得比律法和规范更神圣的人,也不想用那归属于上帝的律法和规范来约束青年人。我们要帮助青年人响应自己内心所感受到的无条件者的伟大力量,不回避自己命中注定的机缘,不麻木地错过形而上学的自我发现的机会。通过这样的方式,我们不但没有减少青年人的开放性,而且还鼓励和肯定了它,没有关闭它的任何一扇窗口,而是让他们去吸收那里所包含的各种观点;也没有堵塞任何一条路,而是使青年人更容易地看清所有

---

① 《先祖遗训》IV,3。

的道路,并且如果走在真理和奉献的道路上,就会通向神圣的上帝。

但是,人们也许会问:"如果宗教的根本意义并不存在于那通过戒律和礼拜方式而结合起来的社会团体的道德态度及习俗中,而是存在于那一切人所共有的内在意识所产生的行动,一种(普遍之人类)的行动中,那么如果说在犹太青年与宗教之间有什么特殊的密切关系,又怎么可能呢?或者更广泛地说,任何民族的青年与宗教之间有什么特殊内在联系,又如何可能呢?"

为了回答这个问题,我们必须首先考虑这个问题的一般方面。然后考察一下是否有一些特殊的,在任何其他民族中都没有的因素,尚未在犹太教和它的青年人身上发生作用。

我已经指出了一种威胁到所有青年人的错误,这种错误使许多人成了不能够经受起无条件者的影响,而逃离开它的牺牲者。但是还存在着其他更严重的错误,即自称经受得起,其实不仅欺骗了他人,而且欺骗了自己。无条件者是这样影响一个人的,当人让自己的全部存在被无条件者所包容的时候,就被无条件者彻底震撼和改变;而当他用自己的全部存在,用那能够感知神的象征的精神,用那热爱"大全"的灵魂,用那经受了活的生命的考验的意志,去响应无条件者时,也同样会被无条件者所彻底震撼和改变。

但是,在某些奇怪反常的情况下,也许会发生这样的情形。一个人抱有一种已然使自己服从于无条件者的幻觉,但事实上却已经离开了它。他把受无条件者的影响的事件解释为曾有过一种"体验"。他的存在还完全没有受到什么影响和改变,而他已经在欣赏自己的提升感觉了。他不懂得响应，他知道的仅仅是一种情绪。他有一个心理学上的上帝。

就这些错误而言，首先，那种倾向于肤浅的理性主义的借口，乃是早一代人特别具有的特性。其次，就新一代人来说，有所保留的接受是通常的做法，这不过是一种肤浅的情感主义。这后一个错误明显是更严重的，因为有所保留的肯定比起否定来说总是更成问题。在某些方面，宗教热情可能会进入到一个逃避者的心中，但却绝不会渗入到一个冒牌者心中。一个人可以在一种宗教意义上是一个理性主义者，一个自由思想家，或是一个无神论者，但是一个人却不能在宗教意义上做一个"各种体验"的收集者，一个情绪的自我炫耀者，或者空谈上帝的人。在华灯初放，辉映着星罗棋布的商业网点的傍晚，星光依然宁静地闪耀在天空，就像它寂然无声地挥洒在山谷中一样，然而永恒之光却不能穿透那充满了公众喧嚣的尘雾。

但是，怎样才能使青年人免于这一错误呢？或者进一步说，青年人如何保护自己避免它呢？有一种巨大的帮助力量就在旁边，那就是充满生机的社团。只有脱离开它的人，由于除了到他个人体验中去寻求以外，汲取不到任何深刻的思想资源，才会把无条件者的影响降低为一种"体验"和一种对音乐王国的文学情感式的反应。一个真正与民族密切相联的人就不会陷入这种错误，那不是因为他掌握了他的人民千年来为了期望和服务于无条件者而创立的那些象征和形式，而是因为他具有一种从与人民的联系中，创造出想象和形式的能力。我说过，这就是真正与他的人民联系在一起的人。在这里必须指出的是：表明与自己的民族融为一体，并不意味着一个人就已经真正地与人民联系起来了，它在最好的意义上，也仅仅意味着渴望这样一种联系罢了。

当和自己的民族联系起来时，一个人就会意识到：这些人民那富有生气的团体是由三种要素组成的。在他之前，有表达在文学和历史中的、人民的神圣工作，还有那写在羊皮纸上的文字和契约，记载着这个民族与他的上帝的关系的编年史；在他的周围，有一个现实的民族实体，无论其内部可能多么的衰败、颓丧，神的光辉依然存在；尽管也被禁锢在每日悲剧性的黑暗中，然而那原初的火焰仍然在那里放射着光芒。于是在他的内心，在他灵魂的最深层，有着一片宁静，只要他能够向那古老的记忆敞开心扉，从那里就可以产生出比他个人体验的浅浅微波更真实的知识的涌泉。不过，这种涌泉只会向那些全身心投入于这样一种联系的人敞开。

构成他的民族充满生机的社团的三种要素，对青年人来说是三重力量源泉，是他和无条件者之间关系的三重基地！

应该记住，无条件者在人的个体身上所产生的结果，可以说代表了它在普遍的人类精神中所产生的结果的缩影，人的个体如何能够发展出一种恰当的响应，他又怎样甚至能够发展出一种适当的象征，他难道不是人类精神连续进程中的一部分吗？然而，响应和象征只有在绝对之中才能被直接地给予个人，这种绝对就是其民族宗教创造性的生活。在这里，人类和上帝之间的无言对话，对他说来浓缩成了灵魂的语言，对此，他不仅能够理解而且他自己还可以添加进那尚未说过的新的表达。没有这种语言，他所能做到的不会比一个口吃和结巴更多。甚至对于新宗教的创立者们来说，无论他们的语言和契约看起来似乎多么的新颖，事实上他们也依然立足于他们民族的象征和想象的创造连续体中；并且当他们从岩石中汲取泉水的时候，这泉水在他们的努力之前已经不知不觉地流淌，并深深地渗入到岩缝之中了。所有宗教的创立，所有真正个人的宗教，都仅仅是古代宝藏的发现和升华，是对生长在表层之下的民间宗教的展现和释放。没有与其民族之间的联系，即使上帝召唤他，他也还是无根无形的。只有从那种联系中，他才可能获得骨架和实体，从而使他敢于面对他的召唤者。

我所说的关于年轻人与其民族的宗教生活的联系，对犹太教而言特别恰当，其中有两点理由。首先是犹太教的宗教发展中的自律性，这是一种西方各民族没有体验过的自律性。在西方人那里，宗教倾向及其形式的自然发展，受到了一种从外部强加进来的精神原则的限定和改变。比如在基督教那里，尽管教会用尽了各种巧妙的方法，试图把它的教义和那种在其他宗教神话和巫术中存在并激发了民族情感的原初力量结合起来，然而始终没有能达到完全的统一。因此在基督教中，那些希望从与自己民族的联系中获得营养和支持，以实现他们个人与无条件者之间联系的年轻人，更恰当的不是求助于宗教，而是转向那些在民族生命的隐蔽但却可靠的形象中，依然活着的原初力量，即它的风俗、传说、民歌和格言。但是在犹太教中，其他的影响却没有被接纳，全部宗教的发展都唯一地产生于民族自身灵魂所固有的力量，外来的因素与这种发展没有任何冲突关系。所以在这里青年人面对着一个统一的王国，当他的宗教在其表面的官方形式中不能给他提供所需要的帮助时，他不必抛弃它们而转向他民族存在的其他方面，而只需走进它们本身的深处，转向那些尚未占统治地位，但仍然继续活在表层下面的犹太宗教热情的各个分支中去。

然而,就他为什么不能求助于其民族存在的其他方面而言,一个更根本的理由是:在犹太民族的生活中,没有任何领域不是与宗教相关联的。这不仅表现在犹太教与无条件者之间关系的特殊丰富性中,而且也表现在它特别具有的活力上。对于不同领域的努力的任何区分,以及对其他大多数民族之特性的区分,都有悖于犹太教的基本性质;在它以外的宗教因素,不是非常地外在化,以致与其创造性的表达无关,就是在某一方面或其他方面受制于和依赖于核心的宗教要素。甚至在民族对于《圣经》宗教中的上帝的最初背离中所假定了的那种宗教形式,即那背离上帝的大众,不满足使自己屈服于他们新的被解放了的本能,也是一种特性;而他们为了放弃一种偶像而把他们的财宝聚集起来,也表达了他们追求的热情①。一位现代希伯来诗人乃是上述特性的例证,他并不满足于取代阿波罗神像而忠诚地崇拜古老的上帝②。无论什么样的宗教创造形式可能出现在犹太教中,它也不会失去自己基本的特性,犹太教奉献给世界的最伟大天才斯宾诺莎只是那些认为在现实中,上帝是思想之唯一主题的伟大思想家之一;而对古代的弥赛亚的向往,也依然活在犹太社会主义者的诸多意识形态之中。

我清楚地意识到,自从我们时代犹太复兴的要求变得日益显著以来,一直有一些人尽管还远没有掌握任何浅显的启蒙运动理论,

---

① 《出埃及记》32:3末尾。
② 索尔·车尔尼雪夫斯基(1875—1943)的诗歌崇拜宇宙自然的伟大和美丽,赞美古代和古典世界的诸神。布伯在此指《在阿波罗神像前》这首诗。

却哀叹犹太教中宗教因素的支配性①。他们视这种支配性为民族生活的狭隘性和对民族活力的削弱，认为它导致民族能量从其正常的工作中分散开来。这些人渴望犹太教的世俗化，并因为宗教要求在其最狭隘的观念中，如此经常地窒息着民族的活力，而给它以呆板的流放生活的称号。我承认这样的看法有其合理性。然而，它是建立在一种根本错误的基础之上的，它把其宗教历史的表面形式误解为犹太教的伟大宗教创造。只有在一种地方，宗教对于一个开放的民族的能量才会是一种损害。即它致力于扩大——那确实在犹太人聚居区中正不断强化着的——"你不应"的宣传，以及致力于在允许和禁止之间作出微小的区别。当这是一个任务的时候，它就忽略了真正的工作。这种真正的工作就是，并且依然是人对神的响应，整个人类对神的响应。因此，神圣的与世俗的统一，实现神圣并使世俗神圣化，以及使万事万物之间的关系神圣化，就是那在上帝之中的自由。不过，哈西德主义尽管仍坚持与"你不应"这一传统的密切联系，但已经做出了——虽尚不成功——巨大的努力。它试图在神圣与世俗秩序之间进行综合，把根本的宗教意识与纯朴自然的生活相融合。犹太教的创造性的未来，并不在宗教狂热的杂草之中，而正是在这种综合方向上。推动这种综合发展的力量要靠青年人，当他们为自身灵魂寻求帮助而进入到犹太教深处的时候，他们就会找到真正的生命之泉而不是腐败的岩石。

经过几个世纪的努力而在最近几代人身上完成的理智化，给今

---

① 例如，雅各·克拉茨金（1882—1948）鼓吹世俗的民族主义，"否定流放"。

天的欧洲青年带来了压抑和孤独。就理智化而言，我是指那种从有机的生活环境中挣脱出来，并成为与有机的灵性截然不同的寄生化的过渡理智，而进入到那里生活就全部被改变了。由于有直接的社会联系方式，不论叫它什么都一样：爱情、友谊、同伴或是朋友，联系仅仅是人与人之间，并因此是心灵与心灵之间的联系，但却绝不是思维器官与思维器官之间的联系，这样的理智化就导致了孤独。那不是首先登上山顶，然后以宁静的心情等待其后面同伴时的一种喜悦的孤独体验，而是由于失落和绝望所带来的，如临深渊般的、否定的孤独体验。为了走出心灵的这种焦虑和压抑状态，现代欧洲青年渴望社团，这种渴望如此之强烈，以至于随时让自己服从于任何虚幻的社团，对此我们已有过许多的经历了。但是，由于不正常的流放生活，使理智化仍然进一步在发展，犹太青年的孤独也变得更加严重。此外，犹太青年，尤其是在西方世界中的大规模之分裂，使他们与自己本来的民族存在相隔绝了，从而逐渐陷入了一种幻觉，仿佛他们与其他的民族具有有机的联系，而这也加剧了他们对团体的渴望。

只有真正地与自己民族的宗教创造生活结合起来，才能使犹太青年的这种渴望平静下来，并且克服他们理智化的孤独。

我已经指出为什么青年人为了建立自己内心的宗教生活需要这种结合，那就是：使自己能够不以空想者所具有的"体验"的任意情绪面对无条件者，而是以战士和劳动者的姿态去面对这上帝。战士和劳动者轻视所有个人的自由，使自身与本民族的创造力结合在一起，并在自己的生活中追随它。然而，青年人需要这种结合，也同样是为了他们内在的民族生活的需要。不能再允许那种认为仅仅读一读别列克①的诗或唱一唱意第绪语民歌,或者靠一些半宗教性的情感和抒情,就可以根本性地建立起与自身民族的联系的错误观念。必须懂得某些生死攸关、更为重要的问题:那就是一个人必须投身于犹太教紧张的创造过程中去,以极大的热情参加到所有冲突与协调的大量斗争和工作中。他必须带着崇敬的灵魂和精神的自觉在内心中重新创建这一过程;他还必须通过确信和对转化为现实的整个过程的认识,不仅从内在的灵性上,而且用整个生命参与其中。对他而言,所需要做的就是准备复兴。对复兴这一理念来说,绝不能像我们当代短期犹太运动中经常出现的各种理念那样,堕落成为可以使我们免于斗争、学习和建设的努力的一种舒服的口号。在那种口号中,情绪可能是奢侈的,精神也走向松弛。复兴的理念必须是一面旗帜,靠那些要把自己的信念付诸实践的人们,高举着向前。当犹太教那宗教斗争和宗教创造的精神历程,在一代人热情地把理念付诸现实的语言和行动中,恢复生机的时候,复兴也就在其中了。

然而,复兴虽然不能没有参与,但仅仅参与是不够的,它还需要某些更富有创造性的东西。于是在这里,一个根本的问题就摆到了我们面前:参与的性质和目的到底是什么?

对于今天的青年人来说,根据他到底把犹太宗教的本质看作是寓于教义之中还是律法之中,就有两条路可以遵循,即或者献身于犹太教的教义,或者献身于犹太教的律法。

---

① 海伊姆·纳赫曼·别列克(1873—1934),希伯来文艺复兴的著名诗人。

我将首先对这两种观点中的第一个进行考察。它的提倡者①把充满活力的宗教及其许多方面提升为一个抽象概念的系统。但是在这一过程中,那些富于教养、充满创造力和难以表达的宗教因素,以及它们的超理智的意识就丧失了。于是教义——首先是上帝的唯一性的教义,以及道德的戒律——首先是"爱邻人"的戒律,就被挑选出来并被概括为适合于一种或另外某种主要哲学流派的规范的形式。其结果是,对于那些不熟悉犹太教丰富的超理智的宗教热情的人来说,犹太教看起来就是奇怪、固执地回避了现代哲学的某些一般法则,例如,把上帝的理念作为实践理性的要求或绝对命令等。历史地看,这种回避可能是不可避免的,但是现在就是完全多余的了。

这样一些理论的创始人忽视了这样一个事实,即宗教真理并不是概念的抽象,而是与生存相关。这就是说,只有在个体或团体生活的宗教现实化中,各种条文才能够指引方向,宗教真理才能够被恰当地证明。的确,他们忽视了这样一个事实:只要先知们的教诲从他们自己以及他们的追随者所生活的环境中抽离出来,并转换成一种完全非个人化、独立的准则,同时也被这样地理解和接受,那么它们就立刻失去了其宗教性质。在停留于表明是什么和应该是什么的法则中时,宗教教义的条文代表了一种较具有鼓舞性的,但也更为基本的和富于变化的、形而上学的或伦理学的观念体系。但是,当把它们视为一种伟大生活的部分表述时,观

---

① 例如,赫尔曼·柯亨(1842—1918),德国哲学家,新康德主义学派最著名的代表。

念化就不合理了。它们超越于所有的观念体系,并且不隶属于任何规范,它们是一般的真理,是不依赖于任何其他事物的宗教真理。在这里,条文本身并不就是真理,而生命,倒如同它一直所是的和将要是的那样被实践着。条文之所以是真理,只是因为靠了这生命的恩惠。因此,在犹太教中,上帝统一性的真理不仅包含着:"我到你们这里来"①,而且包含着摩西的全部生活;不仅是"以色列啊,你要听"②,而且还有先知们的死。

进一步说,前述那些理论的作者们,都忽视了这样一个事实:宗教真理并不是静态的,而是动态的。就是说,它既不属于,也不会完成于在时间中的任何单一的历史时刻,它也不可能从这样一种单一的时刻中抽取出来。相反,在过去的每一个时刻,不论它在启示的方面多么丰富,也只是这个真理的一部分,就像实际中的每一个宗教创造时期那样。因此,在犹太教中,联系在一起的有关上帝唯一性的真理就是其完全的发展及其全部变化的形态:即从自然之多样化到精神之单一化的顺序发展中,那《圣经》中上帝称呼的多重性,以及与不断增长着的、对经验世界的不完善性认识相一致的、舍金纳的同样的分离。那个被要求创造了人类的天主只是它的一部分,以及神借以投射到世界中来的同样的一个塞菲洛(Sephirot)。所有这一切,都不是减少了唯一性,而是增强了它。一些后来的发展仍然是它的一部分,并且我以为,某些发展还未到来。

---

① 《出埃及记》3:14,通常翻译为:"我是(我是)。"
② 《申命记》6:4。

宗教真理与哲学真理的截然不同之处在于，它不是一种准则，而是一种方式，不是一个论点，而是一个历程。上帝是仁慈的，这是一种抽象的陈述，而为了深入到那超越其上的宗教真理中去，我们就绝不能从开放的《圣经》退缩至它的一些最糟糕的段落。例如，上帝厌弃扫罗（他曾受膏而被选中，从而领受了新的精神），因为他饶恕了亚甲——被打败了的亚玛力人之王的性命①。我们不要抵制笼罩在我们心头的战栗，但是让我们去追随那些作为民族灵魂的，从而指引我们为理解上帝而奋斗的部分吧。于是，我们就会回到《犹太教法典》中那些神奇的段落。依据一种古老的《圣经》解释，上帝喜悦歌利亚的魂，并借助天使的提示来回答大卫本人："把他们转化为朋友乃是对我的义务。"② 这里我们就看到了一种宗教真理。

灵魂的洁净是一个伦理学概念，然而，让我们不要从读摩西第三经中那些描述用羊和鸽子的血来洁净，或者通过羊作替身来洁净的段落中退缩。当我们的心在这些伟大、古老但却疏远的符号的冲击面前颤抖的时候，让我们跟随那为了自身洁净而奋斗的民族灵魂所走过的道路。那是一条超越了先知和诗篇的、通向阿基巴（Akiba）的自由哭喊之路，"上帝是以色列人洁净的浴场"③。只有那时，我们才会充分意识到洁净这一概念中的宗教要素。

从我们对于生活和世界的感觉来看，一种美德和奖赏之间的

---

① 《撒母耳记上》15：9—23。
② 《法庭篇》105a。
③ 《密西拿·赎罪日》Ⅶ，9。

结合,已经是不可接受的了。但是,我们绝不能以这种态度去看待古老的犹太宗教中的记载,在那里,从上帝和祖先们的契约——通过摩西的赞美与诅咒,到先知们的允诺与警告,相信奖赏与惩罚构成了道德要求之自我确证的基础,也构成了一种甚至在迈蒙尼德式的关于信仰的文章摘要中都永恒存在的信念。与此同时,我们也绝不能对人的神性及其不断增长的、远离那种信念的决心和奋斗视而不见。我们可以在高尚的《犹太教法典》箴言"为了《托拉》本身的缘故"① 和哈西德派关于美名大师(Baal Shem)(他由于犯罪而失去了来世生存的权利)仅仅由于他现在可以服务于上帝了,就完全为了这缘故本身而充满了感激和喜悦的故事中② 追随这种进步。这里,一种宗教的真理展现在了我们面前。

因此,我们必须反对恪守于这样一种认识:以为犹太教的教言是某种完成了的和非常明确的东西。对我们来说,这两者都不是。应该说,它是一种尚未完成的巨大的精神创造进程和创造性地响应无条件者的过程。正是在这个过程中,我们期望用我们的意识和活的生命分享到那种创造性的活力。不过,要实现这种分享,我们就必须充分地领悟这一过程,不仅是领悟它的某些孤立的方面和结果,也不仅是它的格言和理论,而要以充满渴望的意识,去理解它迄今为止的全部发展,在内心中重建其全过程。然而,这还不够,我们还必须真正地决心把握这一过程,它的全部,从其开端,到其前前后后的冲突与协调,直到我们自身——水平

---

① 《先祖遗训》Ⅵ,1。
② 一个类似的故事说的是有关美名大师最著名的门徒大马吉德。

虽然不高,但却是被上帝所鼓舞的儿子们。作为过渡的一代,我们的青年将尽他们最大的努力奉献出他们的工作——并超越我们的时代。

我曾说到的两个观点中的第二个,认为"托拉"一词不是指教言,而是指律法。它的提倡者号召犹太青年献身于犹太律法。就"律法"一词而言,他们所指的是那些最初以非文字的形式存在,而后才被写下来的,据传统所说,乃上帝于西奈山上,在聚集的以色列人的倾听中,授予摩西的那些全部法规的总和。这种授予性的律法的传统,在世世代代生与死的长河中得到了加强。它是如此地强大和富有尊严,以至于它的某些力量和尊严传给了那些真正生活在里面的每一个人。这就是说,对于那些用自己的全部生命坚持这些戒律和禁令的人来说,并不是因为他们的父母和老师教导他们和要求他们这样去做的,而是因为他们在自己灵魂的深处确实感觉到,这六百一十三条戒律和禁令[①]是上帝对以色列人所说的话的核心与要旨。萨姆森·拉斐尔·赫尔施[②]在他关于犹太律法的概念中通过给予其核心的位置,而充分证明了这一原则。门德尔松[③]在与拉瓦特尔[④]的争论中,也把这一思想作为犹太教的正当性的主要论点。在说到所有以色列人在没有任何中介的情况

[①] 包含在犹太律法中传统的戒律数目。
[②] S. R. 赫尔施(1808—1888),犹太教新正统派的创始人,《何烈山》(1837)一书及许多《圣经》评论文章的作者。
[③] 莫塞斯·门德尔松(1729—1786),哲学家,德国犹太人启蒙运动的领袖,论犹太教和宗教的著作——《耶路撒冷》(1783)的作者。
[④] 约翰·卡斯帕尔·拉瓦特尔(1741—1801),瑞士新教神学家,他曾试图说服门德尔松接受基督教。

下，都听到了上帝的声音这一事实之后，赫尔施还继续指出："通过这一排除了任何错误的可能性的事实，《托拉》就在所有的时间中，对所有的世代，永恒不变地建立起来了。"

对律法的真正确定必须扎根于对启示之事实的确信，扎根于对它的内容已经可信地保存在了这六百一十三条戒律和它们的结构之中的确信。的确，这样的确定只是在这种确信的支持下才具有宗教价值。那些以这种基础来遵守律法的人，他们生活的正当性是不容置疑的。对他来说，正当性就在于那是一种无可辩驳的真理。这些人理应受到我们的尊敬和赞许，特别是当他们为了律法的缘故，而安然承受着我们社会中各种困难和诱惑的时候。然而，如果他们缺乏这种确信，他们的牺牲精神，不论是出于虔敬还是习惯，就失去了其宗教意义，并且也因此而失去了它特殊的神圣性。

一个人由于知道或感觉到，遵守戒律乃是生活在上帝名义中的唯一途径，才使其有了自身的完全正当性。但这对所有外部的批评者来说，却是从根本上不可接受的。然而他能够对那一切批评提出反驳。但是，如果没有这种基本的态度而去遵守戒律，那就意味着让人本身连同戒律一起去面对一个完全不同的民族精神的批评眼光的检验。因为与无条件者的关系，乃是整个人的一种献身，而这种人的精神和灵魂乃是没有分离的。那种从肯定人的尚未分裂的灵魂，到把它们从与人的尚未分裂的精神的一致中分离出来的行为，乃是对这种献身的亵渎。不过，这是那些律法的盲目追随者们所犯下的亵渎。他们要求律法之所以可以接受，不是出于对其神圣起源的确信，而是来自于服从犹太人集体意志的权威。他们宣称，首先的和最重要的，就是必须服从律法，然后才谈得上其他事情。他们说，律法限制了意志，但留下了人之存在的自由。

我们坚决反对这种辩证法。就我们心目中所企盼的人来说，信心和意志，人格和事业，乃是一个不可分割的整体。虽然在这种统一性于所有领域实现之前，他可能仍然要花很长的时间去对抵抗内外巨大的压力，克服难以言说的困难；但有一个特殊的领域，在那里是不会有更多的耽搁的，那就是宗教热情的天地。因为这是一个真正统一的王国。尽管人们在其他方面依然被冲突所分裂、撕扯和折磨，但在这里，却可以在任何时候成为整体的和统一的……

对于那些不同意我所说的确信的人来说，这种见解表现了一种与接受传统律法不相容的路径。而他们中间没有人熟悉一种新的年轻人的新的宗教意识：这个星球，虽然依然保持着生机，没有冻结，却仿佛只想到绕着自己的轴旋转，仅仅在开始时才模糊地想到还有一个围绕着不知名的太阳的轨道。那些曾经接近过这个生成意志的秘密的人却不会想到，它包含着这样一种信念：处于某一具体时间中的启示，竟会放射出它的全部光芒，并照亮了所有的时代。

然而，我曾说过的犹太青年对社团的热情似乎毕竟来源于使自己献身于传统教言和律法的动机。可以感觉到他们有一种不断增长的、真正发现一条回归到自己民族中去的道路的渴望——不仅仅是回到民族有记载的过去和对未来的憧憬中去，而且也要回到当前的现实中来，并且成为民族的一个有机组成部分，与之融合在一起。对他们中的一些人来说，这种融合似乎只靠接受犹太民族特殊的教言和习惯——它们也构成了犹太传统的教言与习惯——就可以获得。这种看法得到了那些劝说者和狂热者的支持，那些人不满意他们犹太民族主义的经历。之所以不满意，是因为在他们看来，那还不够犹太化；而真正说来，不满意应该是因为还不够人类化——于是现在他们公开赞扬那可以作为最后的和补偿的，对于其一般传统律法的献身。但是那些抓住了这种信念的人们，看不清在今天，我们的命运和世界的命运所显现出来的种种迹象。在民族整体中，有十分杰出的东西，如它对坚持律法的忠诚是值得敬畏和鼓励的。然而更加杰出仍然是民族精神的运作，那些敞开自己灵魂去面对它的人，能够感觉和意识到，有某些新的东西将要从中产生。

但是，这种新的东西将不会凭空产生，它将对已有的材料进行发展与改造，将是古典宝藏的发现和升华，使那些一直在表层下成长的东西显现和释放出来。因此，对我们来说，就应该用我们的心灵和精神，而不是丧失我们的心灵和精神，去抓住古老的宝藏。我们希望依然忠实于我们称之为犹太运动的伟大精神运动的目的，这不是一个浪漫主义的运动，而是一种复兴。因为尽管那些劝说者和狂热者或许不会承认它，但当精神在为一个民族而探求的时候，屈从和让步于那些民族过去所形成并通过话语和习惯而流传下来的形式，总是浪漫主义的。而当精神给生命带来浓缩在那些形式中的原初力量，从而唤起它们进入一种新的创造性中——当它遇到一个民族，并使之具有创造性时，它也总是一种复兴。

在这样一种认识的指导下，我们将试图对萦绕在我们心中的问题给出一个答案。不过，首先我必须向我在这里所提到的"我们"，以及我在问题和答案中一向所面对的那些人作出解释。他们就是这篇演讲所针对的那些人。而他们中间又只有一部分人是那些真诚地参与宗教意识的不断发展的、正在成长中的一代犹太青年。这样，我所指的就是这样一些年轻的男士和女士，他们所关心的并不是在我们这个混乱的时代，通过与那经过验证的可知与可行的秩序相一致来获得一种安全感，而唯一关心的是在这死与生的过渡时刻，坚定不移地面对无条件者的冲击。而一种分离的、以自我为中心的生命不能给年轻人提供这种面向无条件者时所需要的基本的和关键的素质。为了获得这样一种基本的和关键的素质，一个人必须使自己的全部生命都献身于那些迄今为止形成了人类精神的所有力量，这些力量只有在绝对中，即在宗教的创造性中，在其民族的生命中才被直接地赋予个人。他还必须通过话语和行动民族的精神历程复原到生活中去。要懂得，这种复原不仅需要献身精神，还需要更多的创造性，但没有献身精神也是不行的。我们要问自己，这种献身的方式应该是怎样的？现在我们就试图给我们的问题找到一个答案。

正像我们已经看到的，我们不能让自己献身于接受犹太教的教言，如果这种教言被认为是某种已完成和明确的东西；我们也不能让自己献身于犹太律法，如果这种律法意味着某种封闭性和不可改变性。我们能够让自己献身的只有原初力量，以及那活着的宗教力量，尽管后者在所有犹太宗教中，在其教言和律法中都有活动的足迹和证明，但这两者都没有充分地表达它……它是永恒的力量，它在任何时候也不允许让人与无条件者的关系完全凝固为仅仅是某种信仰上的接受及行为。出自于全部教义和规范的这种力量，与要求在上帝中的自由是一致的。尽管宗教的教言可能把神看成是我们这个世界从中获得告诫、奖赏和处罚的彼岸，但原初力量通过允许在完美的人的自由行为中那统一性的诞生而指出了超越这种分离的道路（显然并没有亵渎宗教的教言）；并且尽管律法可能宣布了神圣与亵渎之间的区别,但这些原初力量通过允许在完美的人的自由行为中使亵渎转化为神圣而克服了这种区别(显然并没有亵渎律法)。它们的工作是唤起人们对神的响应,这是完美的人的响应,并且因此是一种神圣与世俗的统一,神圣的实现和世俗的神圣化。而使所有事物都与神圣相关,即在上帝之中的自由。刻在约板上的上帝的话规定了自由。而宗教的力量就是通过不懈的努力,去再一次地重新发现那些神圣自由的象征。上帝原初的约板破损了,而宗教那永恒的更新力量就通过其不懈的努力,去恢复那写着教言和律法的第二块约板上的、有关神圣自由的已经模糊了的纲要。这种力量的永恒更新的努力标志着一种融合的追求。那无偏见的、完全自然之生命的、根本性的宗教意识就像它们曾经所做的那样,再一次地和上帝原初的约板融合了。有许多迹象表明一种新的努力正在出现,我们相信它将会成功。我们信任那些正试图从民族精神中产生出来的新的要素,为了准备帮助这些新要素崭露头角,那些愿意用语言和行动把他们的理想付诸实践,并在生活中恢复犹太教的精神历程的一代人,必须让自己献身于原初力量。它是必须揭示和升华的宝藏,是必须使之展现和释放出来的、在深层中生长的宝藏。在这个生与死的年代,为了承受住无条件者的冲击,我们需要它的帮助。

人类在目前所唤醒的宗教渴望类似于犹太教的原初力量。今天,思考着的人们终于可以不再容忍神圣与世俗之间的二元论,以及那假设独立于衰颓、拥挤、喧嚣的世界的灵魂与依赖于这一切的生命之间的对立。他们也不再愿意忍受教会所认可的这种冲突的奴役。他们要抓住神圣与世俗之间的统一以实现它,并由此而带来真正的自由，即在上帝之中的自由。分裂的人必然是不自由的，只有统一的人才是自由的。分裂的人除了分裂以外永远不会有任何成就，只有统一的人才能建立起统一。统一的人和正在统一的人以及所有的人都自由地生活在上帝之中，这就是目前人类正在被唤醒中的、渴望的目标，就像人是犹太教的宗教力量的目标一样。在这里，存在着能够单独就使犹太教免于衰退和麻木的力量，而通过这样去做，就能使它再一次把它的教益写入世界历史。

然而，了解了它们的一些根本倾向，几乎还不足以构成对这些力量的真正献身。这样的理解仅仅是充分认识它们全部内容的入门而已。我们必须，我再重复说一遍，带着精神的虔敬和自觉，从内部投身于那伟大的精神历程。我们必须通过这种参与，并以我们在其中的活动为依据，开始确认和理解所有以我们的整个生命为基础的发现。

不过，我们不可能单靠我们的情感就投身于这种精神的历程，或沿着原初力量的方向深入下去，而必须要在虔敬和无偏见的认识中去做。这种无偏见的认识，尽管永远归功于那接近事物内在核心的直觉，但是在找到这种接近以前，却不能省却收集、筛选、检验事实的工作。我们那自由的、创造性的情感只有在融合了一切认识成果时，才能发挥作用。

我谈到虔敬和无偏见的认识，是因为我们的年轻人在研究犹太宗教问题时曾有过痛苦的失败，其部分原因就是由于缺少这种虔敬，和没有从偏见中解放出来。这种虔敬的缺乏，绝不只是那些没有宗教倾向的人所特有的，它也是那些确实有宗教倾向的人所具有的特点，只不过他们所满足的是把伟大的、历史的宗教体系视为陈词滥调,或是与自己的宗教情感无关的那种倾向。如果不是沉湎于这种简单的偏好之中,这些年轻人可以扪心自问是否他们的情感实际上不过是一种情绪而已。他们会认识到,那其中缺乏实质性的东西。他们也将会意识到,无论这些情感看起来多么地高超,如果它们不能从在过去四千年中得到证明的、无条件者对民族精神的影响的记载及形式中汲取养料,那么它们依然是贫乏的。而另一方面,其他人则易于陷入一种偏见之中,认为这些记载和形式,只要它们被官方传统认为是神圣的,就是整体上不可分割的,不论是在其活的力量还是死的力量之间,或在有生命力的象征与可忽略的意义之间都没有区别。然而,尽管不含一种偏见地一体接受它们确实是可能的,但更准确地说,从中进行选择又是不可能的——而正是这一点,在这里具有决定性的意义。

我们的宗教文学必须成为虔敬和无偏见认识的对象。《圣经》的读者必须努力理解它的原初语言,希伯来文——理解它本身就是一种知识。他将不是把它作为一种文学作品来研究它,而是作为无条件者作用于犹太民族精神的基本文献来看待。不论他有关注释的知识是老的,还是新的,他都要为研究每一段的原始意义而超越它们;也不论他多么熟悉现代《圣经》评论在各种来源之间所作的区分,他都要超越这种区分,而更深入地进行甄别和联系。虽然并不害怕公开神话的因素,但无论对他来说,那原初的东西可能多么不相容,他也不会趋向于根据一种适当的历史存在来作出神话的解释。他用欣赏诗歌的方式来读《圣经》,但也用一种直觉去抓住那优于所有方式的、超诗歌的因素。对于这样的读者,《圣经》会把隐蔽的宝藏和原初力量的作用显露出来,在那里新的宗教热情的种子能够汲取养料和精华。这种阅读《圣经》的方法也应为以后那些没有忽略其庞大的、似乎无指望的材料的、认真的文学研究所采纳。

同样，犹太群众和他们的所有信仰及习惯也必须成为虔敬和无偏见理解的对象。我们必须深入到他们的内在生活中去，让自己浸泡在他们的内在精神和热情之中，那是一种始终未减弱的热情。确实，那也是一种任何苦难也不能使之减弱的热情。我们还必须去体认，尽管有一些扭曲和偶然的腐败类型，但犹太民族古老的宗教激情是怎样地仍然继续保持在他们中间；并且在其中又如何产生了一种至今尚未平息的愿望，那就是在每天的生活中，让世俗的事物神圣化，并肯定与上帝的契约。我们要同时辨明两件事情，一是这个民族需要再生，二是它能够实现这一再生。因为与那些腐败相伴随的是，在它内部仍然有着洁净和赎救的要素。

探寻民族文学和他们生活的深层奥秘这两方面共同的努力，将使拥有虔敬和无偏见认识的一代人，一步一步地沿着原初力量的路径坚定地走下去，就如同这种力量在过去的时代引导人们向前走一样。

比起其他人来，我们甚至有更多的区分。这是一个既是最后审判又是解放，既是迷茫又是返真的时代。目前正在展开的新一代人的宗教意识是否将成长到充分的成熟，并且这一代人是否因此而掌握领导权，对人类的命运来说将是至关重要的；而特别对犹太教的命运来说，转折时期的一代人能否恢复其原初力量而前进，也将是一个决定性的问题。这就是它能否再一次地在其自身灵魂中找到斗争的准备和创造性的力量，而那原初的斗争和创造，它是曾经认识和体验过的。两方面的命运——人类的普遍命运与我们的特殊命运，在其核心中是联系在一起的。就目前所唤醒的人类对宗教的渴望来说，它与犹太教原初力量之间有着亲缘关系。

沿着原初力量的路走下去，转折时代的人们遇到了他们自己本身，而只有沿着这条路，才能遇到自己。然而，只有当认识到这种已找到的力量并存在于自身中的时候，才能够作出选择，并给自己最内在的力量以方向。

当原初力量在新一代犹太人中成为真正活的力量，并渴望再一次被激发，从而与他们紧密地结合起来的时候，这一代人就必须重新开始他们的工作，必须开始为自己准备一种新的工作，这就是在他们的社团之中，在他们的故土之上的工作。在那里古老的熔炉尽管被掩盖在灰渣之中，但仍闪烁着光芒。

我们一定要创建一种社团，并通过联合起劳动和牺牲而使之坚固地确立起来。这个社团中的人们，在那难以言说的上帝的名义下，将来到体现其意志的锡安山。他们心中的神秘在不断地扩展，超越了所有教诲和律法的范围，不过依然不可表达，没有定型。而原初力量的洞察力已经向他们开放，凭借它那些不可表达的和无以定型的东西就能经历一种新的显现，那就是人类对神的响应，以及神圣与世俗的一致。只有一条路可以把我们从我们这个死亡的时代中拯救出来，这条路就是通向上帝怀抱中的自由之路。如果我们形成了这样一种认识，不是通过概念或"各种情绪"，而是通过对生活决断的真正意识而达到的，那么，无论那些我们或许仅仅给予过一瞥的全部传统离我们有多远，我们也将会献身于犹太教的伟大进程之中。

晚期演讲
（1939—1951）

1951年版序言

1901—1908年，在布拉格、维也纳和柏林我发表了七篇关于犹太教的演讲，它们产生了显著的、令人不安的影响。

在这个变化的世界，先前只能被感觉到的犹太教的外部危机在大屠杀中变得清晰可见，我再一次论述到了犹太教。1939年我首先于耶路撒冷发表了一次演讲，然后随着其间几年各种事件所引起的变化，1947年于伦敦发表了一次演讲。这就是出现在现在这本书中的以"以色列的精神和今日世界"为题的演讲。

1951年，尽管我们重建的国家获得了表面的安全，但犹太教的内部危机却跃到了前台，这时我又在耶路撒冷、伦敦和纽约发表了其他三篇演讲。

我们必须把这四篇演讲视为在这些命运攸关的日子一个犹太人向众多犹太人发出的指示。然而这里所说的是每一个作为人的人都应当关心的东西。

第一篇　以色列的精神和今日世界

多年来，全世界的犹太人一直在彼此询问着："这样的日子如何是个头？我们要完全被恶魔掌握着吗？邪恶的力量会变本加厉吗？抑或我们有资格希望，心有余悸地希望，以色列的精神将证明会胜利吗？"

当我被问及这些问题时，我以自己的问题做出反应："当你提到以色列的精神时，你想到的是什么？你自己的精神？还是我们已经背叛的并且在日复一日地继续背叛着的那种精神？"对这些由不同的犹太人提出的问题的回答，引发了他们对我的问题的回答。

有一个犹太传统是关于七十个天使的，他们以"王子"之名而为人知晓，被安排掌管着世界上七十个民族。①这些"王子们"中的每一个都管理着他自己的民族，在荣耀的王座前扮演着这个民族发言人的角色。当他们各自的民族被围困时，他们也卷入了彼此的敌对之中。"王子"是真正的胜利者和真正的征服者；他们的战争、胜利和失败，他们在巨大的梯子上的上升和下降，是历史学家以历史的名义概括的特点。他们每一个人都有一个他自

---

① 释《出埃及记》XXI，5。

己的目的和用途；只要"王子"履行其职责，只要他成就了他的目的并实现了他的用途，他就被托付了权力。但是，他对他的主人负责，并被要求行使对主人的解释。因此，当他变得如此醉心于权力以至于忘记了他是谁和他是干什么的，傲慢地把自己当作是上帝和主人时——那么君主之手就会降临到他头上：或者是以使他突然陷入虚无深渊的电闪雷鸣的形式，或者是以逐渐使他陷入虚无深渊的和风细雨的形式。

现在据说犹太民族也有一个"王子"指派给他们；但是有那么一些人宣称以色列的孩子们拒绝接受任何天使的管辖，反对除了上帝王国之外的任何管辖。恰恰正是这后一种信仰与《圣经》在以色列和神的关系上的基本观点相吻合。

以色列人民的资源不是在"王子们"彼此竞争的多样化世界中被发现，而是在一个真理的世界中被发现，这个真理已模糊地向人类显露出了它的本质。但是即使是这点模糊的暗示已足以使人类和国家认识到在它们之上有一个真理了，而且无论民族还是那个民族的"王子"都不是真理的拥有者，真理唯一的拥有者是王子们的王子和世界之主。

我们时代典型的个人不再能够信仰上帝，但是他发现甚至信仰他自己的实体也是不可能的——那种实体就像既无山墙又无基础的房屋一样不可靠——所以他恪守对扩展了的自我，即他所属的民族的信仰，把它作为他活动范围内的最高权威来对待。既然对这种凌驾于各民族之上的、要求各民族去实现它的真理，他没有真正的和至关重要的关系，他就把他的民族变成偶像，他把他的民族个性确立为上帝；他把那个只不过是伺候人的天使的"王子"

变成了上帝。既然没有超乎各民族之上的水准，既然在上边没有可以申诉的法庭，结果必然是各民族及其"王子"用尽各种手段不顾一切地相互倾轧，直到它们因此而招致自我毁灭。

那些隐秘的力量以及"王子们"，今日不过是各民族的领导者和误导者为了以虚构的理想主义的幻象和欺骗向利己主义开火而运用的各种民族意识形态和各种国家神话。这是这样一个时刻：王子们忘记了他们是谁，忘记了他们是干什么的，自吹自擂，骄傲自大；他们每一个人都把自己当成是至高无上的主人。但他们的主人的手悬于他们之上。

但是我们犹太人怎么样呢？我们谈论以色列精神并假定我们与所有的民族不同，因为我们有一个以色列的精神。但是如果以色列精神对我们而言只不过是我们民族虚假的个性，只不过是为我们集体的利己主义所做的一个精巧的辩护，只不过是我们的王子变换成了偶像——在我们已拒绝接受除去宇宙之主外的任何王子之后！那么我们就真的与所有的民族殊无二致了，我们正在与他们一起从酒徒之杯中啜饮。

而当我们跟在别人后面亦步亦趋时，我们就会比任何其他民族更虚弱，我们会发现自己在他们的掌握中完全丧失了抵御力。只有当我们真正不像他们，只有当精神这个词不是指我们自己，而是指活生生的真理时，这个真理不归我们拥有，相反只有通过它我们才能被拥有，它不依赖于我们，而我们依赖它，然而为了生成某种属于较低王国的东西、某种具体的"历史"的东西，它需要我们——正是在那时，也只有在那时，我们脚下才拥有作战和胜利的根基。

但是这也许是你偷偷地问我的那个问题："那么什么是你正讲到的以色列的精神呢？"

它是实现的精神，什么的实现呢？人是为了一个目的而被创造出来的这个简单真理的实现。有一个创造的目的；有一个人种的目的，一个不是我们自己构造出来的，或在我们之间一致同意的目的。我们尚未决定从今以后把这个、那个、抑或他者当作我们存在的目的。不，目的本身向我们显示了它的面目，我们已经注视过它。

再则，这不能根据概念来界定。然而我们能认识和表达这样的事实：统一，而非分裂和隔离是创造的目的，这种目的不是各种宗派或阶级或民族之间的至死方休的持久斗争。我们的目的是建设伟大的和平。当各民族紧密联系到一起时，借用一句圣哲的话说，他们会相互偿还的①。换句话说，人类世界就意味着成为一个单一体，但是它迄今还只是一大堆分支，这些分支中的每一个都构成一个整体。而且，人的世界意味着通过人们自己的行动而成为一体。我们人类担负着去完善宇宙—人的世界中我们自己那部分的使命。有这样一个民族，它曾如此响亮和清楚地听到了这项使命，以致这项使命潜入到了它的灵魂深处。这个民族不是作为乌合之众而是作为一个民族接受了这项使命。作为一个民族，它接受了这个呼吁通过人族（human nation），即作为一个整体的人种去实现它自身的真理。这就是它的精神，以色列的精神。

这项使命不是交付于孤立的个人，而是交付于一个民族。因

---

① Tanhuma（Yelamdenu），《诺亚》19。

为只有一个理解所有民族的整体民族才能作为榜样和开端向人类这个种族表明一种统一与和平、正直与正义的生活。真正的人类，即由许多民族构成的民族，只能开始于某种明确的和真正的民族。认真倾听的民族受命而成为一个真正的民族。只有在这个民族的各个部分之间，在它的各个部分和各个阶级之间的关系中实现这个真理，才能够有助于在各民族间实现这个真理并发展一种真正的民族伙伴关系，即一个由各民族构成的民族。只有那些每一个都生活在正直和正义之光下的真正的民族才能够进入到一种相互诚实的关系中。以色列人民被委以引领朝向此种实现的道路的使命。

以色列世世代代保存了它的传统，即上述的使命。只要它生活在自己的土地上，它就向其他民族体现着这项使命。当它流亡在外，它就把它介绍到其他民族。以色列人民在那种它忠心耿耿到甚至可以为之殉难的信仰中表明了这一点，也通过其不可毁灭的存在，即那些捍卫这个传统的人的存在表明了这一点。但是犹太民族并没有遇到考验。对于未被告知的几代人来说，犹太人遵守了基督教《圣经·旧约全书》开头五篇的六百一十三条戒律，但是高于用公式表达的每一个个人信条的使命并未实现。诸如此类的民族的生活从未成为正义的生活。这个民族并没有成为在这个理想的实现中真正的领头的民族。

在背井离乡的约束性和限制性的条件下，只有一个伟大的企图被尝试了，那就是创造一种具体的社会生活，即作为唯一的上帝的子民在一起兄弟般的生活。那就是犹太神秘主义的企图，它甚至没有触及紧要的、根本的问题，而是很快就烟消云散了。地方社区，即在外散居的犹太人生活中唯一的社会基础，也在形式和内容上丧失了越来越多的原创性。但是当不再有任何生活于真理中的地方社区时，以色列的社区何以能够继续生活于真理中呢？

而我们既然曾再一次获得过——尽管只是对于我们民族当中的一部分而言——在我们的国家和我们自己的权威中生活的机会，我们曾做过什么呢？诚然，曾做过重要的社会实验。曾诞生了独立的社会协作形式，尤其是在新的人类社会的发展中将被证明是极端重要的各种不同的公社制的开拓定居。但是公社制的开拓定居在何种程度上影响过巴勒斯坦的犹太社区？它在那个社区出现的社会形式中占有多大的分量呢？它达到真正兄弟般的水准了吗？

犹太人世世代代相信弥赛亚的音信。他们信仰并弘扬它们，甚至偶尔还求助于伪"弥赛亚"的召唤并坚持加入到它们之中。但是他们没有认识到什么是个人和民族义不容辞的责任：一个新的开端。当然，它在于引介上帝王国的天堂的力量；为迎候那个王国世界所做的准备，实现真理的开端，要求人以及由人构成的民族。而现在，在一个没有实现的宣告之后，出现了某种没有宣告的实现手段。然而，什么是一个没有国王的王国的宣告呢？

以色列的精神是实现的精神。但是它存在于何处呢？因为如果它没有存在，它在此刻就没有力量。我们不仅在任何充足的程度上没有这种真理的实现，而且甚至在我们中间对真理的信仰正在逐渐衰弱。随着时间的流逝，我们中越来越多的人会说："人文主义的时期已经过去了！你不能逆流而动！那些弥赛亚的音信、正义的使命只不过是我们弱点的表达！所以来吧，让我们强壮起来！"他们唯一的希望是加入狼群。如果我们不被狼群接受，那么生活在它的边缘、做它的邻居则足矣。如果我们不能当头,做尾巴也足矣。在我们历史进程的所有各种同化中,这种民族主义者的同化是最可怕、最危险的。

如果我们考虑到基督教国家提出的反亲犹太人主义的所有理由,我们会发现它们都是肤浅的和暂时的。但是如果我们深入一下,就会发现有一个深层的和无意识的原因,它对流亡的各个时期来说都是真实的。那就是有一个担负着来自天堂使命的民族来到他们当中并在他们当中疏散开来,而这个使命是写在一本当他们成为基督徒时对他们来说也是非常珍贵的书中的。在提到人类行为时,天堂会颁布一项专门的要求,并且这个命令会被记录在一本书中,而这本书是散居于各民族中的一个民族的遗产,这个民族携带着这本神圣的书——这本对于所有的民族来说也同样是神圣的书。这种现象在人类历史上是独一无二的、奇怪的和可怕的。这个命令作为他们的上帝向他们颁布的综合命令在他们头顶上盘旋。这些民族拒绝服从它。诚然,他们希望保留他们已接受的上帝,但他们同时又抵制他的命令。在这样做的时候,他们依赖扫罗,一个来自塔苏斯的犹太人的教导,他宣称执行这个命令是不可能的,有必要抛弃枷锁,听命于另一个拿撒勒的耶稣,这个耶稣在扫罗活动的年代里就已故去了,他的确是完成了命令同时又将其废除了的救世主,他对他的信奉者除了信仰之外别无所求。这就是在扫罗的脚步中行进的各民族的论点,它们神学的一大部分除了对扫罗,这个非犹太人的使徒的宣讲的细致阐述外,便一无所有了。

然而在《托拉》的所有对立面中,站立着那个不幸的犹太民族,它带着这本既是它自己的,同时又属于其他各民族圣书的一部分的书。这就是他们被仇恨的真实原因。他们的神学家认为上帝抛弃了这个民族,这个民族不再拥有任何遗产,因为那个遗产现在已经留给了基督徒。但是犹太民族手握圣书继续存在,即使他们被烧死在火刑柱上,这本书的话语仍留在他们的唇间。这就是反亲犹太人主义的持久的资源。在这种意义上,中世纪希伯来诗人的诗节中包含着一个重要的真理:"我们被恨,因为我们爱他们,啊,主啊!"[①]

故而只有一条途径可以驱除仇恨:认识真理。如果我们作为一个民族已经实现了这项要求并已通过我们的行动向各民族表明了在地球上通向一种更美好的生活的道路,那么我们早该停止冲突,并不再让他们感到恐惧了,我们早该成为我们真正所是的样子——他们的兄长了。这些民族接受了福音书,但是随之也带来了以色列的《托拉》,它解释了三件事情:第一,创造史,它发展成为以色列史;第二,上帝的显现,它是对以色列的所有上帝显现中最重要的;第三,弥赛亚先知,其中心和焦点是以色列人民为人类的赎救所作的努力。在福音书中记述了耶稣的生活,他们从这个犹太人身上看到了救世主本人,因为他就生活在他的人民中间;并且他曾在那里坦陈,他是专为以色列家迷失的羔羊而来。[②] 要全盘将此接受作为信仰,这对这个民族来说担子太沉重了。所以他们一再起而反对之。诚然,塔苏斯的扫罗维护了《希伯来圣经》

---

① Yannai,见《索肯出版社年鉴》(*Almanach des Schocken Verlags*)5699(1938—1939),第6页。

② 《马太福音》10:6。

和《福音书》的统一,但是在他死后仅仅二十年,一个从事分裂它们的活动的人降生了。

这就是马西昂幽灵①(Marcion the Gnostic),他把自己看作是保罗的门徒。当(罗马)皇帝哈德良在血海中平定了巴尔·科赫巴的起义,把耶路撒冷变成罗马的殖民地,并在第二圣殿的地基上建立起朱比特神庙,这时马西昂从小亚细亚来到罗马,随身携带着一本他自己的《福音书》,作为对灭亡了的以色列的精神捐献。在他的《福音书》中,他不仅把《新约》和《旧约》,以色列的历史和基督的历史区分开来,而且在两个上帝之间划了一条界线:一方面是以色列的上帝,这个上帝也是不完满世界的创造者,他本身也是不完满的,因为他只是个正义的上帝,而非善的上帝;另一方面是"外来的"上帝,不为人知晓的上帝,这个上帝与这个世界没有关系,然而却同情它、赎救它。因此,逻辑的结论便是对《福音书》进行重新评价:这个物质世界是没有任何价值的,我们无须费心思去矫正它。

然而,还有一个结论是马西昂从未表达过,而且很可能甚至没有认识到的。如果情况果真如此,那么世界就为尘世的势力所掌握。耶稣曾告诉他的追随者,恺撒的物当归恺撒,上帝的物当归上帝。②从中我们明白他想向他们说的是交给恺撒所要的税,不要反叛恺撒;但是他们将把生活的全部现实交给上帝。马西昂把

---

① Martin Buber. *Two Types of Faith*, London, Routledge and Kegan Paul Ltd., 1951.

② 《马可福音》12:17。

这个世界交给恺撒，而把另一个世界交给上帝。在马西昂的教导中，世界各民族被极端的二元论解除了天堂的要求：一方面是被赎救的灵魂，另一方面是存在着的社会。前者没有正义，但有仁慈，而后者甚至没有真正的正义。

教会并没有听从马西昂，因为它知道它与创世和启示的传统联系一旦被打破，那么它对这个世界的秩序发生影响的全部基础将被削弱。新教主义，尽管更接近马西昂的信条，也没有接受它们。但是在1920年，新教神学家阿道夫·冯·哈那克①——他至少不是一个反犹主义者，而是一个宽容的自由主义的代表，他认为《圣经》的大部分，除去各种"预言书"和《诗篇》，都妨碍了基督教的内部发展——在他的书中写到了马西昂②："19世纪以及后来新教主义对作为《圣经》正经文献的《旧约》的任何保留都是新教和教会软弱无力的产物。"

在哈那克于1930年死去三年后，他的观念、马西昂的观念被付诸了行动；然而不是通过精神手段，而是通过暴力和恐怖的手段。哈那克所说的那个国家把两种选择之一置于教会面前：或者完全从它当中排除犹太教和以色列的精神，从而放弃对世界事务、国家事务和社会事务的任何影响；或者与犹太教同归于尽。马西昂的这种礼物已从哈德良传递到他人的手中。

与此同时，那些人的手已被割断了。但是我们不知道马西昂

---

① 阿道夫·冯·哈那克（1851—1930），德国新教神学家，《传教团的历史和基督教的扩张》（1902，1924）一书的作者（《基督教的扩张》第二版，1908年）。
② 马西昂：《异己上帝的福音》，1921年。

的礼物将传到谁的手中,我们今天不知道什么时候教会又将再一次面对放弃的选择,这种放弃是内在的死亡和外在的颠覆,实际上它也是走出地下墓穴的黑暗才获得再生的希望。

但是这一点我们非常明白:从基督教中逐出了犹太人的因素意味着逐出了神的需求和具体的弥赛亚主义。

但是我们的犹太人怎么样呢?

我们无权运用(像你们习惯做的那样)"以色列精神"这个词作为对我们民族的"王子"——许多激战正酣的"王子们"之一,各种冲突着的民族力量之一——的特征描述。我们不必用这个词作为自己的利己主义的朦胧面纱。真正的以色列精神是嵌入我们内心的精神需求。我们不再因为它而自鸣得意,而是应当屈服于它,因为我们已经背叛了它。我们的当务之急是把我们的灵魂完整地描绘出来,不隐瞒任何事情,不自欺欺人。把真正的、不带虚构价值的东西纳入其中。

我们注定会像沙漠中的人们那样问道:"上帝是不是在我们中间?"[①]只要我们怀有正当的目的就行。在这种情况下,问题的意义就成为:在我们当中有真正趋向上帝的努力,还是没有这种努力?而真正趋向上帝的努力反过来意味着:我们实现他的真理的意志。这又意味着:帮助他实现造人和建立人的民族的目的,而他是这个民族的王。然而如果不通过在他的土地上建立我们自己民族的社会模式,从家庭模式、街坊、定居点到整个社会的模式,我们何以能达到我们的目的?因为倘若其不是由真正的家庭、

[①] 《出埃及记》17:7。

真正的街坊和真正的定居点所构成，就不是真正的社会。

同样，如果在关系中（这是一种富有成果的和创造性的和平关系）不包含诚信，就没有真正的民族。因为一个真正的民族是一种向各方辐射的伟大的和平力量。只有当不管条件和我们自己发生了多么根本的变化，我们都既内在地又外在地准备过一种真理的生活时，我们才能够继续这个民族的存在，这个民族在一开始进行尘世的事业时，就把宇宙的上帝选定为它的上帝。

如果我们在自己有限的圈子内严肃地从事这项事业，我们必定会确立起以色列的精神，反对各民族公开的和隐藏的马西昂主义。也就是说，反对物理世界被拯救的灵魂臣服于未被拯救的国家这种二元论，而在统一体的事业中过一种敢于负责的生活。

第二篇　犹太教和文明

为了认识我们称作"伟大的文明"这种东西的本性，我们必须不是在它的充分发展时期而是在其早期阶段来看待这些伟大的历史文明。然后我们就会看到它们中的每一个只有作为生活体系才能被理解。与从某一核心概念来阐明和解释存在领域的思想体系不同，生活体系是真正的单元，在这里历史群体的存在领域一再围绕着最高的原则建立起来。只有在精神的庄严时刻，这个原则才获得了充分的意识和表达。但是它的影响以多种支脉和形态，当然也以不同程度的张力渗透到这个群体的整个生存中去。它的根本特点永远是规范的和宗教的，说它是宗教的，是因为它总是意味着人的生活对绝对的依附，这种依附尽管易受知性理解的影响，但从根本上说是具体的，它意味着具体的事物，并指向具体的事物；说它是规范的，是因为尽管这个原则与控制了宇宙的超验存在相联系，但它宣称那个存在是人的楷模，如果被人在其生活态度和社会结构中模仿的话，是唯一能给尘世的存在带来秩序和意义的东西。并且实际上，作为人的人之生存，依赖于它通过人在尘世的实现。

无论我们是采纳中国"道"的原则（在"道"的永恒的节律中，所有的对立面彼此斗争和调和），还是采纳印度-雅利安的"rita"

（印度人的"形式"）或"urta"（伊朗人的"形式"，通常译成"asha"）——它们是正确和正义事物的原始秩序，还是采纳以色列的"zedek"（在其中真理和正义相结合），还是采纳希腊的"dike"（它是世界事务无情的进程，并且它决定"尺度"），每个地方，超越的存在都有一个朝向代表了"应该是"的人的一面；每个地方，一个人如果想要作为人存在，就必须追求一种超人的模式；每个地方，一个真正人类社会的轮廓在天堂中才能被找到。所有的存在领域从根本上说是由那个原则，由与那个原则的关系决定的；智慧想要探索它的行动，艺术想要向它提供行为，并且哪里有人试图矫正公共生活本身，哪里就有人仰望星星和星星之后的东西。

人按其本性（在所有这些信条中，他或多或少地脱离出共同体，已丧失了他与超验存在最初的契合）来说，当然会抵制命令，不管这种命令是作为人的他从宇宙中识别出来的，还是直接从凌驾于他或宇宙之上的力量那里接到的。他既想又不想把天堂的真理翻译成尘世的实在。他在实践上背叛了他在理论上所认可的，不仅如此，他还背叛了他看见的和听到的。但是恰恰是在人与精神的这种无声的战斗中，一个伟大的文明发源了。精神既征服物质又被物质所征服，它既前进又受阻遏，它既碰上人的肉体又把人的肉体作为一个障碍；可见，在天堂与尘世搏斗的间歇期，一再地出现特殊形式的文明，这种文明也决定了它所有的智慧和艺术。

在古代世界的所有文明中，有这样一种文明：在这种文明中，表现于公共生活所有领域中宗教的和规范的原则，其行为都显示出了特殊的、独一无二的意义。所有其他的文明都分享了天堂-宇宙社会的基本信条，尽管是在其发展的不同阶段。尘世的、人类的社会与这种天堂-宇宙社会相一致，或者更确切地说应当相一致——它曾经与其相一致过，比方说在黄金时代；或者在某一天将要一致，比方说在光明对黑暗的彻底胜利之后。在古代以色列，这种信条被所有存在之物和所有将要存在之物的上帝的信条所取代，这位上帝正像把太阳安置在天空一样，他把真理和正义的戒律高悬于人类的头顶。诚然，在其他文明中，规范性原则也由统治那个上层社会的神圣存在物所执行和保证；但是只有以色列知道这样一个上帝，这个上帝选择了一个民族——正是那个民族——去准备通过正义的实现把被创造的尘世变成上帝的王国。对以色列来说，这个原则是规范和法律；对以色列的上帝来说，它是流动的基地，以带匭的方舟作为象征，他希望在方舟上建立起尘世的王国。这就是为什么这个原则在这里能在缔结的不平等盟约中把神和人类连接到一起的原因。这也就是为什么在这里，也只有在这里，文明既被神秘地证实，又被神秘地否定：上帝想要人的整个文明——但并非听任其自行其是，而是要使其在他，即上帝面前神圣化。现在我们来一般地考察一下人对精神需求的抵制，这种抵制，正像我们已经说过的，它已在文明的创生阶段显露出来，而随着文明的发展，抵制也在不断增长。与它的特定形式的发展相适应，每种文明不断致力于使它自己独立于原则。在伟大的西方诸文明中，这部分地通过它们的个人领域表现出来：把它们自己孤立出来，并且它们中的每个人都确立自己的基础和秩序；部分地通过原则本身表现出来：丧失了其绝对性和有效性，以致神圣的规范降格为人类的习俗。或者是通过对或公开或隐蔽地被归结为简单的象征仪式需求（它在礼拜方面可能会被充分地满足）

的绝对存在的依恋表现出来。一种文明，现在也许在它的孤立的个人领域，会造就出比它从前所造就出的作品更加辉煌的作品，但它的精神统一体丧失了。伯利克里时代的雅典和意大利高度的文艺复兴也许就是例证。

东方文明的发展则不同。在这里，个体领域从未完全从统一体中解放出来，但是即使在这里，原则也愈益变成一个信条的对象，而非生活关系，而原本信奉真正存在——既是私下的，又是历史的仪式愈来愈变成单纯象征性和形式化的东西，而且在这里，文明通过把原则（通过原则的行动，它第一次从积极的现实凸现出来）转变成令人敬畏的虚构，削弱了它自己的基础。

到处都有人看出了这种朝向深渊的运动的目的并试图阻止它，但是只有一种文明集中了整个民族的所有情感，激起了对原则的无效性的根本抗议。很自然，正是在那种文明中，而不像在其他文明中那样，绝对与人类存在的整个领域订立了盟约，拒绝把那个领域的任何部分交给相对摆布。在人类世界，精神从未在任何时候和任何地方得到过像以色列的先知那样以如此的战斗精神一代又一代所给予的照料。在这里，具有精神的人肩负起在历史时刻的现实中实现那种文明的证实和否证的任务。他们的战斗指向所有那些逃脱了伟大责任的人，这个责任就是通过回避单纯形式上的、单纯仪式上的。也就是说，不承担义务的行为，在日常生活的完满性中实现神的真理，指向所有那些教导和实施这样的逃避，从而贬损了神的名誉的人，他们把神降格为被小心看护着的虚构。这场战斗是为了文明的完整性和统一性而进行的，而文明只有神圣化为上帝时才可能是完整的和统一的。那些从掌权者那里要求为了上帝的缘故废除社会非正义的人不知道文明的概念，但是他们不惜以生命为代价来挽救文明。这样，对文明的虚假的解放的抗议就以这样的方式被载入史册，它注定要作为一个提醒者并对整个人类的未来，尤其是后继文明引起的问题，基督教的西方的问题提出警告来起作用，事实上也确曾起到了这种作用。

为了充分理解先知宗教对人类及其文明的重要性，我们必须自问：为什么恰恰是在以色列，当文明的发展试图要剥夺他们的规范原则的绝对有效性时，这些原则就对文明的一切诸如此类的发展发出了抗议之声。要做出回答，我们必须指向为以色列特有的宗教现实主义，这种宗教现实主义没有为抽象的、把自足性凌驾于现实性之上的真理留下地盘；相反对它来说，每种真理都与一种需求联系在一起，人、民族、以色列都被召唤到尘世间完整地满足这种需求。目前，完整的满足意味着两件事情：首先，它必须包容整个生活，一个民族的整个文明、经济、社会和国家；其次，它必须把个体的完整性，他的情感和意志，他的行动和逃避，他的私人生活和公开亮相，寺庙中的生活和大众集会中的生活，结合到一起。这就是说，它意味着文明的完整性和统一性——其他都是不可能的。人，尤其是权力和财产的拥有者，自然会反对完整实现神的真理和正义的要求，因此他们试图把上帝的事业限制在神圣的领域，而在所有其他领域只是通过言词和象征承认他的权威。这正是先知的抗议产生的原因。

一个典型的例子也许会阐明我们的观点。在古代东方，国王一般被看作至高无上的上帝的儿子，被认为或者是上帝收养的，或者是上帝亲生的。这种观念在提到的第一种形式中，当然对以色列也是不奇怪的，例如《诗篇》的作者让上帝对圣山上受膏的国王说："你是我的儿子，今天我已生了你。"① 他以上帝名义进行的受膏使君权义不容辞地要为上帝负责，不仅作为总督要对他的君主负责，而且作为儿子要对他的父亲负责。古代东方的其他民族也知道国王和上帝的这种关系。在巴比伦，它只是通过如下这个事实表现出来：在新年节——世界在这一天开始更新——祭司象征性地在国王的面颊上打一拳，这就安排了这一年剩下部分的事务；在埃及，存在的只是国王和他的神父间没有任何可见结果的亲密谈话。在以色列则不是如此。在这里先知一再地现身于国王面前并竟然责问他。这种在神的预言中被具体化了的先知的现实主义由先知拿单传送到了大卫那里：上帝建议收养大卫的儿子作为他的，即上帝的儿子，但是如果他作孽，他将惩罚他，就像父亲惩罚他的儿子一样，并且他通过人的手②，以色列的敌人的手来实施这一行为，一个不坚持正义的以色列人必须屈服于其敌人。

但是为了阐明犹太教和文明的关系的本质，我们要进一步列举先知对不诚实的国王的态度的例子。这里出现的冲突不是被理解为文明和宗教之间的冲突：它是在一种文明内部（在这个词最宽泛的意义上）进行的，即在首先由它的行动所产生了的指导原则与愈来愈拒绝接受那个原则的统治权的生活的各个领域进行着。因此，战线往往跨越宗教本身，即当被确立了的宗教权威被拉比的身份人格化，而与权力站在一起并支持它时，在这种情况下，

---

① 《诗篇》2：7。
② 《撒母耳记下》7：14。

宗教为了维持自身，由于其与权力订立了盟约，拥有了后者指派给它的特殊领域，它使自己从宗教原则的要求中游离出来，成为这个整体的推动者。确立了的权力和确立了的权威的联盟面对着以既无权力又无权威的人的面目出现的先知。只有在以色列的早期岁月里，在引起抗议的紧急形势之前，我们才发现了诸如摩西、撒母耳这样的人物，他们立即被赋予了先知的素质和创造历史的力量和权威。后来，先知的无权无势便成了时代的典型特征。

但是，这里所选的例子能够引导我们更深入地理解我们的主题的实质。因为正是神的要求得不到满足的这种经验才产生了弥赛亚的诺言，正如同欲望得不到满足的国王会根据他自己的经验许诺去实现愿望那样。他被称作弥赛亚，"受膏者，救世主"，因为他最终将执行国王们在他们受膏仪式上接受的命令。在他身上，人最终将与上帝相遇。围绕着他，第一个以色列和随后的人类之城将会被建立起来作为被实现的上帝王国。但是后者并不是被视作征服和取代一个有缺陷的人类文明，而是把它神圣化，即纯粹化和完满化。当人的生活，在各方面完全发展了，变成一个统一的整体、神圣化为神之后，就像圣坛上的亚伯拉罕曾经召唤上帝的名字统治迦南[①]一样，上帝的名字将被召唤到整个地球上来，这个地球成了他对其进行统治的领域。

按照古代波斯的信条，一场熔炼世界的火将会改变人类的本质；一个新的神的工作将会取代崩塌了的人的工作。基督教和那些希腊化的边缘的犹太教的启示录都发展了这一基本思想。而中

[①] 《创世记》12：7末尾。

心的犹太教则反对这一思想。中心的犹太教携带着先知的信条进行漫长的流亡，为了回应人向上帝的复归，迷乱的人的本质将经历上帝赎救的力量，这个力量将在人的合作下完善对人的创造。人类的文明在对自身失去了信心之后，将把自己交给上帝，由上帝去拯救。

这种对神的形象的前景的现实主义信仰——犹太教从未相信过这种形象的丧失——不可能被廉价的标语"文明乐观主义"打发掉。它是这样一种信仰，正像每个罪人能够通过"转"向上帝而获得宽恕一样，一个有罪的文明同样可以如此，正像人能够使自己神圣化并获准进入圣堂，而不会遮蔽他的存在，不会使他的生活方式"原始化"，人类文明也能无遮蔽地使自己神圣化和获准进入天堂。

这里就像其他一切地方一样，以色列的宗教-规范原则把自己显现为一种本质上是历史的东西。正如它把自己呈现为一个民族历史的事件一样，这一点与所有其他宗教的启示不同，它的最高目标，在特征上也是历史的。这里，超历史之物塑造了历史之物，但并未代替它。

怀着这种历史的信仰——既是现实主义的又是弥赛亚式的——两者都刻在了它的书中和它的灵魂中，犹太民族开始了其世界范围的流亡，从而其大多数进入了一个其宗教-规范原则是基督教的文明。这种情形主要是由下述事实决定的：基督教起源于犹太教弥赛亚主义变形的后期阶段，在这个阶段它不再致力于征服历史，而是从历史中逃避到更为纯粹的领域；然而，另一方面，基督教得以在其中确立起来的那些民族却正开始征服历史。当它矛盾地进入到他们的存在之后,犹太民族就打上了其存在及其矛盾的烙印,它怀着尚未实现的历史信念,被命令在几乎没有历史的他们中间——在控制了历史而且其信念要求他们战胜历史的他们中间——住下来。从这种基本的情况出发,我们知道在时间之流中形成了什么。

我们信念的原则,即上帝的真理和正义——它致力于在人类生活和人类历史的领域实现自己并且在那个领域的天空上描绘实现的弥赛亚图景——继续从我们的书中发光;一些基督教信仰的拥护者被它的光线所击中,以致他们中的某一个产生了这样的想法:他的民族像古代的以色列一样,被授意成为一个神圣的民族并在所有方面使其文明神圣化。我们自身是我们的原则在世界上否定的实现。在散居时期,在犹太社会已发生过与上帝、与兄弟相关的伟大事情,但是由于我们不再是一个自由的和独立的社会,表达了神的意图的民族个性的发展对我们来说现在已不可能。弥赛亚理想从其实现的自然地区脱离出来后,在晚期诺斯替的冥想和集体狂欢中迷失了自己。然而在真正的自我再发现的每一时刻,我们都知道重要的是历史的检验。

当最终我们走出犹太人区而走进世界,比曾经从外边降临到我们头上更糟糕的事情从内部降临了:基础,人民和宗教的独一无二的统一体,出现了很深的裂缝,而且正变得越来越深。即使是我们今天的事件:通过重建犹太国而使犹太人重新进入各民族的历史,也深深地打上了那种裂缝的痕迹。实现我们存在的原则的家园与自由已重新给予了我们,但是以色列和它的存在的原则已经分道扬镳了。据说我们现在对一个伟大的犹太文明的复兴确信不疑。但是可曾有过一个伟大文明不通过伸张这样一个基本原则而兴起吗？人们试图通过把基本的宗教术语，如以色列的上帝和弥赛亚，运用到纯粹政治进程中来掩盖这个裂缝；言词乐于传递，往往不进行抵制——但是曾被言词指涉的现实却逃避没有准确指涉它的任何语言，这个现实就是上帝的真理和正义在尘世的实现。诚然，在政治事实的坚硬革皮上进行规范原则的耕耘是一项困难的、极其困难的事业，但是把历史时刻提升到超历史之物的光明中的权利不能被廉价地买到。

关于新的犹太社会就谈这么多。但是在外散居的犹太人如何呢？——尽管遭受了惨重的毁灭和蹂躏，仍旧强有力地存活着吗？就人们所见，其中没有一个地方存在着一种弥合裂缝和使我们的公共生活神圣化的强大的推动力。而如果在我们自己的国家，犹太教的存在问题，即犹太人的原则的存活问题，可能仍然被政治争端和危机掩盖着，此刻在各地的犹太人散居区，它赤裸裸地与我们遭遇了。我们仍然是真正的犹太人吗？与此同时，在人类中它的各种文明和它的整个文明的巨大危机，同时也是人的危机，已愈益明显地爆发出来。每种原初的纽带似乎都在断裂，每种原初的本质似乎都在解体。人品尝着虚无甚而让它融化在他的舌头上，否则他就用成堆的筹划去填充缺乏意义的存在的空间。

世界立足于何处？要着手根除这些树？——像一个犹太人在他那个时代曾在约旦既正确又错误地所说的那样①——而今天，难道是世纪的另一个转折点吗？如果确乎如此，什么是根自身的条

---

① 《马太福音》3：10。

件？它们仍然健康到足以能够把新鲜的树液送入余下的残干并从中生出嫩枝吗？根能够被挽救吗？它们如何能被挽救？谁能挽救它们？它们由谁负责？

让我们认清自己：我们是根的守护者。

我们如何能成为我们所是？

第三篇　沉默的问题

我似乎不时地听到一个从静谧的深处提出的问题。但是发问的人不知道他正在发问，而被问的人也没有意识到他正在被问。它是一个今日的世界完全无意识地向宗教提出的问题。问题是这样的："或许你是能够帮助我的力量？你能教我去信仰吗？不是对幻觉和神秘的宗教，不是对意识形态或党派纲领，也不是对聪明地想象出来和巧妙地呈现出来的诡辩——这些诡辩只有当它们是成功的或有成功的希望时才看起来是真的信仰，而是对无条件的和无可辩驳之物的信仰。教我对现实、对存在的真实性怀有信念，以便生活将为我提供某种目标，存在将有某种意义。的确，如果你不能，那么谁能帮助我呢？"

我们可以想当然地认为今日世界肯定不希望问，甚至不能够问这样的问题。这个世界会热情地坚持认为宗教是一种幻觉——也许甚至不是一种美丽的幻觉——并将问心无愧地支持这种论点，因为这是它的信条的保证。然而在心灵的最幽深处，在那绝望的栖身之地，同样的问题一再战战兢兢地浮现出来，只是旋即又被压制下去。但是它将积攒力量，并将变得强壮起来。

总的来说这个问题应向宗教提出，向宗教本身提出。但是哪里能找到宗教呢？这个问题不能向虔信宗教的孤立的个人提出，因为他今天如何能符合这样的要求？只有对于历史上的各种宗教——或对于它们中的一些——才真正可以问这样的问题。但是答案既不在它们的教义中，也不在它们的仪式中。之所以不在这一个当中，是因为它的目的是系统地阐述超越概念思考而进入概念陈述的信仰；之所以不在那一个当中，是因为它的目的是通过固定的和规则的行动表达与无限物的关系。两者都有它们特定的影响领域，但两者都不能帮助现代世界找到信仰。那种为世界的合理性辩护的历史上的宗教，其唯一的因素是信仰的那种内在实在性，它在阐述和表达时超越了所有的企图，而存在于真理中；它是那种从个人生命之流本身来更新它的存在的完满性的东西。这是件紧要的事：个人的存在，给予了宗教以现实性并因此证明了它活生生的力量。任何听到我提到的问题的人都会注意到：它也是向犹太教提出的，的确，犹太教被包括在那些富有吸引力宗教的最重要的行列中。我最近从世界各地收到一些信件，从中可以感受到对犹太教澄清事实和起领导作用的期望，也可以感觉到这些信件中的许多内容代表了许多仍然保持沉默的人的看法。世界对犹太教的期望这一事实本身就是一个新现象。几个世纪以来，犹太教更深的精神内涵要么无人知晓，要么不被真正注意。究其原因，也许是因为在犹太人集中居住的时期，犹太人生活的潜在现实性几乎没有被外部世界所留意，而在解放时期，只有犹太人——不是犹太教——出现在露天舞台上。

一个变化似乎正在发生。为什么？它是因为对数百万犹太人的大屠杀吗？这不能解释它。抑或是因为犹太国的建立吗？这也不能解释它。然而，这两个事实基本上都是犹太教的真正内涵正开始变得更易为人察觉的部分原因。这些令人惊异的生死现象最终把犹太人的存在这个事实作为一个具有特别意义的事实带到世界面前，从这一点上说，犹太教本身开始被注意。现在世界已逐渐开始察觉到，在犹太教内有某种东西可以以某种特别的方式对目前时代的精神需求有特别的贡献。只有当犹太教在它的整体性中，以完整的方式被看待，从《摩西十诫》到哈西德主义，并在这个过程中它的特别倾向以一种更加综合的态度演进，才可能认识到这一点。

这种"整体性"，这些根本的倾向及其演进，在很大程度上甚至还不为犹太人自身、不为那些热忱地寻求真理路途的人所认识。当我们考虑到在精神上代表我们的犹太同代人中那些宗教需要尚未被犹太教满足的人们时，这一点就变得显而易见了。非常具有典型意义的是，在现代社会的春天，精神上重要的犹太人转向了基督教不是因为基督教的宗教，而是因为基督教的文化。而今天精神上的犹太人对基督教的同情，这种值得注意的现象恰恰是根植于宗教匮乏的感觉和宗教渴望的情感。

让我们来看两个例子，这将使我的意识表达得更清楚些并将使我们更投入地专注于我们的目的：考察犹太教对今日世界在宗教上的重要性。一个例子是由柏格森[①]提供的，这个思想家像尼采一样，在肯定生命的基础上建构了他的哲学，但又与尼采不同，他不是把强力而是把参与创造作为生命的本质。结果，再次与尼采不同的是，他没有与宗教战斗，而是把它吹捧为人类生活的顶峰。

---

① 亨利·柏格森（1859—1941），法国哲学家，《创化论》（1906）的作者。

另一个例子是从西蒙娜·薇依①那里找到的，西蒙娜·薇依很年轻的时候就去世了，她的著作表达了对生命的一种强烈的而且在神学上意义深远的否定，进而导致了对个人以及作为整体的社会的否定。柏格森和西蒙娜·薇依都是犹太人。两个人都确信他们在基督教神秘主义之中发现了他们正在寻求的宗教真理。柏格森还在以色列的先知身上看到了基督教的先驱，而西蒙娜·薇依则简单地抛弃了以色列和犹太教。两人都没有皈依基督教——伯格森或许是因为基督教与脱离被压迫和被迫害的社会格格不入，西蒙娜·薇依则是源于她的宗教观念的原因，这种宗教观念明显地使她相信教会还太犹太化了。

让我们考察一下犹太教是如何向这些当中的每一个显露出来的，以及他们看到的犹太教是如何与犹太人信念的现实状况，与那种在时间中形成并且（诚如我已经指出的）大多数犹太人至今还一无所知的"完整性"相关的。

柏格森设想的犹太教的形象是那种很平常的基督教形象，它起源于这种把新宗教描绘为一种从旧宗教的束缚中解放出来的努力。这幅图画是有关一个正义的上帝的，他主要是对他自己的民族，即以色列施行正义，接下来才是有关一个慈爱的、热爱全人类的上帝的。因此，对柏格森来说，基督教代表了一种人的良心而不是社会的良心，一种动态的准则而不是静态的准则，一种开放灵魂的伦理学而不是封闭灵魂的伦理学。

西蒙娜·薇依遵循着同样的路线，但她却走得更远。她指责以

---

① 西蒙娜·薇依（1909—1943），法国社会和宗教思想家。

色列人搞偶像崇拜，认为以色列人的唯一偶像崇拜是真正的偶像崇拜，是对集体的礼拜。她用柏拉图的一个比喻，称这种集体为"巨兽"。群居性是撒旦的王国，因为集体冒称自己有权向个人口授什么是善，什么是恶。它插手于上帝和灵魂之间；它甚至把上帝排除掉，自己取而代之。在古罗马，西蒙娜·薇依把巨兽视作只崇拜自己的无神论的唯物主义者。然而，以色列人对她来说是披着宗教伪装的巨兽，它的上帝是它该得的上帝、一个平凡的上帝、一个"血肉之躯"的上帝、一个部落的上帝——从根本上说，只不过是对这个民族的神化。法利赛人被西蒙娜·薇依界定为一群"只有不再屈从巨兽时才是有道德的人"，她显然是通过《新约》的争论才逐渐地认识到他们的。在较近的历史中，一切在她看来都是可憎的东西，诸如资本主义和马克思主义、教会的不宽容、现代民族主义，都被她归于是受了她称之为以色列人的"极权主义"的影响。

柏格森接受了把社会生活作为一个过渡阶段的原则，而对于西蒙娜·薇依来说，社会生活是一个大的障碍。顺便说一句，西蒙娜·薇依曾一度与极左翼有过联系。两个人都认为以色列是它的体现，都致力于通过基督教来克服它，柏格森从中发现了纯粹人的因素，而另一方面，西蒙娜·薇依则从中发现了超自然的因素。

半个真理往往比整个错误更误导人，这种情形在这里再清楚不过了（就西蒙娜·薇依而言，它只不过是四分之一个真理）。

对以色列宗教的社会原则的真正界定在很大程度上不同于柏格森的思想，而与西蒙娜·薇依的理解更是完全不同。

诚然，这个在对上帝的共同信仰的影响下由不同家庭和部落凝结在一起并成为一个民族的群体，在以色列被理解为一个宗教范畴。

但这不是真正的民族,不是向人们高谈阔论的先知看见的聚集在他身边的民族。民族的宗教特征恰恰在于那种不同的东西:这种东西从它现在所是的样子就开始谋划,它命定要成为某种不同的东西——它要成为一个真正的民族、"上帝的民族"。准确地说,在以色列的宗教中,把民族作为一个整体来顶礼膜拜是不可能的,因为对团体所持的宗教态度本质上是批判的和有条件的。任何把绝对的和自足的属性归于民族或共同体的人都在背叛以色列的宗教。

然而,成为一个"上帝的民族"是什么意思呢?对上帝的共同信仰和服务于他的声名并不能构成一个上帝的民族。成为一个上帝的民族更意味着上帝的特质向它展示出来,正义和爱将在它自己的生活中,在它的成员相互间的生活中变得有效:在这些个体的间接的相互关系中,正义实现了;在它们直接的相互关系中,爱在他们的个人存在中生根了。然而,在两者当中爱是更高的、超越的原则。从人对上帝不能是正义的这个事实看来,这一点就变得格外清楚了,但他能够,也应当爱上帝。正是对上帝的爱使他自己成为人,有人告诉我们:"上帝爱陌生人,所以你也应爱他。"①爱上帝的人也爱上帝爱的人。

那种像西蒙娜·薇依表述过的那样,认为《圣经》中的上帝"直到流亡时才对人的灵魂宣讲"的说法,是不正确的。他一直在对个体的灵魂宣讲,即使是在《摩西十诫》的时期也是如此。如果上帝不是对个体的灵魂宣讲,那么谁又能够在不垂涎(就是说不嫉妒)另一个人的东西的情况下发出指令呢?但是上帝按照他们的真实存

---

① 《申命记》10:18 末尾。

在对个体宣讲,这就意味着在流亡前他们是民族的成员,他们被吸收到这个民族中且不能从中分离出来。《摩西十诫》不是讲给集体的"你们"的,它们中的每一条都讲给单个的"你";这个"你"意味着每一个个体,而因为每一个个体还完全埋置在民族中,所以他是作为它的一个部分来听讲的。在历史现实的过程中,个体在一定程度上发现了自己并逐渐意识到了自己,只有在这种程度上,上帝才对他进行这样的宣讲。但是即使在高度个性化时期,"你"仍关心每一单个的个体,只要他不有意地把自己从中隔绝开来。

柏格森在犹太人的特殊性和基督教的普遍性之间所做的习惯区分尚未被平等地确立。按照最早的"文学"先知阿摩司的看法,各民族的漫游都被上帝亲自指引[①]。阿摩司意味深长地举出以色列的主要敌人为例。先知陈述这些时不是将其作为某种新的东西,而是作为某种尽人皆知的东西。这确实不是一种有关个体的普遍性,而是有关民族的普遍性,通过它又延伸到了个体。然而,在这种普遍性之内有一种天职的特殊化:以色列将在地上开始实现上帝的正义和爱,以色列将是"上帝收获的第一批果实"[②]。

那种认为以色列还没有给予精神内倾性以恰当的位置的说法是不正确的,而且这种说法难以自圆其说。它的学说驳斥了灵魂是自足的观点:内在真理必须变成真正的生活,否则它不会仍旧是真理。弥赛亚的每一个结果都必须与当前结合起来,否则当前就缺乏了神性,不管你多么虔敬和诚恳。

---

① 《阿摩司书》9:7。
② 《耶利米书》2:3。

相应地，被称为以色列宗教的社会原则的东西也与任何"巨兽"完全不同。它涉及社会的人类，因为在这里人类社会只有当它建筑在它的成员的真实关系的基础上时才是合理的；而人类被包括在其宗教意义当中，因为如果缺乏对世界和对人类的真实关系，那么对上帝的真实关系就不可能在尘世中获得。对造物主的爱和对所造之物的爱归根到底是同一种爱。

为了实现这种统一，人确实必须接受来自上帝之手的创造，不是为了拥有它，而是充满爱意地参与到未竟的创造工作中去。创造是未完成的，因为倾轧仍然盛行于其中，而和平只有在创造的事业中才能出现。这就是为什么在犹太传统中把带来和平的人称作上帝在创造工作中的伙伴。人作为上帝的一个合作者的天职这种观念被柏格森强调为那种他给予高度赞扬而在犹太教中未能发现的神秘主义的目标，但它是犹太人的一个基本概念。

柏格森和西蒙娜·薇依二人都背离了他们并不了解的犹太教，实际上他们抛弃的是由基督教创造的传统的犹太教观念。但是当柏格森走近他所不了解的真正的犹太教时，西蒙娜·薇依离它还很远。当她把以色列的上帝称作"自然的"上帝而把基督教的上帝称作"超自然的"上帝时，她没有能完全理解前者的特点，因为他不是"自然的"，而是既属于自然的上帝，又属于精神的上帝——既优于自然，又优于精神。但即使西蒙娜·薇依早就知道真正的以色列的上帝，她也不会感到满足，因为上帝转向他支配的自然，而西蒙娜·薇依试图逃离社会和自然。现实对她来说已变得不可忍受了，并且上帝是带领她逃离出来的力量。但那肯定不是以色列的上帝的道路，因为这样一种道路是与上帝对他的创造和他的造物的关系正好相反的。他已经把人置于现实的中心以便面对它。西蒙娜·薇依的想法是要为人类服务,所以她一再沉湎于陆地上笨重的手工劳动,但是她的灵魂却总是被现实驱使着飞翔。她开始了自己的现实:她争夺这个"我",她想在自身中杀死这个"我"是一个人的责任。"在这个世界上除了说出'我'的力量外我们一无所有,"她写道,"这是我们应当沉湎于上帝的所在,而那是我们应当摧毁的东西。"确实,这样一种基本取向与犹太教截然相反;因为犹太教所教导的真实关系是一座跨越两根坚实的柱子——人的"我"和他永恒的伙伴的"我"——的桥梁。因此,它是人与上帝之间的关系,因而也是人与人之间的关系。犹太教反对隐含着自私和骄傲的这个"我",而欢迎和肯定这个真实关系中的"我",这个处于我和你的伙伴关系中的"我",这个爱的"我",因为爱并不使这个"我"失效;相反,它把这个"我"和这个"你"最紧密地联系起来。它不说"你被爱",而说"我爱你",这同样可以运用到"我们"。关于"我们",西蒙娜·薇依曾说过:"人不应当是我,更不应当是我们。"犹太教抛弃了这个群体利己主义的"我们",这个民族自负和党派专断的"我们",但是它是以那个产生于它的各个组成部分的真实关系中以及与其他群体保持真正关系的"我们",那个事实上可能会说"我们的上帝"的"我们"为出发点的。

西蒙娜·薇依既不知道古老的以色列宗教,也不知道它后来的发展道路,在后来的发展道路中,变化了的历史条件导致了它的基本因素的新的排列。柏格森知道以色列的先知,但他没有认识到他在他们身上发现的正义原则在他们的启示中是如何被爱的原则补足的;他不知道犹太人的宗教所采取的道路,相应地,他没有考虑与整个犹太人的宗教史相联系的先知。先知抗议以色列的宗教失败，抗议上帝要求为了他的正义和他的爱而在尘世创造一个地方的命令还没有被完全执行——既没有被民族也没有被其中的个体所执行——至少没有按照可与在当时条件下可获得的力量的标准来执行。先知的种子正在蓬勃滋长，尽管迟了，但是它正愈来愈茁壮地成长。诚然，在各地的犹太人散居区，还不能指望正义原则更加全面地实现，因为那需要一个自治的民族的实体、自治的民族制度，这只有随着圣地的回归才能指望实现。但是这个更高的决定性的原则既不需要组织也不需要制度，却能随时随地实行，只有这个原则能把对上帝的关系和对人的关系连接在一起。然而，实现的意志并不局限于个体。在取代国家的生活的公社形式之中——即地方社区中——积极的爱，在相互帮助的爱的伪装下，作为一个基本的社会因素重新浮现出来。这种结构在大约两个世纪前的哈西德主义中发现了它的完美形式，哈西德主义正是在被兄弟般的爱联系到一起的社区的基础上建立起来的。这种具有最高意味的内在的宗教发展与努力跨越上帝之爱和人之爱的鸿沟的趋向是一致的。而哈西德运动又成功地给予这种趋向以充分的影响。它告诉人们爱邻人的真正意义不在于它是从上帝那里接收过来的一个我们将要完成的命令，而是通过它并在它当中我们与上帝相遇。这已由对这个命令的解释表明了。它并不仅仅被写作"像爱你自己一样爱你的邻居"，好像这句话在那儿就结束了，但它接着说："像爱你自己一样爱你的邻居，我是主。"[①] 最早的

---

① 《利未记》19：18。

文本的语法结构非常清楚地表明了它的意义是：你应当满怀爱意地对待你的"邻人"，即对待你在生活之路上遇到的每一个人，你应当像对待一个与你一样的人那样对待他。然而第二部分补充道："我是主"——这里哈西德的解释插进来了："你认为我远离你，但是在你对待你邻人的爱中你会发现我；不是在他对你的爱中，而是在你对他的爱中。"爱人的人把上帝和世界带到了一起。

哈西德的教言是犹太教的极致。而这是它带给所有人的信息：你必须亲自开始。如果你自己不以积极的爱参与其中，如果你不以这种方式发现它对你自己的意义，存在对你将仍然是无意义的。一切都等待你去神圣化，它正在等着你揭示它的意义和实现它。由于你的这个开始，上帝创造了世界。他把世界脱出他自身之外以便你能把它与上帝靠得更近。以你存在的完满性与上帝相遇，你便会遇见他。他亲自从你手中接过了你不得不给予世界的东西，这是他的仁慈。如果你希望学会信仰，那就爱吧！

柏格森提到一种"积极的神秘主义"。如果不在这里，还能在哪里发现它呢？人的基本行动在任何其他地方都没有如此紧密地与存在的秘密相联系。而正是因为这个原因，由现代世界所提出的沉默的问题的答案在其中被发现了。世界会感知到它吗？然而犹太民族自己会感知到它的存在依赖于其宗教的复兴吗？犹太国也许会确保一个犹太民族，甚至是一个有着它自己文化的犹太民族的将来；犹太教只有当它复活了犹太人与上帝、世界和人类最初的关系时，才会生存下来。

第四篇　天国与尘世的对话

一

如果将其他民族具有独立起源的经书与以色列的《圣经》进行比较，我们就会清楚地认识到《圣经》一直昭示我们的关于存在的所有最重要的观点。那些民族的经书没有一本像《圣经》那样充满着上天与尘世的对话。《圣经》告诉我们，上帝怎样一再地向人讲述和听人讲述。上帝向人宣布他对这个世界的安排；正如最早的"文学"先知所说①，上帝让他知道"他的独白"。上帝向他袒露意愿并号召他去参与实现。但人不是盲目的工具，他被创造成一个自由的存在——同上帝相比也是自由的，他可以自由地服从上帝或拒绝服从。对于上帝至高无上的讲话，人给出他自主的回答；如果他保持沉默，沉默也是回答。如许多先知经书中所说，我们经常只听见上帝的声音。只有一些单独的情形——在对显圣的某些描述或《耶利米书》日记式的记载中——先知的回答才发出声音，因而这些记录有时确实就采取了一种对话的形式。但即使是在上帝独白的段落，也让我们感到聆听上帝的人是用他无语的心灵在作答，就是说，他

---

① 《阿摩司书》4：13。

是处在对话的情境之中。而且，一般地，比如在《诗篇》中，我们也常会只听到人的声音，只有在一些单独的情形下崇拜者才会暗示上帝的回答；不过，这里也有明显的对话的情境：因为显然对我们而言，那人，那悲伤、哀求、感恩图报、歌功颂德之人，是在向上帝诉说，以为能被上帝听到、理解、承认和证实。充斥于《希伯来圣经》的基本教义就是：我们的生活是上苍与下界的一种对话。

这样一种认识也可以应用于我们现今的生活吗？信教者与不信教者都否定这一点。信教者的一个共同看法是：尽管《圣经》所载每件事确实是真的，尽管上帝确实向其选民说过话，然而自那以后，圣灵已从我们身上被带走；天国对我们保持沉默，唯有通过书面的经书和口头传统，上帝的意志才得以传达，谕示我们该做什么或不该做什么。当然即使今天崇拜者就站在造物主面前，可他又怎么敢如那赞美诗作者，向世界陈述他个人回答、个人请求的话语，就像上帝直接跟他说一样呢？而对不信教者来说（更不用说那些无神论者），只有那些具有一个或多或少哲学式上帝概念的信徒，他们才不能将上帝教导众人与听众人讲述的观念与自己的上帝概念调和起来；对他们来说，《圣经》的整个对话体作品不过是神秘的臆造的东西，尽管从人类精神历史的角度看它们具有教益，但对我们的生活却不适用。

一个虔敬而不怀任何偏见的《圣经》读者一定赞同这一种他从中学到的、与上述任何一种看法都完全不同的观点：那曾经发生的，现在会发生并将一直发生，而它对我们发生这个事实正是它曾经发生的保证。《圣经》以一种被美化的纪念形式，给予这些历来重现的事件以生动明确的表达。借着那无尽的描述事件与情况的语言（尽管一直在变化，但对真正聚精会神的听众却是平实易懂的），那超然的存在就在我们个人生活的重要时刻向我们的心灵讲话。并且存在一种我们可以借以回答的语言，那是我们行动和态度、反应和回避的语言。所有这些回应就是我们可以称作我们的责任（按照这个词的本来意义）的东西。有关我们存在的这一根本解释，我们将它归功于《希伯来圣经》；我们无论什么时候真正去读它，我们的自我理解就会更新和更深。

二

然而，在《圣经》中上苍不只对个人，而且也对社会群体讲述，这种形式是在其他人类经书中所不曾发现的。

在此，这些人作为一个民族面对上帝，并作为一个民族接受他永不停止的教导。这个民族如个人一样，被召唤来参与在尘世间实现上帝的意志。正如个人意在他私人生活中使自己神圣一样，这个民族也想在社会生活中使自己神圣，即成为一个"神圣的民族"。对于上帝的召唤，这个民族也如个人一样，可以自由作答，通过其行动或不行动来回答是或不是。这个民族不是聆听上帝讲述的个人的总和，它是某种超越个人总和的存在，是某种本质的、不可替代的东西，是由上帝本身指定、被上帝本身认领、能对上帝本身作出答复的民族。上帝指引它并要求它听从他单独的领导。上帝创造的不仅是作为个体的人，作为个体的人们，而且是整个人类；他利用他们，就如利用个人一样，去实现他的目的，完成他创造世界的任务。上帝在他们的历史中关怀他们。如先知宣称的，不仅是以色列而且所有民族，当被他族奴役时都曾在他的指引下走向自由①，并且作为民族，每一个都将以自己的方式并根据自己的特点，自由地尊崇上帝②。尽管他特别严厉地惩戒以色列，那是因为与其委任相反，它没能在社会生活中实现神的公正；然而他也惩戒其他民族，因为它们（同为他的孩子）没能像兄弟一样相处。然而有一天，预言书中就这样说，所有民族的代表将汇集在摩利亚山，如以色列人曾单独汇集在西奈山一样，去接受神关于民族间伟大和平的教导（《以赛亚书》）。"那人群中高贵者汇集一堂"，赞美诗作者唱道，"作为亚伯拉罕上帝的子民"③——亚伯拉罕被称作"众民族之父"④，这一描述的意义绝不止是追溯家谱。由于世界历史是各民族朝着这一目标的迈进，因而它在本质上是一部神圣的历史。

这也就是为什么《圣经》中神的声音不是讲给单独的个人而总是讲给这个民族的单个成员。即使在以色列民族形成之前，上帝就这样对它未来的先父亚伯拉罕说：他将成为上帝给子孙后代的"一个赐福"。并且在立法中，在《摩西十诫》及其补充它的各种禁令中，上帝一遍又一遍地对着"你"——自然是这个民族每一代中的每一个人的"你"——宣讲。不过，由于他被当作与这个民族（那立法正是指向这个民族的社会生活的）相关的一员，从而，当有一条戒律向他传达关于个人生活的上帝意志的时候，

---

① 《阿摩司书》9：7。
② 《弥迦书》4：5。
③ 《诗篇》47：10。
④ 《创世记》17：5。

每一个人也就把自己当作这个民族的缩影。这一基本观点向人类存在的最高层次渐渐敞开:"你是我的仆人以色列,我必因你得荣耀。"① 上帝对他的选民所说的话,完成了上帝给予这个民族命令的那个人体现了这个民族真正的存在。

现代生活,无论是民族的还是个人的生活,会从这样一个高度被裁定和判决。这种生活分成两个部分:在人与人之间关系中被看成是应受指责的东西,在民族与民族之间关系中就被看成是值得表扬的东西。这正与先知的要求相反:先知谴责一个民族冒犯另一个民族,因为它"并不记得弟兄的盟约"②。但这种划分会自然延伸到作为个体的现代人的生活中:他的存在分成了私人的和公共的两部分,它们受制于非常不同的律法。在前一种情况下,某些做法是他自己及同伴所不能接受的;但在后一种情况下却会赞同:譬如说谎会降低他个人的人格,可对一个政治党派而言却是应该做的,如果他做得娴熟成功的话。从《圣经》信仰的观点来看,这种道德价值的两重性是不能容忍的:这里,欺骗在任何情况下都被视为可耻的(又如犹太教创始人的情况,正如我们从雅各那先知式的批评及其他暗示中所见),即使它是为推进正义事业的欲望所激励;事实上后一种情况是更为有害的,因为它毒害、瓦解了本该尊奉的美好价值。

如果《圣经》的第一句箴言是:"人在其生活中聆听上帝教导。"那么第二句就是:"人的生活被上帝看成是一个整体。"

---

① 《以赛亚书》49:3。
② 《阿摩司书》1:9。

三

如我们所见，在《圣经》关于存在的概念中，上帝教导每个人和每个民族应该成为什么，通过这个人和这个民族应该实现什么。这意味着人被置于自由之中，在他目前情况下他聆听上帝讲述的每一时刻就是他作出真正决定的时刻。当然在第一种情况下，他只是决定他自己的行为，但借此他参与决定了下一时刻会变成什么样，又借此决定了未来总的会变成什么样，而按说他是不能也无权这样决定的。

从这个角度，关于《圣经》预言的伟大现象一定会被理解。以色列先知们的根本任务不是预告一个已经被决定了的未来，而是在每个特定时刻使以色列人面临相应情况下的选择。它不是宣称在任何情况下什么将会发生，而是如果那得了上帝信息的听者实现了上帝的意志会发生什么，如果他们拒绝去实现上帝的意志又会发生什么。可以说神的声音选择先知做他的"代言人"，以最直接的方式，使人一次又一次地深切感到他的自由及其后果。甚至当先知不以这种可供选择的方式讲述，而是无条件地宣称在如此这般时刻以后灾难将会发生时，这一宣称——就如我们从作为例证的《约拿书》中所知——仍然隐含着这样一个选择：这个民族是被逼陷入绝望境地的，但确切地说正是这一境地点燃了人们心中希求"转向"的火花：人们转向上帝——然后得救了。当人的存在受到极度威胁的时候，就会被激发而转向其心灵深处，并痛下决断献身上帝，但从最严格的意义上讲，他的决断是与命运有关的决断。

后《圣经》思想家们曾考虑过人类意志的自由和未来结果的不确定如何能与神的预见和前定相一致。在克服这一矛盾的努力中，人们所说全部话语中最引人注目的是阿基巴的名言："所有都被预见，力量也已给定。"[①] 其意思是说，上帝将它们放在一起来看，对他而言，时间不是连续的而是没有演进的永恒，而人却在时间演进中生活在自由的国度，在任一给定的时间，在具体时刻作出决定；超出那一点，人类的智慧就无法把握了。《圣经》自身没有任何沉思，它并不涉及上帝的本质而涉及上帝向人类的显现。它所处理的实在是人类世界的实在，关于决定的永不变更的真理才适用于它。

对那有罪之人，这意味着下决心从他错误之途转向上帝之路。我们最清楚不过地从下面的《圣经》观点中看出这是什么意思：我们的责任本质上说就是对神的宣讲作出回答。这方面的两个著名例子是该隐和大卫。他们两人都曾干过谋杀（因此《圣经》也理解大卫的行为，因为他的行为使得上帝的信使告诉他说，他"用剑杀死了赫梯人乌利亚"），并且上帝要求他们两人作出解释。该隐试图逃避："我是我兄弟的守护者吗？"他是个逃避与上帝对话之人。而大卫不是这样。他回答说："我对主犯下了罪过。"[②] 这是真实的回答：你无论对谁犯下罪过实际上你就是对上帝犯下罪过。大卫是承认他与上帝之间关系的人，他的责任由此而生，并且他意识到他背叛了这种关系。

《希伯来圣经》所关注的是上帝与我们之间所存在的那种可

---

① 《先祖遗训》Ⅲ，19。
② 该隐，《创世记》4：9。大卫，《撒母耳记下》12：9—13。

怕的同时又是仁慈的直接性关系。即使在他对他兄弟犯下罪过的那个黑暗时刻,人也并没有被混乱所主宰。上帝亲自把人挑选出来,并且甚至当上帝要求人作出解释的时候,上帝的到来也就成了对人的拯救。

四

但据《圣经》的观点,还有第三个也是最广阔的一个神发表言论的领域。在某一特定的传记或历史境况的条件下和限度内,上帝不只是对个人和社会群体谈话。每一件事情——存在和生成,自然和历史,本质上都是神的一种表示,一种由具有认识和理解力的被造物加以认识和理解的无限的符号序列。

但在这里,自然与人类历史之间存在一个根本的区别。作为一个整体并且在其所有的要素中,自然向所有随时准备接收它的人发布一些可以被看成是上帝自我显示的东西。这就是赞美诗所说的天堂与尘世在无语地"宣布"上帝的荣耀①。人类历史可不是这样——不单是由于人类被置于自由之境,不断地相互合作共创伟业;而且特别是由于,在自然中,是造物主上帝在说话,他的创造行动从不会被打断;在历史中,是显现出来的上帝在说话,而这种显现本质上不是一个连续的过程,而是在事件的进程中一再地中断并且照耀着它。自然充满了上帝的言说,虽然没有人听到,但这里所说的总是赞美诗所谓的上帝的荣耀,尽管它包罗万

---

① 《诗篇》19:2。

象。然而，在历史中，伟大言说的时刻（那时人从同时发生的事件中认识到神的方向的痕迹）似乎与缄默的时刻（那时出现在人类世界中并自称具有重大历史意义的每一件事情对我们都好像上帝不存在一样）交替变化，没有任何地方显示出上帝之手的召唤，没有任何地方显示出上帝存在和干预我们的这一历史时刻的迹象。这时，就很难理解自己是在听上帝谈话，对个人如此，对民族就更是这样。人的具体责任的经验一再缩减，因为在似乎是抛弃了上帝的历史空间里，人没有学会认真地在一种对话意义上来理解他与上帝的关系。

在巴比伦流放中看见上帝穿过世界历史的时刻，在居鲁士准备释放他们并遣送他们回家之时，那匿名的流放的先知便像一个历史上从未有过的人那样，感到他被召来解释各民族的历史。在他的一个小册子中，他让上帝对以色列人说："一开始我就不曾在隐秘处说话。"① 上帝在历史中的言说之所以被揭示出来，是因为他有意让各民族听到。但以赛亚（匿名先知的宣讲已附在他的经书中）不仅谈到上帝曾经"掩面不顾雅各家"②，而且他还知道③ 我们曾经多次不能把上帝自己在历史中的行为看成并承认为上帝的行为，因为这些行为在我们看来是如此地不可思议和"野蛮"。并且，在关于流放先知的同一章里上帝说："将来的事你们可以问我。"④ 这一章讲述了在犹太人解放的时刻，那被埃及强制劳动

---

① 《以赛亚书》48：16。
② 《以赛亚书》8：17。
③ 《以赛亚书》28：21。
④ 《以赛亚书》45：11。

并且被埃塞俄比亚卖身为奴的群众,尽管奴隶枷锁在身,似乎也会立即求助于上帝,跪下祈祷:"吾主!以色列的神啊,你实在是自隐的神。"①在漫长的奴役期间,对他们来说好像再也没有什么神圣的东西存在,世界无可避免地沦入了专制力量之中;只有现在他们才意识到有一个救世主存在,他是"一",是历史的主宰。现在他们明白了,并表示:他是隐身的上帝,或更确切地说,是将自己隐藏起来又显示出来的上帝。

《圣经》知道上帝隐起了他的脸,知道什么时候上天与尘世的交往中断了。上帝似乎想彻底地从尘世隐退,不再参与其存在。于是历史的空间充满了噪音,没有神的气息。对相信活生生的上帝的人来讲(他知道上帝,并命中注定要在上帝隐身的时候耗却自己的一生),活下去是很难的。

有一首赞美诗,即第八十二首,把上帝隐身时的生活描绘成一幅令人震惊的残酷的图画。它假定上帝已将人类的管理机构委托给了一群天使,并命令他们在尘世实现公正,以保护弱者、贫者、无助者免受坏人的侵害。但他们却"不公正地裁定"并"尊重恶人"。现在,那赞美诗作者可以想象上帝如何将那不值得信任的天使拉到他的座前,审判他们,给他们判刑:他们将变成会死的。但那赞美诗作者从梦幻中醒了过来并察看自己的情况:邪恶的势力仍运用不受限制的力量统治着尘世。于是他向上帝呼喊:"上帝啊,出来审判这个尘世吧!"

这呼声将被理解为那个与上帝争辩的族长的大胆演说发出的

---

① 《以赛亚书》45:15。

迟到的但却强有力的回声："审判全地的主岂不行公义吗？"① 这就强化并增加了那演说的力量；它的含义是：他愿让不公正进一步统治世界吗？从而，通过《圣经》传达到我们这里的呼声就变成了我们自己的呼声，在上帝隐身的时候，这呼声从我们的心底爆发出来并上升到唇边。因为这就是《圣经》话语对我们产生的影响：它使我们面对的是这样一种人类的讲述，不管它是否被听到，也不管它是否期望有个答案。

在我们这个时代，人们一遍又一遍地问：在奥斯维辛集中营之后，犹太人的生活将如何仍是可能的？我想这样的提法会更正确一些：在存在着奥斯维辛集中营的时代，与上帝在一起的生活如何仍是可能的？上帝与人的疏离感已变得太残酷，其隐藏也变得太深。尽管人们仍会"相信"令这些事情发生的上帝，可人们还能向他诉说吗？人们还能听到他的话吗？作为一个个体和作为一个民族，还能完全与他保持一种对话的关系吗？人们还能向他呼喊吗？我们敢这样劝告奥斯维辛集中营的幸存者，毒气室的约伯"要称谢耶和华，因他本为善，他的仁慈永远长存"吗？②

但约伯自己又怎么样呢？他不但悲伤，而且指责说，"残忍的"上帝③剥夺了"他的权利"④，从而对尘世的审判是有悖于公正的。他从上帝那里得到一个答案。但上帝告诉他的那些话并没有回答他的指责，甚至那些话与约伯的指责根本就不沾边。约伯所获得

---

① 《创世记》18：25。
② 《诗篇》106：1。
③ 《诗篇》32：21。
④ 《诗篇》27：2。

的那个真正答案只不过显示出上帝的确存在,唯其如此,人与上帝的距离才会变得很近,"他的眼睛才会看见他"[1],他才会再次知道他。没有什么得到解释,也没有什么得到纠正;错误的没有变成正确的,残忍的也没有变成仁慈的。除了人们再次听到上帝的谈话外什么也没有发生。

尽管神秘的事情仍未得到解决,但它已变成了他的,变成了人的神秘事情。

那么我们呢?

我们——意指所有那些没有忘却所发生的事,而且将来也不会忘却它的人。它对我们如何呢?我们能像希腊的悲剧英雄在不露面的命运之神面前那样,在隐去面容的上帝面前屈服吗?不,即使现在我们仍然与上帝,与他,甚至与那存在的主(我们曾经并且我们现在选择他作为我们的主)作斗争。我们忍受不了尘世的存在,我们为它的赎救而斗争,而在这场斗争中,我们求助于我主的帮助,但他再一次并且仍然是隐身的主。在这种情况下,我们等候他的声音,无论这声音是来自风暴或来自紧随其后的宁静。尽管他出现的样子不像早先的那样,但我们仍会再次认出我们的残酷而仁慈的上帝。

---

[1] 《诗篇》42:5。

编后记

我们必须把布伯论犹太教的演讲放在它们的历史背景下来看待。它们不是学术性的介绍,而是对现实状况的回应。

"早期演讲"涉及第一次世界大战前几年和战争期间年轻的犹太知识分子中普遍存在的思想状况。汉斯·昆(Hans Kohn)在他1930年写的布伯传中和罗伯特·威尔茨(Robert Weltsch)在他为布伯的犹太人论文集①写的导言中,都对这些状况做了描述。昆和威尔茨两人都是布拉格"巴尔·科赫巴"犹太学生组织的成员,这个组织曾邀请布伯发表了第一批演讲。

那时,西欧的犹太学生和年轻的知识分子发现自己处在一个犹太教虽仍保持完整但已丧失其意义的世界中。犹太传统和犹太社区机构缺乏吸引力;年轻的犹太复国主义运动提出了对犹太人问题(无论对谁,犹太教似乎都是一个问题)进行未来解决的承诺,但对目前提不出任何"内容",因而得不到犹太人最起码的认可。许多人希望不理会犹太教,希望现代的、进步的、有教养的人的世界也不要理会它,希望把犹太人作为单个的人看作为世俗化的、有教养的、欧洲人的共和国的一员。

---

① 《犹太人及其犹太教》,约瑟夫·迈耳泽尔出版社,1963年。

然而，有些人则感到犹太教具有比它表面上显示出来的更多的东西。但它真正的本质是什么呢？在诸如雨果·伯格曼（Hugo Bergmann）和列奥·赫尔曼（Leo Hermann）（他们个人对这一问题有较深的洞见）这样的人的领导下，巴尔·科赫巴小组与布伯联系，把他看成是也许能指出出路的人。这一年是1909年。

那一年布伯31岁，他已经为令人失望地结束了的犹太复国主义运动工作了多年。他从党派活动隐退后，投入到对哈西德主义的研究中；1906年他发表了论哈西德主义的诸多著作中的第一本著作：《拉赫曼教士的故事》。同时，他对社会问题和人与人之间的关系进行了认真的思考。从1905年开始，他在《社会》这个标题下编辑了一系列专题文章。他在为系列文章的第一期（维尔勒·索姆巴尔特写的"无产阶级"）所写的序言中，使用了"人之间的关系"这个术语，它仍是他的社会、道德和宗教思想中的一个关键概念。

通过接受巴尔·科赫巴小组的邀请，布伯重新与生气勃勃的犹太人听众建立了联系。最早的三篇演讲（1909—1911）叙述了其思想的核心内容；他与布拉格犹太学生举行的非正式会议和讨论，对这些演讲做了补充。后来（1912—1914，1918—1919），布伯在五篇新的演讲中继续详述了他的思想。

他既抛弃了犹太人浅薄的同化异族的思想，又抛弃了犹太人刻板的正统观念；既抛弃了颓废的和舒适的欧洲唯物主义，又抛弃了自足的民族主义；既抛弃了社会的政治化，又抛弃了信仰的制度化。他提倡一种"犹太教的复兴"，这个术语最早出现在1900年他的一篇文章中。对他来讲，这样一种复兴似乎就是其他种族中类似复兴过程的一部分。它将是全体个人或种族人格的一种复兴，而不是生活的某一部分的变化。就犹太人来讲，它意味着重新认识犹太人思想（《圣经》的和后《圣经》的思想）最深刻的部分；意味着对犹太人几千年的历史，对它的成功和悲剧做一种新的理解；意味着认识把犹太教与东方（在布伯的作品中用的是"东方"和"亚洲"）各种伟大的精神运动联系起来的力量，以及这种东方精神能为衰落的西方的再生贡献什么样的东西；意味着认清成为一个犹太人就是要过一种无条件地承担义务、拒绝妥协的生活——这被认为是建设性的行动，而不是抽象的概念或理论。然而，犹太教复兴的基础必须是在巴勒斯坦重建正常的民族生活。

布伯的道德的、人格主义的、宗教的民族主义与夏尔·佩吉的法国民族主义的"奥秘"，与罗曼·罗兰和拉宾德拉纳特·泰戈尔的人道主义的民族主义有类似之处。正如汉斯·昆所示，这种纯粹从道德的、自然的、"人之间的"方面肯定种族血脉是一个人整体生命复兴基础的民族主义，与当时起作用的、不断高涨的、好斗的、渴望权利的和压迫的民族主义正好截然相反。布伯为理想的民族精神的保持和增长而英勇战斗。在这方面他试图为西欧犹太人做阿哈德·哈姆（Ahad Ha'am）曾为东欧犹太人所做的事情。

布伯谈到"血脉"和"命运"，如果牢记它们，就可以使犹太人不懈地遵循建立一个真正共同体的召唤。今天，令人可悲的是，这些术语听起来已不合时宜，并且容易使人误解。但在布伯讲它们的时候，它们意味着在一个人的血统、传统和历史的原根性之中，意味着意识到一个人的命运，即一个人决心去遵循的目标。"血脉的共同体"就是我祖辈的共同体，就是我出生在其中并且打算在其中安排我自己生活的共同体。它不是组织，也不是重要的党派机构，而是有机的亲密忠诚关系和有意识的伙伴关系。犹太知识分子已经失去其根，并感受到了被根除的痛苦。布伯试图帮助他们。

然而，布伯在此所表达的中心思想是宗教的。犹太人与绝对的、无条件者的关系，犹太人试图与此建立一种活生生的交流——这就是布伯称之为虔敬的东西，它与宗教完全不同，因为在他看来宗教只不过是律法和习俗、教义和不变的信条的总和而已。后来，布伯把"绝对"和"无条件者"这些抽象的术语变成了"上帝""你""永恒的你"等具体的术语。对布伯来讲，拉比的既成权力机构、犹太教律法的立法倾向和犹太人聚居区教士的教义，都代表着官方的"宗教"、代表着它的僵化、代表着对旧事物的维护和顺从。针对这种情况，他提出了具有犹太教《圣经》预言特点的"地下"运动——艾赛尼派、早期基督教兄弟会、《犹太教法典》的"阿嘎嗒"派、中世纪神秘主义和18世纪哈西德主义——他把这些看成是犹太人的虔敬、犹太人的生命力、提倡决断和上帝在尘世的实现。

在官方的和"地下的"犹太教之间的这样一种划分非常不正确。在犹太教律法大师中有许多像圣徒一样的人，而哈西德主义并不是防止伪善、逃避和十足的惰性的安全保障。但在他努力赢得其听众的心灵和把握听众心理的过程中，布伯并不想让自己保持一种历史学家的审慎，而是他不得不根据白纸黑字来有争议地判断历史运动。他把过去的官方犹太教用作现在社会事业性质的犹太教（它遭到听众的抵制）的陪衬，把过去精神化的各种倾向（它们似乎挑战现存秩序，甚至反对现存秩序）描述成犹太人精神的真正的、大胆的证明。他期望年轻一代中最优秀的人愿意投身到这一本真的犹太教中去。

布伯演讲的感染力很强。听众和读者对这一新颖的研究犹太教的方法做出了反应。布伯的态度是,不要求他人遵守规则,但又对他人提出要求;他的态度是批评性的,但又是建设性的。这里不是通常意义上的"传统",而是在希伯来遗产的大范围内的思考;它着重于"精神",但这个精神却是在行动中"实现的"。个人和共同体、犹太人和世界都被卷入了这一有目的的尝试。以色列民族的特殊地位只是在整个人类的背景下被证实过。尽管布伯不断骄傲地引证希伯来经典——《圣经》《犹太教法典》《左哈》、哈西德派的文献——但在"犹太教复兴"的大纲中却没有任何偏狭的东西。除此之外,还必须补充的是布伯的风格所具有的异彩纷呈和目光敏锐(自然,在翻译中这些都受到了一定损害)及其言辞的慑人心腑的效果,它常常直捣听众的内心世界。

在那时,像麦克斯·布罗德(Max Brod)和弗兰茨·卡夫卡这样的人都受到布伯的影响。对第一次世界大战后年轻的一代犹太人来讲,他是希伯来复兴和人道主义的无可争议的发言人。就在布伯思想中那些具有普遍意义的方面被世人明确地强调之前很久,他就吸引了许多基督教思想家。

在1940年早期和1950年早期(这一次是在美国),当布伯再一次阐述其关于犹太教的观点时(即本书的"晚期演讲"),他的听众聆听了与"早期演讲"相同的主题、对整体的人的相同的吁求,他同样号召人们"从内部"去评价犹太人和人类的事务,他的感情同样强烈,内心充满同样的怜悯,他同样认真地求助于希伯来经典。然而与此同时,他把他对早期基督教的解释、他对斯宾诺莎的评价、他对"亚洲"的使用当成是一种精神实体。一种更具批判性的观点代替了早先过分唯心主义的观点。他的语言表现得更简洁、更直率。并且目前（明显地和隐晦地）人们敏锐而痛苦地意识到，在这两个演讲发表期间，犹太人经历了历史上最黑暗的时期，并且一个新的犹太民族（在美国和以色列）只不过是一种希望而已。

在最后经作者同意，整理如其在《犹太人及其犹太教》一书中出现的那些演讲稿的版本的过程中，布伯简化了早期演讲稿的术语并且删掉了一些夸大的说法。比如，"拯救"变成了"解放"，"犹太人瑜哈南"成了"施洗礼者"，"耶稣和美名大师"这样的连用语被去掉了，"创造性的"反抗被"必要的"反抗所代替，"非理性的"被"超理性的"所代替。英文翻译也按布伯自己修改的意向做了进一步的改变。我们用［……］来显示省略。注释给出了最基本的（但不是所有的）参考资料，并且收进了布伯自己的一些脚注。

没有人会认为布伯的思想是全部可接受的。他的观点和他的某些行动在他在世时就引起了批评，这些批评者包括他的一些朋友和追随者。这一过程无疑将继续下去。但是透过赞同和反对之声却隐约地出现了一位深深地扎根于希伯来文化资源和分享现代自由的非凡人物的身影。他就是这样向我们发表演说的。

N. 格莱策尔

译后记

一般来讲，中国人文学界对马丁·布伯的生平著作和思想是陌生的。即使在专事西方哲学和西方宗教哲学研究的学者中，能对他有所点评的人也寥寥无几。他的著作被译成中文的很少，国人研究他思想的学术文章屈指可数。布伯在中国的命运与他同时代的一些西方著名哲学家如罗素、维特根斯坦、海德格尔等在中国的命运形成了鲜明的对照。这或许是因为我国学术界在学术旨趣和精神取向上偏好学院派（布伯是真正的"知行合一"的非学院派哲学家），或许是因为他那哲学与宗教不分的风格（中国一直不存在一种成熟的宗教，因此学人难以理解"绝对意识"），或许是因为他的"以色列情结"（在中国"犹太复国主义"基本上是一个贬义词）。然而，具有讽刺意味的是，布伯对中国哲学，特别是老庄哲学反倒给予了最高的评价，并把它们纳入了他的"对话的哲学"的视野，从中获取了不少灵感，在这方面他比海德格尔似乎更有见地。

中国学术界的孤陋寡闻暂且不说，布伯在20世纪世界哲学史和宗教思想史上的重要地位则是毋庸置疑的。这一点从P.石尔普和M.弗里德曼于1967年所编的《马丁·布伯的哲学》一书就可得到证明。这本书是石尔普所编"活着的哲学家丛书"的第12卷，而凡是收入这套丛书的人物都是本世纪著名的哲学家，其思想在某方面都具有原创性。

除了《我与你》和《人与人之间》有中译本外，布伯的其他著作尚未译成中文。正是基于对布伯的著作在国内的翻译情况和其思想的重要性的考虑，我们决定把布伯的这本代表作翻译成中文，以飨读者。此书的翻译始于1997年酷暑，参加翻译工作的是中国社会科学院研究生院95级的几位同学。在此书出版之际，我们应该感谢山东大学哲学与社会发展学院的傅有德教授，他为此书的出版做了大量工作。

参与本书翻译工作的人员及他们的分工如下。刘杰："出版说明""1923年版序言""犹太教和犹太人""犹太教和人类""犹太教的复兴""东方精神和犹太教""犹太人的虔敬""注释""编后记"。张迅："犹太教中的神话""自由：论青年人与宗教"。翟晓梅、刘杰："神圣之路：告犹太人及其他各民族"。马寅卯："1951年版序言""以色列的精神和今日世界""犹太教和文明""沉默的问题"。张晓晶："天国与尘世的对话"。刘杰对全书大部分译稿做了校译和统稿工作。

最后，我们需要指出的是，由于我们对犹太教和布伯本人思想缺乏深入的理解和研究，由于我们译技的粗糙，因此差错在所难免。我们并不想因此得到宽恕，而只想获取方家的指点。

译　者
2001年10月

图书在版编目（CIP）数据

论犹太教 /（德）马丁·布伯著；刘杰等译. —北京：商务印书馆，2022
（宗教文化译丛）
ISBN 978-7-100-20935-9

Ⅰ.①论…　Ⅱ.①马…②刘…　Ⅲ.①犹太教—研究　Ⅳ.① B985

中国版本图书馆 CIP 数据核字（2022）第 047632 号

权利保留，侵权必究。

宗教文化译丛
犹太教系列　主编　傅有德
论犹太教
〔德〕马丁·布伯　著
刘杰　等译

商 务 印 书 馆 出 版
（北京王府井大街36号　邮政编码100710）
商 务 印 书 馆 发 行
北京通州皇家印刷厂印刷
ISBN 978 - 7 - 100 - 20935 - 9

2022年9月第1版　　　开本 880×1230　1/32
2022年9月北京第1次印刷　印张 9⅛
定价：65.00元

"宗教文化译丛"已出书目

犹太教系列

《密释纳·第1部：种子》
《密释纳·第2部：节期》
《犹太教的本质》〔德〕利奥·拜克
《大众塔木德》〔英〕亚伯拉罕·柯恩
《犹太教审判：中世纪犹太-基督两教大论争》〔英〕海姆·马克比
《源于犹太教的理性宗教》〔德〕赫尔曼·柯恩
《救赎之星》〔德〕弗朗茨·罗森茨维格
《耶路撒冷：论宗教权力与犹太教》〔德〕摩西·门德尔松
《迷途指津》〔埃及〕摩西·迈蒙尼德
《简明犹太民族史》〔英〕塞西尔·罗斯
《犹太战争》〔古罗马〕弗拉维斯·约瑟福斯
《论犹太教》〔德〕马丁·布伯

佛教系列

《印度佛教史》〔日〕马田行啟
《日本佛教史纲》〔日〕村上专精
《印度文献史——佛教文献》〔奥〕莫里斯·温特尼茨

基督教系列

伊斯兰教系列

其他系列

《印度古代宗教哲学文献选编》
《印度六派哲学》〔日〕木村泰贤